中国社会科学院创新工程学术出版资助项目

国家社科基金重大特别委托项目
西南边疆历史与现状综合研究项目·研究系列

中国社会科学院创新工程学术出版资助项目

国家社科基金重大特别委托项目
西南边疆历史与现状综合研究项目·研究系列

广西边疆开发史

覃丽丹 覃彩銮／著

社会科学文献出版社
SOCIAL SCIENCES ACADEMIC PRESS (CHINA)

"西南边疆历史与现状综合研究项目·研究系列"编委会

名誉主任 江蓝生

主　任 马大正

副主任 晋保平

成　员（按姓氏笔画排序）：

马大正　方　铁　方素梅　吕余生
刘晖春　刘楠来　江蓝生　孙宏开
李世愉　李国强　李斌城　杨　群
宋月华　张振鹍　周建新　贺圣达
晋保平

总　　序

"西南边疆历史与现状综合研究项目"（以下简称"西南边疆项目"）为国家社科基金重大特别委托项目，由全国哲学社会科学规划办公室委托中国社会科学院科研局组织管理。"西南边疆项目"分为基础研究和应用研究两个研究方向，其中基础研究类课题成果结集出版，定名为"西南边疆历史与现状综合研究项目·研究系列"（以下简称"西南边疆研究系列"）。

西南边疆研究课题涵盖面很广，其中包括西南区域地方史与民族史等内容，也包括西南边疆地区与内地、与境外区域的政治、经济、文化关系史研究，还涉及古代中国疆域理论、中国边疆学等研究领域，以及当代西南边疆面临的理论和实践问题等。上述方向的研究课题在"西南边疆项目"进程中正在陆续完成。

"西南边疆研究系列"的宗旨是及时向学术界推介高质量的最新研究成果，入选作品必须是学术研究性质的专著，通史类专著，或者是学术综述、评议，尤其强调作品的原创性、科学性和学术价值，"质量第一"是我们遵循的原则。需要说明的是，边疆地区的历史与现状研究必然涉及一些敏感问题，在不给学术研究人为地设置禁区的同时，仍然有必要强调"文责自负"："西南边疆研究系列"所有作品仅代表著作者本人的学术观点，对这些观点的认同或反对都应纳入正常的学术研究范畴，切不可将学者在研究过程中发表的学术论点当成某种政见而给予过度的评价或过分的责难。只有各界人士把学者论点作为一家之言，宽厚待之，学者才能在边疆研究这个颇带敏感性的研究领域中解放思想、开拓创新，唯其如此，才能保证学术研究的科学、公正和客观，也才能促进学术研究的进一步深入和不断繁荣。

自 2008 年正式启动以来，中国社会科学院党组高度重视"西南边疆项目"组织工作，中国社会科学院原副院长、"西南边疆项目"领导小组组长江蓝生同志对项目的有序开展一直给予悉心指导。项目实施过程中，还得到中共中央宣传部、全国哲学社会科学规划办公室、云南省委宣传部、广西壮族自治区党委宣传部、云南省哲学社会科学规划办公室、广西壮族自治区哲学社会科学规划办公室以及云南、广西两省区高校和科研机构领导、专家学者的大力支持和参与，在此一并深表谢意。"西南边疆研究系列"由社会科学文献出版社出版，社会科学文献出版社领导对社会科学研究事业的大力支持，编辑人员严谨求实的工作作风一贯为学人称道，值此丛书出版之际，表达由衷的谢意。

"西南边疆研究系列"编委会
2012 年 10 月

目 录

绪 论 ·· 1

第一章 毗邻东盟骆越地
——广西地理环境与自然资源 ················· 9
第一节 地理环境 ·· 9
第二节 自然资源 ·· 11
第三节 广西在中国—东盟关系中的战略地位 ·················· 13

第二章 和谐的民族家园
——广西历史与民族构成 ······················· 16
第一节 广西历史发展概况 ··· 16
第二节 广西民族来源与分布 ··· 25

第三章 石铲开辟稻花飘
——石器时代广西原始开发期 ·················· 32
第一节 旧石器时代的古人类 ··· 32
第二节 新石器时代的人类及其生产方式 ························· 34
第三节 早期人工栽培稻的种植及稻作农业的发展 ············ 57

— 1 —

第四章 铜鼓崖画耀南疆
——春秋战国时期广西自主开发期 …………… 63
第一节 骆田的耕种与农业的发展 …………………… 63
第二节 青铜铸造业的产生与发展 …………………… 68
第三节 骆越璀璨文明的标志——左江流域崖壁画 … 71
第四节 手工业的发展 ………………………………… 73

第五章 从"徼外"走向统一
——秦至南越国时期广西统一开发期 ………… 77
第一节 秦瓯之战 ……………………………………… 78
第二节 秦朝对岭南的统治政策与开发措施 ………… 80
第三节 南越国赵佗"和辑百越"与重农兴商政策 … 90

第六章 "以故俗治"求安定
——汉朝至隋朝广西推进开发期 ……………… 97
第一节 汉朝至隋朝对广西的统治政策 ……………… 97
第二节 广西边疆的开发与社会经济的发展 ………… 105
第三节 合浦港——海上丝绸之路的开拓 …………… 131

第七章 "以夷治夷"谋稳定
——唐宋时期广西创新开发期 ………………… 135
第一节 羁縻制度的起源和确立 ……………………… 135
第二节 军民屯田与移民垦荒制的开创 ……………… 143
第三节 运河的开通与航运的发展 …………………… 146
第四节 博易场的开辟与商业的发展 ………………… 149
第五节 生产技术的改进和广西经济的新发展 ……… 152

第八章 土流合力促开发
——元明时期广西加快开发期 …… 174
第一节 土司制度的推行 …… 174
第二节 卫所制的创立与屯田制的发展 …… 178
第三节 农业与手工业的发展 …… 182
第四节 水利资源的开发与灌溉设施建设 …… 192
第五节 矿产的开发 …… 193
第六节 交通与商业的发展 …… 195
第七节 文化教育的发展与民智的开发 …… 202

第九章 改土归流促开发
——清至民国时期广西全面开发期 …… 222
第一节 清朝的"改土归流" …… 222
第二节 汉族人的迁入与广西边疆开发 …… 225
第三节 广西经济的新发展 …… 243
第四节 桂系集团主政时期广西的开发与经济文化的发展 …… 247

结　语 …… 267

主要参考文献 …… 269

后　记 …… 271

绪 论

一 研究对象

广西地处祖国的南部边疆，西南与越南接壤，南面濒临北部湾，北依云贵高原，东北与湖南毗邻，东与广东相邻，是我国大西南便捷的出海通道，又是我国通往东南亚的重要通道。随着中国—东盟自由贸易区的建立，广西又成为中国—东盟自由贸易区的前沿。

先秦时期，今广西是壮侗语诸民族先民西瓯、骆越人居住之地。西瓯、骆越属我国南方百越族群中的居住在岭南的两个支系，其历史悠久，源远流长。根据考古发现，早在距今四五万年以前，以柳江人为代表的古人类已经在广西各大江河流域生息繁衍，开启了广西早期开发的历史。到了距今 10000～4000 年，广西地区的原始先民开始进入新石器时代。先民们在各大江河流域狩猎、捕鱼、耕耘和生息劳动。随着社会生产力水平的逐步提高和生产工具的改进，先民们发明了水稻的人工栽培、饲养家畜和烧制陶器，出现了具有鲜明地方特色的离地而居的干栏式住屋，形成了聚落点，过上了相对稳定的定居生活。所以说，西瓯、骆越先民是今广西边疆的最早开发者。

因广西地处祖国的南部边疆，在广西北部与湖南交界一带有巍峨绵延的五岭山脉所阻隔，先秦时期，中原人称之为"徼外"之地，西瓯、骆越先民处于自主发展时期。公元前 218 年，秦始皇平定六国、统一中原、建立秦王朝后，为了进一步开拓疆土，调集了 50 万大军，兵分五路，开始了远征岭南的战争。秦军进入今广西桂北一带时，遭到了世代居住在这一地区的西瓯部族的顽强抵抗。在人数众多、装备精良、训练有素的秦军的凌厉攻势下，西瓯部族被打得溃散于丛林中，其统帅译吁宋在激战中身亡。但西瓯部族很快又聚集起来，他们利用山高林密、溪流纵横、易于隐蔽的优势，发挥自己熟悉地形、善于登山穿林和划船荡舟的特点，推举新的首帅，采用化整为零，机动灵活的游击战术，伺机袭击秦军，致使秦军陷于"进而不得退""宿兵无用""伏尸流血数十万"的被动挨打局面，秦军统帅屠睢也在西瓯部族的袭击中毙命。秦军只好修建城堡，退缩集结，"不解甲弛弩"以待援。面对秦瓯的对峙，秦始皇下令史禄主持开凿灵渠工程，以沟通珠江与湘江的水上交通，使内地的兵员和物资源源不断运抵交战地。得到兵援和后勤补充的秦军，很快就击溃了西瓯部族的抵抗，然后长驱直入，横扫岭南，终于在公元前214年统一了包括今广西在内的广大岭南地区。秦统一岭南后，设置郡县，派遣官吏，留兵戍守，徙民岭南"与越杂处"，加强统治。从此，包括今广西在内的岭南地区被划入统一的秦王朝版图，从"徼外"走向统一。在秦朝设置的郡县的统一治辖下，大批中原人开始徙居岭南，岭南地区开始进入一个新的历史时期。秦末汉初，爆发陈胜吴广农民起义，中原陷入战乱，秦朝旧将南海郡龙川县令赵佗乘机派兵占据桂林、南海、象郡，统一岭南，建立南越国地方政权。赵佗为了在部落林立的岭南越人地区站稳脚跟，采取了遵从越人习俗、任用越人首领为官、鼓励汉越通婚、由越人自治等一系列旨在"和辑百越"的民族政策，维护了岭南社会的稳定和经济文化的发展。汉元鼎六年（公元前111），随着西汉封建王朝政权的巩固和国力的强盛，汉武帝调遣20万大军，乘船顺江而下，直指南越国政权中心番禺（今广州），一举平定了南越国政权，岭南复归统一。汉武帝统一岭南后，将秦始皇原设置的三郡分设为九郡，在今广西原桂林郡地设置郁林、合浦、苍梧三郡。汉武帝借鉴南越王赵佗"和辑百越"的统治方法，采用"怀服百越之君"、任用越人首领为官和"以其故俗治，毋赋税"等"以夷治夷"的羁縻统治政策，迁来中原移民，又从中原地区输入青铜器、铁器及先进的生产技术，传播中原文化。在广西原住民族和南迁的中原人民的共同努力下，推动了岭南边疆的开发，促进了岭南社会经济文化的发展。魏晋南北朝至隋代，基本沿承汉朝的统治政策。在此期间，中原地区纷争不止，但僻处南部边疆的岭南社会较为安定，大批中原人为避乱而纷纷南迁，进一步推进了岭南的开发和经济的发展。唐宋时期，继续在岭南推行和完善"以夷制夷"的羁縻制度，实行驻军屯田和移民垦荒措施，促进了广西地区农业经济的发展。元明时期，在前期羁縻制度的基础上，在广西少数民族聚居地区推行土司制度，继续实行官兵屯田、移民垦荒实边等一系列旨在维护边疆社会稳定的政策与措施，加强水利的兴修，发展商业，开办学校，进一步促进了广西边疆的开发和社会经济文化的发展。清朝时期，废除了任用当地民族首领为官的土司制度，实行改土归流政策，大批汉族官吏、文人、商贩进入广西各地，特别是从广东通过西江进入广西东南和西南部的大批农民、商贩和手工业者，形成了"壮族住水头，汉族住街头，瑶苗住山头"的分布格局，促进了广西商业的繁荣发展和民族的融合，推进了广西边疆的全面开发和经济社会的新发展。民国时期，广西先后为旧、新桂系集团所统治，提出了"桂人治桂"的口号，致力于发展农业、林业、工业，重视公路、铁路、机场建设，开创国民基础教育和广西高等院校建设，成就显著，被时人誉为"模范省"。

本课题的研究对象，就是对地处中国南部边疆的广西地区从史前时期直至明清及民国时期的开发建设历史进行全面性、系统性和整体性研究，论述和揭示先秦时期广西原住民族及其先民的开发成就、秦代以后历代封建王朝实行的统治政策、开发措施及广西社会、经济、文化的发展情况。其内容主要包括以下五个方面。

（1）通过对相关的考古资料和文献资料的研究，从历史的纵向上（包括史前时期以及秦汉以降直至唐宋元明清及民国时期）全面、系统阐述地处祖国南部边疆广西地区的开发历史，梳理历史上各个时期广西社会、政治、经济、文化的发展脉络，阐明各时期的开发状况与社会经济发展特点。

（2）从横向上论述各时期以壮族及其先民为主体的广西各民族（包括世代居住在广西的侗、仫佬、毛南、水等原住民族以及后来从中原或周邻地区迁入广西的汉、瑶、苗、回、彝、京、仡佬等民族）团结奋斗，开拓进取，为开发、建设和保卫祖国南部边疆、抗击外来入侵，维护国家的统一和民族团结，推进广西经济社会全面发展作出的重要贡献。

（3）从理论和实践上论述广西边疆开发、民族团结、国家统一、边疆稳定与国家发展战略，广西边疆与我国西部边疆的关系，以及广西从"徼外"走向统一到国家认同的历史发展过程。

（4）壮族及其先民是南部边疆文明的最早开创者、经济文化的最早开发者和边疆领土安全的坚定守护者。壮族及其先民从石器时代的史前时期到青铜时代、铁器时代一直延续到当代，为南部边疆的开发、社会的稳定、经济的发展和民族的团结作出了艰苦的努力和重要的历史性贡献。

（5）历代中央王朝对南部边疆采取的政治统治、军事镇守、经济开发、文化传播和思想教化相结合的政策与措施，随着其建立的地方政权机构日趋严密，使原来被称为"蛮荒""徼外"之地的南部边疆逐渐纳入中央政权的统一管理之下，广西边疆开发被纳入国家统一开发格局之中，广西与中原地区的政治、经济中心密切互动，共同发展。当南部边疆地区发生的反抗斗争被平息后，中央王朝随之调整了有利于维护边疆社会稳定、民族和解及经济发展的统治策略，实行更为有效的开发措施，为发展南部边疆的社会经济和文化，维护边疆社会的稳定和领土完整，抗击外来入侵，发挥着重要作用，对后来南部边疆地区经济文化的发展、社会稳定以及建立中国—东盟自由贸易区和环北部湾经济区发展战略产生深远的影响与历史借鉴。

二 研究现状

关于我国南部广西边疆开发史的问题，包括历代封建王朝实行因地制宜的特殊统治政策、派兵驻守、移民实边、开荒屯田、兴修水利、修凿运河，发展生产、创办学校、发展教育、开拓集市和水路交通等问题，从20世纪30年代以来，一直受到学者们的关注，学者们应用不同的学科知识，从不同的角度、选择不同的专题对之进行研究，其中既有广西本土的学者，也不乏区外乃至国外的专家学者，形成了较多的研究成果，除发表各种专题的论文外，还出版了一些专题类或综合性的专著；与此同时，在许多学者的相关著作中也有部分章节或内容论及广西各历史时期的移民、开发和经济、文化发展状况。

根据目前掌握的资料，就国外而言，日本学者很早就关注并对广西开发史进行调查和研究。早在20世纪40年代前后，日本学者为了国内政治和军事的需要，对中国各地的自然地理和资源、民族分布、风土人情、政治、经济、文化等资料进行全面的收集和整理。1939年，由日本收集、编著和出版的《广西省综览》一书，在"汉人对广西的开拓"一节中，追述了从秦汉以降直至明清时期中央封建王朝对广西的经略与开发措施。国内学者较早开展对华南及其边疆开发史研究的学者，首推徐松石先生。徐先生经过多年的考察与研究，写成《粤江流域人民史》一书，于民国二十七年（1938）由中华书局出版。其中"岭南的开拓"和"铜鼓研究"一章，都涉及岭南边疆的开发和经济文化的发展。新中国成立后，关于岭南及广西边疆的开发史及其社会、经济和文化发展的研究，进入了新的发展时期，新的研究成果不断涌现。20世纪50年代，由黄现璠撰写的《广西僮族简史》（广西人民出版社，1957）和黄藏苏撰写的《广西壮族历史与现状》（民族出版社，1958）相继出版。书中除了论述壮族的历史渊源、社会发展之外，还揭示了壮族的经济、文化发展情况。此后，相继出版了《壮族简史》（广西人民出版社，1980）、《瑶族简史》（广西民族出版社，1983），以及覃圣敏等的《古南越国史》（广西人民出版社，1986）、周荣源的《广西农业经济史》（新时代出版社，1988）、黄现璠等的《壮族通史》（广西民族出版社，1988）、张声震主编的《壮族通史》（民族出版社，1997）、覃乃昌的《壮族稻作农业史》（广西民族出版社，1997）、方铁和方慧的《中国西南边疆开发史》（云南人民出版社，1997）、杨新益等的《广西教育史》（广西师范大学出版社，1998）、钟文典主编的《广西通史》（广西人民出版社，1999）、覃彩銮的《壮族史》（广东人民出版社，2002）、吴小凤的《广西经济史论丛》（广西人民出版社，2003）、吴小凤的《明清广西商品经济史研究》（民族出版社，2005）、郑超雄的《壮族文明起源研究》（广西人民出版社，2005）、俸恒高主编的《瑶族通史》（民族出版社，2007）、肖永孜的《壮族人口》（广西人民出版社，2008）等著作，都有涉及广西边疆开发历史的章节和内容。相关的论文则更多，包括覃彩銮的《历代封建王朝对广西少数民族的政策及其历史作用》（《广西民族研究》1989年第4期）、《钦州汉族的来源、分布及历史作用述论》（《广西民族研究》2002年第1期），莫家仁的《宋王朝对广西的统治与开发》（《广西民族研究》1990年第1期）、《陆荣廷统治广西的经济措施》（《广西民族研究》1996年第1期），李干芬的《略论历代封建王朝的"以夷制夷"政策》（《广西社会科学》1992年第4期），覃乃昌的《唐宋至明清时期广西的屯田——明清时期广西稻作农业史研究之一》（《广西民族研究》1997年第1期）、《环北部湾地区汉族的来源及其历史作用》（《环北部湾文化研究》，广西人民出版社，2002），白耀天的《唐代在今广西设置的州、县考》（《广西民族研究》1999年第2期），覃雪源的《唐宋至明清时期广西的屯田制度》（《史林》2000年第1期），陈炜的《明清时期粤商会馆与广西民族经济的发展》（《株洲师范高等专科学校学报》2002年第1期）、《明代广西交通建设述略》（《中国边疆史地研究》2003年第4期），蓝武的《论元代在广西民族地区的屯田》（《广西文史》2004年第1期），吴小凤的《汉唐经济史述略》（《广西民族研究》2005年第1期）、《明清时期广西水利建设研究》（《广西民族学院学报》2005年第6期），陈一榕的《近代粤商对百色地区的商业贸易发展的影响》（《广西民族研究》2011年第1期），等等。

上述著作或论文，分别从政治、军事、经济、文化、教育等方面论述地处祖国南部边疆广西地区的社会经济和文化发展情况，为我们全面、系统地开展广西开发史的研究提供了很好的基础。但是，综观以往的研究成果，多是对广西历史的某一时期或某一问题进行研究，显得较为零散，缺乏系统性、全面性和整体性，尚未有从历史的纵向上（历时性）和横向上（共时性）对中国西南边疆——广西的开发史进行全面、系统的梳理和整体性的研究成果。因而，开展广西边疆开发史的系统研究，可以拓展、丰富和深化这一问题的研究。

三 研究意义

地处祖国南部边疆的广西南部濒临北部湾，西面与越南毗邻，是中国大西南便捷的出海通道，也是中国通往东南亚的重要走廊。中国—东盟自由贸易区建立后，广西成为其自由贸易区的前沿或桥头堡，区位优势十分明显。广西又是我国少数民族人口最多的一个自治区，在长期的社会发展进程中，广西各民族和睦相处，团结互助，共生共荣，为广西的开发、边疆的安全、社会的稳定和经济的发展作出了积极贡献，成为中国民族团结的模范。因此，开展中国西南边疆——广西开发史的研究，有以下意义：首先，全面、系统地论述广西边疆的开发史，阐述历代中央王朝对广西边疆地区实行的有别于内地的统治政策和旨在发展边疆地区经济、促进民族和解、维护边疆安全的社会稳定的开发措施，总结历史上广西边疆开发过程中的政策、措施、成就及经验，可以为广西进一步开发、发展与东盟各国的经济合作与文化交流，制定广西经济社会发展战略，发挥广西在中国—东盟自由贸易区和中国大西南出海通道的区位优势，推进广西经济社会协调发展提供借鉴。其次，全面、系统地论述广西边疆地区以壮族及其先民为主体的各民族共同团结奋斗、共同繁荣发展、开拓进取，为开发和建设边疆，推动广西边疆地区经济的发展和边疆的稳定，维护祖国的统一和民族的团结作出的重要贡献和巨大牺牲，可以为巩固和发展广西的"四个模范"（民族团结的模范，维护统一的模范，维护稳定的模范，我国民族关系"三个离不开"的模范）提供理论和实证依据。再次，从理论上阐述边疆开发与国家发展战略的关系，民族认同和国家认同的关系，边疆民族的国家认同与边疆安全稳定的关系，民族命运与国家命运的关系，广西从原来的"徼外"边疆走向内聚与统一及其与中央政府的密切联系，深入研究边疆民族国家认同和内聚力增强的历程，可以从理论和实践上丰富、深化中国边疆民族问题的研究。最后，有利于维护民族文化主权和文化安全。历史上，包括广西在内的广大岭南地区，是壮侗语族诸民族及其先民世代居住之地，他们是岭南文明最早的开拓者，创造了丰富多彩、独具特色的文化，是岭南地区积淀深厚的原生文化。闻名中外的铜鼓文化、青铜文化、花山崖壁画艺术、稻作文化、歌圩文化、干栏文化等，对周边地区民族文化的发展产生过深刻的影响。19世纪中越国界划定以后，原本属于同一族群或文化区的民族，现已分属不同的国度，形成了跨境民族及其文化。因此，开展此课题的全面、深入研究，厘清民族文化的本源与族属，有利于维护民族文化主权和文化安全。此外，开展中国西南边疆广西开发史的系统研究，可以填补这一研究领域的缺环，不仅具有重要的学术价值，而且是对边疆开发与国家发展战略理论的开拓、丰富和深化，对于我国正在实施的泛北部湾经济区、中国—东盟自由贸易区、兴边富民和平发展的系列战略，提供历史经验与借鉴。

四 研究方法

本课题采用历史学、经济学、社会学和民族学的理论与方法，运用考古发掘、文献资料、田野调查资料，以广西地区开发历史的纵向（历时性）为主线，从广西原住民族——壮族先民的历史发展、开发历程以及历代中央王朝对广西的统治和开发政策切入，分别通过史前时期、秦汉时期、南朝时期、唐宋时期、元明清时期的统治政策与开发措施及其效果研究，阐明各历史时期开发的特点以及广西边疆从"徼外"边缘逐渐内聚于中心的历史过程；再从横向上阐述广西各民族在开发和守卫祖国南疆、推动社会经济文化的全面发展，维护国家统一和边疆稳定作出的积极贡献。在研究中坚持历史唯物主义的立场与观点，注重理论阐述与实证分析相结合，宏观与微观相结合，纵向梳理与横向论述相结合，分别从政治、经济（包括农业、手工业、商业）、文化、交通、水利等方面，从整体上全面、系统地揭示广西边疆开发的历史过程及其对边疆稳定、经济发展的作用、意义和深远影响。

第一章
毗邻东盟骆越地
—— 广西地理环境与自然资源

第一节 地理环境

广西壮族自治区简称"桂",地处我国的南部边疆,位于东经104°26′~112°04′,北纬20°54′~26°24′之间,北回归线横贯全区中部。其南面濒临北部湾,面向东南亚,西南与越南毗邻,东邻粤、港、澳,北连华中,背靠大西南,是西南地区最便捷的出海通道,也是中国西部资源型经济与东南开放型经济的结合部,区位条件优越,是中国—东盟自由贸易区前沿与桥头堡,在中国与东南亚的经济交往中占有重要地位。广西周边与广东、湖南、贵州、云南等省接壤。东南与广东省省界长约931千米,东北与湖南省省界长约970千米,北面与贵州省省界长约1177千米,西面与云南省省界长约632千米。西南与越南社会主义共和国边界线长约637千米。北部湾海域面积约12.93万平方千米,海岸线东起粤桂交界处的洗米河口,西至中越边境的北仑河口,陆地海岸线长1500多千米。沿海有697个岛屿,岛屿海岸线长600余千米,岛屿总面积84平方千米。涠洲岛是广西沿海最大的岛屿,面积约28平方千米。广西壮族自治区是我国唯一沿海的少数民族自治区,从北部湾进入南海可以通往南洋诸岛国。全区总面积23.67万平方千米,占全国总面积的2.50%,居全国第9位。东西最大跨距约771千米,南北最大跨距(南至斜阳岛)约634千米。

广西地处云贵高原东南边缘，地势由西北向东南倾斜，属岩溶地区，喀斯特地貌发育，到处群山绵延，丘陵起伏，山体庞大，奇峰耸峙，岭谷相间，四周多被山地、高原环绕，呈盆地状，有"广西盆地"之称。境内山系多呈弧形，层层相套。自北向南分别为：第一列为大苗山—九万大山；第二列为大南山—天平山—凤凰山；第三列为驾桥岭—大瑶山—莲花山—镇龙山—大明山—都阳山；第四列为云开大山—六万大山—十万大山—大青山。山系走向明显呈现东部受太平洋板块挤压、西部受印度洋板块挤压迹象。山地以海拔800米以上的中山为主，占广西总面积的23.5%；海拔400~800米低山次之，占广西总面积的15.9%。桂东北猫儿山主峰海拔2141米，为广西第一高峰，也是南岭最高峰。越城岭—猫儿山与海洋山之间的湘桂走廊是中国三大走廊之一。四周山地环绕，呈盆地状。在陆地总面积中，山地（海拔400米以上）占39.8%，石山（海拔400米）占19.7%，丘陵（海拔200~400米）占10.3%，台地（海拔200米以下）占6.3%，平原占20.6%，水面占3.3%。全区耕地面积约3900多万亩，占土地面积的11.2%。"八山一水一分田"是对广西地形地貌的形象概括。

广西境内江河遍布，水源丰富。河流大多沿着地势呈倾斜面，从西北流向东南，形成了以红水河—西江为主干流的横贯广西中部以及支流分布于两侧的树枝状水系。其中集雨面积在50平方千米以上的河流有937条，总长度约3.4万千米，河网密度0.144千米/平方千米。分属珠江、长江、桂南独流入海、百都河等四大水系。珠江水系是广西最大水系，流域面积占广西总面积的85.2%，集雨面积50平方千米以上的河流有833条，主干流南盘江—红水河—黔江—浔江—西江自西北折东横贯全境，全长1239千米，出梧州流向广东入南海。长江水系分布处于桂东北，流域面积占广西总面积的3.5%，集雨面积50平方千米以上的河流有30条，主要河段有湘江、资江，属洞庭湖水系上游，经湖南汇入长江。其中湘江在兴安县附近通过秦代开凿的灵渠，沟通了长江和珠江两大水系。独流入海水系主要分布于桂南，流域面积占广西总面积的10.7%，较大河流有南流江、钦江、北仑河等，均注入北部湾。经越南入北部湾的百都河水系流域面积占广西总面积的0.6%。喀斯特地下河众多，有433

条，其中长度超过 10 千米的有 248 条，坡心河、地苏河等均独自形成地下河水系。

第二节 自然资源

广西地处亚热带，部分地区属热带，气候炎热，雨量丰沛，土地湿润，植被繁茂，各种自然资源丰富，适合古人类居住生活，有利于发展农业生产。矿产资源也极为丰富，尤以有色金属最为富有。截至 2001 年底，全自治区发现的矿种多达 145 种（含亚矿种），已探明储量的矿产约占全国已探明资源储量矿种的 45.75%，列全国前十位的矿产有 64 种。国民经济赖以发展的 45 种支柱性重要矿产广西有 35 种探明资源储量，其中探明资源储量在全国前十位的有：锰、锑、磷钇矿、钛、铅、锌、铝、钨、银等矿种。水力资源也十分丰富，蕴藏量大，全区拥有水域面积约 4700 平方千米，水力资源理论蕴藏量 1997.35 万千瓦。其中境内单河理论蕴藏量 1 万千瓦以上的河流有 246 条。技术可开发量 1995 万千瓦（单站 500 千瓦以上），居全国各省、自治区、直辖市之前列。水力资源近 70% 集中在红水河段。红水河梯级开发河段，从南盘江的天生桥到黔江的大藤峡，全长 1050 千米，总落差 756.5 米，技术可开发利用水能约 1303 万千瓦。根据国务院批准的规划，红水河干流可建设 10 座梯级电站，其中电站装机容量 100 万千瓦以上的 5 座，电站全部建成后，预计年发电量可达 510 亿千瓦时。

广西是我国唯一濒临海洋的一个民族自治地方，海洋资源极为丰富。陆地海岸线全长 1500 多千米，拥有 1005 平方千米滩涂，20 米水深以内的浅海 6488.31 平方千米。北部湾是中国著名渔场，以优质、无污染而在国内外市场享有盛誉。出产的鱼贝类有 500 多种，鱼类总资源为 140 万吨，总可捕量为 70 万吨。沿海滩涂生物有 47 科、140 多种，以贝类为主。北部湾盆地有石油、天然气等，蕴藏量丰富，开发前景广阔；还探明有丰富的钛铁矿、金红石、锆英石、独居石、石英砂等 28 种矿产。沿海地区是广西重要的旅游区，有北海银滩、东兴金滩、合浦星岛湖、钦州湾"七十二泾"，以及火山岩地质地貌的涠洲岛、斜阳岛等独特的旅游资源。广西又是西南地区最便捷的出海通道，沿海可开发建港的港湾、岸段有10多处，可供开发建设3万吨级以上深水泊位100多个，目前建设利用的大小港口有20多个。

由于广西处于亚热带的特定环境，森林和动植物资源十分丰富。全区现有林业用地面积1336.22万hm^2，有林地面积981.91万hm^2，活立木蓄积量4.03亿m^3，森林蓄积量36477.26万m^3，森林覆盖率41.33%。目前发现的野生维管束植物有288多科，近1717多属8354余种，仅次于云南省、四川省，居全国第3位。其中有多种能供特殊用材的珍贵树种，主要有可供军工、造船用的柚木、铁力木、格木、母生、红椎等；供制乐器等特种工艺用的檀香、小叶红豆、苏木等；供制特殊器材、高级家具用的枧木、金丝李、坡垒、桃花心木、降香黄檀等。珍贵树种全区均有分布，但以十万大山、都阳山、龙州、宁明，以及桂中大瑶山、桂北九万山、花坪林区、猫儿山等最为丰富。杉木林主要分布在北部、西部山区，其优良品种主要有融水苗族自治县白云乡、拱洞乡一带的自糠杉和四荣乡一带的四荣油杉等；松树广泛分布在西部云贵高原边缘的乐业、天峨、西林、隆林等县；桉树品种多，主要有大叶桉、窿缘桉、柠檬桉、细叶桉、柳桉、尾叶桉等；各种竹类遍布广西各地，主要有鞭生竹、丛生竹两大类。鞭生竹以毛竹为主，主要分布在中亚热带桂林、梧州地区北部。丛生竹喜欢湿热的环境，主要分布在南亚热带桂东南及桂西石山地区。八角是广西特产之一，主要分布在桂西南及桂南各县（市），1990年面积为11.52万公顷。

广西生长着许多珍稀植物，其中濒危植物有金花茶、银杉、冷杉、红豆杉、望天树、蚬木等123种，占全国总树种的32%。陆栖脊椎野生动物884种（亚种），占全国总数的40%。野生动物中，属国家重点保护的珍稀濒危动物有白头叶猴、黑叶猴、黄腹角雉、瑶山鳄蜥、海南开鸟等150种，占全国总数的58%。

广西山奇水秀，风光旖旎，民族众多，风情别具，旅游资源丰富。其中有甲天下的桂林山水、亚洲第一大跨国瀑布大新德天瀑布等为代表的观光型资源和以北海银滩为代表的亚热带滨海度假休闲型资源；有丰富多彩的壮、瑶、苗、侗等少数民族风情资源和以兴安灵渠、宁明花山崖壁画、三江程阳桥为代表的历史文物古迹资源；有八角寨、金秀大瑶山、贺州姑婆山、百色大石围天坑群等国家森林公园、地质公园为代表的一大批森林、地质旅游资源和以凭祥友谊关等为代表的边境旅游资源等。广西旅游资源的特色、种类和分布均名列全国前茅。

第三节 广西在中国—东盟关系中的战略地位

广西地处祖国的南部边陲，南面濒临北部湾（南海），西南面与越南毗邻，东邻粤、港、澳，北连华中，背靠大西南，区位重要而特殊。从广西南部的北部湾可通达南海群岛诸国，驶入太平洋和印度洋；通过陆上通道，从广西可直接进入越南。因此，自古以来，广西一直是中国通往越南及南海群岛诸国的便捷通道，无论是与东南亚各国的经济交往、文化交流，还是在维护和巩固我国南部边疆和南海岛屿的领土完整上，具有重要的战略地位。

早在公元前214年，秦始皇派兵统一岭南时，已在广西与湖南之间的五岭间开辟通道，同时修凿灵渠，沟通了珠江与湘江的水运通道，使得中原内地兵员和物资可以源源不断地从今广西北部运抵岭南各地，保证了秦始皇完成统一岭南，设置南海、桂林、象郡（地辖今越南大部）的大业。此后，广西成为中央王朝势力统辖岭南地区的重要通道。汉元鼎六年（前111），建立于秦末汉初的南越国地方政权与汉王朝相抗衡，拒绝内属，汉武帝调集20万兵力，通过广西河道水路，直抵今广东南海郡，一举平定了南越国政权，岭南统一于汉朝。西汉时，位于合浦郡南面的合浦港已成为通往南洋群岛各国的海上丝绸之路的始发港，中原内地以及岭南地区的土特产品通过合浦港，运往南洋群岛各国；南洋各国的产品或奇珍异宝也通过合浦港销往中原内地。东汉时期，交趾郡部族首领率众反抗地方统治者的压迫和剥削，汉朝廷任马援为伏波将军，率兵前往平定。

唐代将岭南分为东西两道，岭南西道治于邕州（今广西南宁），设邕管经略使。自此，邕州成为粤西重镇，是为中原控扼交趾的咽喉地带。《武经总要》前集卷20载邕州形势："岭峤之外，土地辽旷，管左右两江羁縻州县洞，总三十六。南控交趾，治甲洞夷人，西至马援铜柱南蛮界，尽西南要害之地。"

宋代以前，越南一直是中国历代封建王朝直接管辖的郡县或州府，中国古籍称为"交趾""交州"或"安南"等。五代十国时期，中原战乱，交趾人吴权于公元937年（南汉大有十年）称王自立。其后，丁、李、陈、黎、阮氏诸封建王朝继之。1802年（清仁宗嘉庆七年），阮福映建立（旧）阮朝，改"安南"为"越南"。在这段历史时期内，越南除在1407～1431年（明成祖永乐五年至明宣宗宣德六年）曾一度复归中国版图外，一直对中国处于"藩属"的地位，迄至1885年清德宗光绪十二年中法战争结束为止。因此，与中原的交往实际上是地区之间的交往。宋代以后，随着交趾李氏地方势力的崛起，中央王朝鞭长莫及，越南虽然仍属于中国的一个藩属，但实际上已逐步形成一个独立性较大的国家实体，这样，与广西以至中原内地的交通逐渐成为国与国之间的交通，其交通意义发生变化。就交通道路而言，广西一直是中原内地通往越南的重要通道。宋代时，邕州（今南宁）至安南（越南）的道路分为多条，交（交州）邕道路日渐成为主要道路；在大理国（云南地方政权）后期，今云南红河地区传统通道堵塞，只有通过邕州进入越南；在广州至安南的海路中，广州、廉州海路相对衰落，钦州（今广西境）海路较繁盛，因而形成了以邕州、钦州为中心的中国—越南交通枢纽。广西与安南陆海相通，"陆则限以七峒，水则舟楫可通"。钦州水路是"自钦西南舟行一日，至其永安州，由玉山大盘寨过永泰、万春，即至其国都，不过五日"。安南边境至钦州"率用小舟，遵崖而行"，"早发暮到"。因此两地来往十分便捷省时。随着广西经济的发展和对外贸易的日益活跃，广西成为中原内地商品销往东南亚以及东南亚各国商品销往内地的重要通道。宋王朝及其地方政权为了扩大与安南及东南亚的商业贸易，在广西开设了钦州、永平、横山等博易场，发展与云贵及安南的贸易。

1840年鸦片战争爆发后，法国发动了对越南的殖民战争，企图以越南为跳板侵略中国，实现其瓜分中国的野心。广西即成为抗击法国侵略者、保卫祖国领土安全的最前线。1955～1975年，美国发动侵略越南的战争，企图占领越南，实现包围和钳制中国的战略目的，广西又成为抗美援越的前线和物资中转基地，大量兵员、物资通过广西海路和陆路运往越南前线，为取得抗美援越战争的胜利发挥了重要作用。

2000年国家决定实施中国西部大开发战略，而广西是我国西南地区唯一沿边沿海的自治区，随着西部大开发的持续推进，广西已成为我国西南地区最便捷的出海通道，同时也是中国西部资源型经济与东南开放型经济的结合部。基于广西与东南亚交往的区位优势和密切联系，2004年国务院决定广西南宁成为"中国—东盟博览会"永久举办地，至今已连续成功举办了十届，同期成功举办了第十届"中国—东盟商务与投资峰会"，每年都有东盟各国首脑和客商前来广西南宁参加博览会和商务与投资峰会。2010年随着中国—东盟自由贸易区的建立，广西又成为中国—东盟自由贸易区前沿与桥头堡，在中国与东南亚的经济交往中占有重要地位。随着中国—东盟博览会的成功举办以及中国—东盟自由贸易区的建立，广西在与东盟各国友好关系的发展和经济合作、商贸及文化交流中发挥着日益重要的作用。

第二章

和谐的民族家园

——广西历史与民族构成

第一节 广西历史发展概况

  根据考古发现，今广西地区早在10多万年以前，已经有古人类活动，留下了许多文化遗迹和遗物。在百色盆地右江河畔发现了大量的打制石器。到了距今5万~2万年以前的旧石器时代晚期，广西各大江河流域都已有古人类活动，目前在广西桂江、柳江、红水河、郁江、左江、右江一带，已发现18处古人类化石地点及文化遗存。当时的原始人类以河卵石打制成简陋的工具，以采集和渔猎经济为生，利用天然山洞栖息。

  随着古人类的不断生息繁衍、生产力的提高和生产工具的改进，到了距今10000~4000年，广西地区的原始先民进入了新石器时代。目前在广西境内已调查发现500多处新石器时代遗址。在距今10000~8000年的遗址里，发现有许多打制石器与磨制石器共存，同时发现的遗物还有大量的陶器（片）、炭屑和动物骨骸，在桂林甑皮岩遗址里还发现许多幼猪骨骸，说明已有牲畜的饲养。到了距今七八千年，先民们在长期的采集活动过程中，发明了人工栽培稻的种植，开始了早期的稻作农业生产，先民们逐步走出赖以栖息的山洞，来到河旁台地，构筑离地而居的干栏式房屋，过上了相对稳定的定居生活，形成了面积达数千平方米规模的聚落。特别是到了新石器时代晚期，随着大量磨制精美的大石铲等新型耕作工具的使用，标志着稻作农业的发展，广西地区进入了部落或部落联盟的时代。

到了距今 3000～2000 年前，居住在今广西地区的原住民族，史籍称为西瓯、骆越人。此时中原地区进入商周以至春秋战国时期，广西地区也跨入了文明社会的门槛。商周时期，地处岭南的广西地区已与中原内地有了政治、经济和文化上的联系，当时广西一带已有珠玑、玳瑁、象齿、文犀、珍珠、翠羽、菌鹤、短狗①等珍物，进入中原贡献周朝国王；周王则以青铜礼器回赠，在广西各地曾发现有许多商周时期的卣、匜、编钟、鼎、壶等青铜礼器。中原地区青铜铸造技术也传入广西地区。在恭城、武鸣、平乐、宾阳、田东等地，发现有春秋战国墓葬群，出土了大量的礼器、兵器、生活用器、生产工具等青铜器，同时还发现有铸造青铜器的石范和一批具有鲜明地方特色的青铜器，如羊角钮钟、靴形钺、扁茎短剑、铜鼓等，特别是田东县锅盖岭墓葬里出土的战国时代的铜鼓，表明当时广西瓯骆民族已开始铸造和使用青铜器。在武鸣县马头乡元龙坡和安等秧分别发现有 300 多座春秋战国时期的墓群，墓葬中出现的墓坑大小和随葬品数量的多少及质地的优劣，表明当地已出现了贫富分化、身份高低或贵贱之别；在左江沿岸长达 200 多千米的悬崖峭壁上，保存有 170 多处战国至汉代的崖壁画，其中以宁明花山画面最大，画像也最多，在长 210 米、高约 50 米的灰白色崖壁上，至今还保留着 1700 多个用赭色绘成的人物、动物、铜鼓等图像。规模如此宏大的画面，反映当时广西瓯骆部落人口的增多、生产力的提高和农业经济的发展，其社会已从前期的古国发展进入方国和文明时代。

公元前 221 年，秦始皇统一中原、建立秦朝帝国之后，于公元前 218 年，调集 50 万大军，兵分五路，开始了统一岭南的战争。其中从越城岭（即《淮南子·人间训》所称的"一军塞镡城之岭"）进入岭南的一支秦军，在越过越城岭进入今广西北部地区，遭到了当地西瓯部族的顽强抵抗。开始时，秦军凭借优势兵力，向西瓯部族发起凌厉进攻，西瓯被打乱，其酋帅译吁宋被秦军斩杀。失去统帅的西瓯部族化整为零，退入山林，推举新的首领，发挥熟悉地形、擅长穿林攀山、溪河荡舟的优势，

---

① 《逸周书·王会篇》。

采用"游击"战术,给秦军以沉重打击,使之"伏尸流血数十万",其统帅屠睢在西瓯部族的袭击中毙命,秦军被迫停止向西瓯部族的进攻,并收缩战线,就地集结,扎寨筑城防守,陷入了"三年不解甲弛弩"、后勤难以为继、进退维艰的困境。为了扭转被动局面,"使监禄无以转饷,又以卒凿渠,而通粮道"①,即派遣史禄主持修凿灵渠,沟通了珠江与湘江水系的水路交通,秦军兵援和粮草等物资源源不断地运送岭南,再派统帅前往指挥,得到兵援和后勤补给的秦军一鼓作气,击败了西瓯部族,完成了对岭南的统一。秦统一岭南后,推行封建制的郡县制,设置南海、桂林、象郡三郡,郡下设县,广西地区开始处于中原封建王朝的统一治辖之下,标志着封建制在广西的推行。但是,封建制的郡县初设,广大的西瓯、骆越居住地的社会结构和社会性质并未发生重大变化,仍然处在氏族或部落的方国发展阶段。

秦末汉初,中原战乱,为防战乱波及岭南,确保其社会的安定,秦朝旧将、南海龙川县令赵佗组织力量,派兵扼守并中断通往中原内地的关隘,同时率军攻占南海、桂林、象郡三郡,统一岭南,建立南越国政权。在其存在的93年里,今广西地区属于南越国统治范围。赵佗建立南越国后,实行一系列旨在"和辑百越"的民族政策,包括吸收越人首领参加王国政权管理、尊重越人习俗、鼓励汉越民族通婚、越人"自治"、制止越人之间的争斗等,保持了岭南社会的稳定,推动了社会经济和文化的发展。

刘邦击败项羽,于公元前206年建立了西汉封建王朝。汉王朝建立之初,因其政权尚需巩固,国力微弱,加上北方匈奴的威胁尚存,汉高祖刘邦对于南边的南越国采取了容忍、示好的策略,与之开边市,通贸易,遣使节,以抚慰南越王,防止其生事南疆。经过数年的经营和发展,到了汉武帝执政时期,国力已日益强盛,收复盘踞在岭南的南越国政权已在西汉王朝的运筹帷幄之中。而此时的南越国,以越人酋首吕嘉为丞相的南越政权势力,自恃其地偏远、地势险要和较为强大的军事力量,继续坚持与西汉王朝相抗衡,并且派兵攻击与汉界相交的边郡,诛杀汉朝

---

① 《淮南子·人间训》。

使节，坚持自治，不愿内属。元鼎六年（前111），汉武帝调遣20万大军，乘坐大船，从今广西红水河，长驱直入，锋芒直指南越国政治中心——广州。汉朝大军一举平定南越国政权，岭南复归统一，前后存在了93年的南越国政权灭亡。统一岭南后，汉武帝采取众重寡立的策略，将秦所置之桂林、南海、象郡三郡分成九郡，即南海、苍梧、合浦、郁林、交趾、九真、日南、儋耳、珠崖等，今广西大部分属苍梧、合浦、郁林三郡管辖，郡下共设21个县。其中苍梧郡治广信县（今梧州市），合浦郡治合浦（今合浦县），郁林郡治布山县（今贵港市）。此外，汉时今广西还有小部分地域分属零陵郡和武陵郡。东汉末年，今广西大部属交州统辖。随着郡县的增多，中央王朝一方面对广西地区的统治比前期有所加强，迁居广西的中原人有所增多，大量青铜器、铁器等金属器具也随之传入广西东南部地区，促进了广西地区社会和文化的发展及其封建化；另一方面，由于汉王朝在包括广西在内的西瓯、骆越岭南地区实行"以其故俗治，毋赋税"的政策，远离郡县的广大西瓯、骆越地区仍按照自身的发展规律缓慢地发展着。

东汉之后，中国经历了三国鼎立、东晋十六国的分裂、南北朝对峙的动乱时代。三国时期，今广西大部属吴国，西北部一小部分属蜀国。孙吴政权在今广西设置桂林、始安、临贺、苍梧、郁林、合浦六郡，今桂北部分地域属零陵、武陵郡；桂西部分地域属蜀国的兴古郡。设置的县增至39个。

两晋时期，中央王朝在今广西设置苍梧、郁林、桂林、合浦、始安、临贺、晋兴、宁浦、永平、西平等10个郡，设置的县增至57个，分属广州、交州和湘州统辖。广西地区虽然设置了州、郡、县等地方政权，但晋王朝的主要力量集中在中原地区，对于僻处岭南的广西地区鞭长莫及，未能深入当地的少数民族地区，其社会发展缓慢。

南北朝时期，今广西地区先后属宋、齐、梁、陈管辖，今广西西部、西北小部分地域属北朝周管辖。先后设置9州、48郡、127个县，其中有37郡78县为这一时期新设的郡、县。这一时期，中原社会动荡，岭南地区社会相对安定，包括文人、士族在内的大批中原汉族为躲避战乱纷纷举家南迁，进入岭南各地。这是继秦、汉时期中原汉族迁入岭南之后出现的又一次南迁高潮。但迁居广西的中原人仍然集中分布在东南部地区郡治附近，使桂东南地区成为中原人集中居住之地。大批中原人的南迁和先进工具及生产技术的传入，促进了广西地区的开发和封建制的发展。

隋朝的建立，结束了长达数百年的群雄争霸的混战局面。隋王朝将全国分为九个州，在今广西设置的始安、永平、宁越、郁林、苍梧、合浦等郡属扬州管辖，而零陵、熙平二郡则属荆州管辖，先后设置 85 个县，少数民族聚居的广西西南部和东北部相继设置县级地方政权机构，标志着中央封建政权对广西少数民族地区统治的进一步加强。

唐代是广西社会经济和文化发展的重要时期，随着唐王朝的建立和政权日益巩固，进一步加强了对广西的统治和开发。唐太宗时将全国分为 10 道，今广东和广西东部地区属岭南道（治所在今广州）；今广西西部、西北部部分地区属江南道。开元二十一年（733），唐玄宗将江南道分为东西两道和黔中道，今广西西部、西北部部分地区仍属黔中道，广西东北部分地区属江南西道。咸通三年（862），唐懿宗将岭南道分为岭南西道和岭南东道，广西大部地区属岭南西道，广东属岭南东道。岭南西道治所设在邕州（今南宁市）。岭南西道除今广西外，还包括今海南和雷州半岛一带。岭南西道设立桂、容、邕三管经略使，史称"三管"，基本形成了后来广西行政区的雏形。此外，今富川、钟山、贺州、藤县、岑溪一带属岭南东道。至贞观末年，今广西境内设有 34 个州，224 个县（唐末减至 154 县），唐朝进一步加强对僻处岭南的广西特别是东南部地区的统治。与此同时，由于广西是少数民族聚居之地，民情复杂，加上山重水复，交通闭塞，唐王朝吸收和借鉴前期历朝对广西边疆少数民族地区因地制宜的统治政策，对自然条件较好、经济发展较快、封建制基础较好的广西东南部地区，实行与内地相同的封建州县制，而在交通闭塞、经济落后的广西中部、西南部和西北部等广大俚、僚或僮人居住的偏僻山区，则推行羁縻州县制。羁縻制的核心是"以其首领为都督、刺史，皆得世袭"①。即各羁縻州、县的行政长官由王朝中央委任当地原住民族的部族首领充任，允许世袭其官，世领其土，世统其民。但明确规

---

① （北宋）欧阳修：《新唐书》卷 43（下）《地理志七羁縻州》。

第二章
和谐的民族家园

定地方酋首不能擅自立为王侯,更不能自封为都督、刺史、县令,须由中央朝廷册封,其使命是谨守疆土,俸职供,听命于朝廷。唐王朝在今广西共设置羁縻州57个,县48个①。羁縻制的推行,一方面有利于保持广西少数民族地区社会的稳定和经济的发展,土地的开垦和种植面积不断扩大,稻作农业得到了进一步发展,耕种技术进一步提高,水利灌溉和交通设施不断兴修或完善,手工业和商业有了新的发展,促进了广西边疆地区的封建化;另一方面,随着汉文化在广西的传播,唐王朝在广西各州府开设各类学校,包括府学、州学、县学,传播汉文化,培养封建人才。如唐朝初年设置的柳州府学,贞观四年(630)设置的容州府学,大历年间设立的桂州府学等,并推行科举制,使广西人有机会进入仕途,促进了汉文化在广西少数民族地区的传播。

唐代末年,农民起义的浪潮此伏彼起,各地豪强乘机扩充势力,抢占地盘,相互攻伐,中原又陷入动乱,我国进入了五代十国政权频繁更迭时期,今广西地区的归属也随之而变。桂林、柳州、梧州以北地区先属楚国,后属南汉,其行政建置基本沿袭唐制,共设置37个州,135个县;同时保留32个羁縻州,31个羁縻县。

公元960年,赵匡胤在陈桥驿发动兵变,夺取后周政权,改国号为宋。开宝四年(971)平定南汉政权,岭南复归统一,结束了五代十国纷争的局面。宋承唐制,先后将全国划分为15路,广西大部地区属广南路,桂东北地区的全州、灌阳、资源一带属荆湖路。宋元丰元年(1078),分广南东路和广南西路,今广西大部地区属广南西路,治所设在桂州(今桂林市),桂林开始成为广西地区的政治中心。广南西路下辖25州,即桂、容、邕、融、象、昭、梧、藤、龚、浔、柳、贵、宜、宾、横、化、高、雷、钦、白、郁林、廉、琼、平、观等,其辖地除了今广西外,还包括今雷州半岛和海南一带;州下共设65县;另设昌化、万安、朱崖三军②。此外,今桂东北地区的全州、灌阳、资源一带属荆湖南路。大观元年(1107),在广南西路另设黔南路,辖地包括今桂西北部分

---

① 参见张声震主编《壮族通史》(中),民族出版社,1997,第429页。
② 《宋史》卷90《地理志六》。

地区。大观三年（1109），更名广西黔南路，次年又改回广南西路。宋王朝南迁后，将广南西路更名为广西路，此为"广西"得名之始。宋王朝先后在今广西设置静江、庆远二府，静江府治在临桂（今桂林），庆远府治在宜山（今宜州）。在唐王朝推行羁縻制的基础上，进一步完善之，即在少数民族聚居的广西本部地区继续推行"以夷制夷"的羁縻州、县制，"因其疆域，参唐制，分析其种落，大者为州，小者为县，又小者为峒，凡五十余所。推其长雄者为首领，籍其民为壮丁，以藩篱内郡，障防外蛮，缓急追集备御，制如官军。其酋皆世袭，分隶诸寨，总隶于提举。左江四寨二提举，右江四寨一提举，寨官，民官也。知寨、主簿各一员，掌诸峒财赋。左江屯永平、太平，右江屯横山，掌诸峒烟火民丁，以官兵尽护之。大抵人物犷悍，风俗荒怪，不可尽以中国教法绳治，姑羁縻之而已。有知州、权州、监州、知县、知峒，皆命于安抚若监司，给文帖朱记。"① 对当地少数民族首领分别授予知州、权州、监州、知县、知峒等官职，颁发印信，使之世承官职，世统其民，"谨守疆土，修职贡，供征调"。宋朝先后设置的羁縻州共 85 个，羁縻县 80，县下设峒，用当地少数民族首领为官，使其统治进一步加强。南宋时期，因北方辽、西夏频频侵扰中原，使得宋王朝布重兵防御，南方边疆防守空虚，交趾（今越南）李氏政权崛起，频频派兵侵扰今广西南部边疆，曾攻陷钦州、邕州，肆意烧杀抢掠，当地人民深受其害。世居西源州的侬智高力主抗击交趾，因宋王朝无暇南顾，生怕事态扩大，于是对交趾李朝势力的侵犯采取姑息的态度，同时又处处防范侬智高，激起了侬智高的极大愤慨，为了保土安民，谋求生存，皇祐五年（1053），侬智高率众五千造反，于是爆发了震惊朝野的侬智高起义。宋朝廷派遣大将狄青率军南征，昆仑关归仁铺之战，击败了侬智高军。事平后，宋王朝加强了南部边疆的防务，调整了对广西少数民族的统治政策，促进了广西社会经济文化的发展。

元朝建立后，打破前朝行政建制，在全国推行省、路（府）、州、县四级行政划分建制，共设 3 个中书省，11 个行中书省。原广南西路改隶湖广行中书省，称广西两江道路宣慰司，治所在静江路临桂县（今桂林

---

① （宋）范成大：《桂海虞衡志》。

市），下辖静江路、南宁路、柳州路、梧州路、浔州路、思明路、太平路、镇安路、庆远南丹溪峒等处军民安抚司、平乐府、郁林州、容州、象州、宾州、横州、融州、藤州、贺州、贵州、田州路军民总管府、来安路军民总管府等。其中静江路下辖10个县。南宁路，初置安抚司，后改为邕州路总管府兼左右江溪洞镇抚，泰定元年（1324）南宁路，这是"南宁"得名并作为行政区名称之始，下设宣化、武缘两县。元朝统治者在继承唐宋时期的羁縻州、县的基础上，在广西少数民族地区特别是壮族聚居的桂中及桂西地区全面推行土司制度，其核心是用当地少数民族首领为官，划定其势力范围，允许土司拥有地方武装，由其世领其地，世领其民，自治地方，世袭其位，中央王朝不干预地方民族内部事务，同时对土司任用、册封、职权、奖罚、承袭等做了明确规定。元朝在广西共设置土州60个，土县8个。土司制度的确立，维护了广西社会的稳定，促进地方经济和文化的发展，但也加速了各地土司的土地兼并，加深了广大农民对土司的依赖，加重了广大农民的赋税和徭役，束缚了生产力的发展。

明朝建立后，撤销元朝的行省之名，设立司、府（州）、县（土州）三级行政建制。将全国分为13个布政使司。洪武九年（1376），设立广西承宣布政使司，下辖桂林、柳州、庆远、思恩、平乐、梧州、浔州、南宁、太平、镇安等府及归顺、田州、泗城三个直隶州。洪武二十七年（1394）广西北部的全州（包括今全州、灌阳、资源）自湖广永州改属广西后，今广西行政区大体形成。明朝时期是广西土司制度发展鼎盛时期，也是广西封建领主制发展的鼎盛时期，在元朝土司制度的基础上，对土司任用、册封、职权、奖罚、承袭等形成了一套更加完备、严密的制度。明王朝统一广西后，对于"来归者，即用原官授之"[①]。与此同时，明王朝为了防范土司势力的扩张，削弱各地土司的势力，明王朝采取分而治之的政策，使得土司数量大幅增加，共设有土府4个，土州41个，土县8个，长官司10个，土巡检70多个，土千户5个；土知府、土知州、土知县、长官司、土巡检、土千户等大小土官320多个，从桂西发展到桂

---

① 《明史》卷310《土司列传序》。

东,土司之设几乎遍及全广西,"广西全省惟苍梧一道无土司"①了。

清朝时期,是广西社会经济和文化发展的新时期。清统一广西后,复设广西省,省会驻桂林府(今桂林市),下设桂林、柳州、庆远、思恩、泗城、平乐、梧州、浔州、南宁、太平、崇善、镇安等12个府,所设县增至110个;另在壮族聚居的上思、百色设置两个直隶厅和郁林直隶州。与此同时,鉴于延续了长达千年的羁縻制度和土司制度暴露出来的各种弊端,清朝政府采纳滇黔桂三省总督鄂尔泰的提议,大规模地进行改土归流,即废除土官的特权和承袭制度,各府、州、厅或县级长官改由政府统一委派,极大地解放了生产力,促进了民族融合和经济的发展。鸦片战争以后,广西与全国一样,其社会进入半封建半殖民地时期。这一时期,从福建、湖南、广东等地的大批汉族民众纷纷进入广西,并且沿着西江水道而上,进入广西中部和西南部地区的城镇或广大乡村,这是历史上汉族入桂的高潮,自东向西扩大分布,人口开始超过了当地的原住民族。大批汉人的迁入,既带来了大批的生产者,也带来了先进的生产工具和生产技术,当地原住民族社会经济文化在原有的基础上有了新的发展,耕种面积大幅扩大,水利灌溉系统进一步完善,稻作农业产量有了新的提高,商业、手工业和交通也随之发展繁荣起来。清朝后期,由于朝政腐败,赋税加重,加之西方列强的入侵,激起了广大人民的反抗斗争,声势浩大的太平天国革命首先在广西桂平金田村揭开序幕,太平军迅速扩大,给清军以沉重打击,动摇了清朝政府的统治。鸦片战争爆发后,法国侵占越南,企图以越南为跳板侵入中国南部。刘永福率领的黑旗军、冯子材组织的萃军、苏元春统帅的清军,先后开赴抗法前线,不怕牺牲,奋勇杀敌,给法国侵略军以沉重打击,显示了中国人民誓死保卫祖国边疆的坚强决心,为捍卫国家主权作出了重要贡献。

民国时期,广西先后为旧桂系和新桂系军阀集团所统治。特别是新桂系提出了"桂人治桂"的口号,采取了一系列发展经济、开发矿藏、完善交通(包括公路、铁路、机场等)、兴办教育的新措施,成就斐然,被时人誉为"模范省"。

---

① 《明史》卷317《列传》第250《广西土司》。

第二章 和谐的民族家园

第二节 广西民族来源与分布

广西是以壮族为主体的多民族共同居住的民族自治地方。长期以来，广西居住着壮、汉、瑶、苗、侗、仫佬、毛南、回、京、彝、水、仡佬等12个世居民族，总人口5049万（2008年），其中少数民族为1959万多人，占广西人口总数的38.8%，壮族人口1700万，占广西人口总数的34%，既是我国少数民族人口最多的一个自治区，也是壮族主要聚居地。

壮、侗、仫佬、毛南、水等壮侗语诸民族是广西的原住民族，历史悠久，源远流长。根据考古发现，早在距今5万～2万年以前，以柳江人、来宾麒麟山人为代表的古人类已经在广西各大江河流域生息繁衍，开启了广西的早期历史。到了距今10000～4000年，随着社会生产力的提高，以桂林甑皮岩、临桂大岩、柳州鲤鱼嘴、邕宁顶蛳山人为代表的原始先民开始进入新石器时代。先民们在各大江河流域狩猎、捕鱼、耕耘。随着生产工具的改进，先民们相继发明了原始农业和水稻的人工栽培、饲养家畜和陶器的烧制，并且从"依树积木的'巢居'"过渡到埋柱架楹、营造和居住具有鲜明地方特色的离地而居的干栏式住屋，过上了较为稳定的定居生活。

先秦时期，广西的原住居民称为西瓯、骆越，他们是壮侗语民族的先民。据史料记载，西瓯、骆越的分布大体上以郁江、右江为界，郁江以北、右江以东地区为西瓯，郁江以南、右江以西地区为骆越，其中郁江两岸和今贵港市、玉林市一带是西瓯、骆越交错杂居的地区。也有人认为，西瓯即骆越。这一时期，中原与包括今广西在内的岭南地区就有了交往。《墨子·节用》说："古者尧治天下，南抚交趾。"《大戴礼记·少用篇》说："虞舜以天德嗣尧……南抚交趾。"《尚书·尧典》说："申命义叔宅南交。"这里的"交趾""南交"，都是泛指今岭南地区。到战国时期，楚国势力曾一度进入岭南地区，楚文化南渐，交往更多，关系日益密切。公元前219年，秦始皇派50万大军进攻岭南，进入今广西北部，遭到西瓯部族的顽强抵抗，重创秦军，使之不得不收缩战线，在灵渠与漓江汇合的今兴安县大溶江镇一带修筑城堡（后人称为秦城），固守待援，陷入了"三年不解甲弛弩""宿兵无用之地"的被动挨打局面。在西瓯与秦军对峙期间，秦皇派遣史禄主持开凿灵渠工程，沟通了珠江与湘江水系，使得秦军兵援粮草得以从内地源源不断运送岭南。在后续兵员的增援下，秦军最终击败了西瓯部族，而后长驱直入，很快统一了包括今广东和越南中北部在内的广大岭南地区。秦朝大军南征，是中原汉族人进入广西之始。后来，秦始皇应龙川县令赵佗的请求，征调5000名妇女到岭南"以为士卒衣补"。秦末汉初，中原战乱，秦军旧将、南海龙川县令赵佗割据岭南，建立南越国政权。汉元鼎六年（前111），因南越国拒绝归附于汉，杀汉使者，于是，汉武帝派遣20万大军，一举平定南越国地方割据政权。汉武帝将秦所置之三郡地分设南海、苍梧、合浦、郁林、交趾、九真、日南、儋耳、珠崖等九郡。

东汉之后，中国经历了三国鼎立、东晋十六国的分裂、南北朝对峙的动乱时代，岭南社会相对安定，这时包括文人、士族在内的大批中原汉族人为避乱纷纷举家南迁，进入岭南各地。这是继秦、汉时期中原汉族人迁入岭南之后出现的又一次南迁高潮。

唐朝中期"安史之乱"以后，又有大量流民南迁进入岭南各地。《新五代史·南汉世家》说："天下大乱，中朝人士以岭外最远，可以辟地，多游焉。"

宋元时期，壮族、侗族开始形成，彝族、苗族、瑶族、回族迁入广西。

汉代以后，西瓯、骆越名称在史籍中逐渐消失，取而代之的是乌浒、俚、獠（僚）、狼（俍）、撞、僮（僮）等称谓。

"乌浒"之名最早见于《礼记》，后在《后汉书·南蛮传》中说有十多万乌浒人于灵帝建宁三年（170）为郁林太守谷永招降之事。

"俚"之名最早见于东汉建武十六年（40），当时交趾征侧、征贰二姐妹率众造反，合浦"俚人"揭竿而起响应。三国时万震《南州异物志》说"俚"分布于苍梧、郁林、合浦、宁浦（今横县）、高梁（今广东省阳江等地）五郡，占地数千里。

"僚"的称谓始见于三国，到隋唐时期扩大到岭南十二郡。在《南史·兰钦传》中，陈文彻兄弟称为"俚帅"，而在同书的《欧阳传》中，又把陈文彻称为"俚僚"人的首领。东晋裴渊《广州记》中把"俚僚"并称。《隋书·南蛮传》则进一步说明了百越是"俚僚"的祖先。

"狼"（俍）的称呼最早见于晋人左思的《三都赋》中，文中把"狼"（俍）与"乌浒"并称。到明代，《明实录》说："狼"（俍）人分布遍及粤西诸峒。清人李调元《粤风》里收有俍歌和僮歌，俍歌是典型的壮族勒脚歌，证明"狼"（俍）即是壮人。

"僮"的称呼始见于元代。《元史·刘国杰传》有"庆远诸僮人"之记载。元代虞集《广西都元帅章公平瑶记》有"若所谓曰生瑶，曰熟瑶，曰撞人，曰欵人之目，皆强犷之际也"。明嘉靖《广西通志》卷53载："庆远，南丹溪洞之人呼为僮。"到民国时期，自称布僮的有宜山、罗城、柳城、柳江、融安、永福、马山、鹿寨、象州、河池、南丹、贵县、武宣等十多个县的全部或部分僮人。故有"壮七民三"之说。《天下郡国利病书》说："瑶乃荆蛮；僮则旧越人也。"明末清初屈大均《广东新语》说：僮人是"赞发文身之越人"后裔。而《史记·赵世家》说："剪发文身，错臂左衽，瓯越之民也。"从历史记载看，壮人应是西瓯、骆越人的后裔。到了清代中晚期，随着汉族人的大量迁入，并且从原来集中分布桂东北、桂东南地区逐渐向桂中以至桂西、桂西北山区迁移，汉族人口逐渐超过了土著的壮族；原居住在桂东南一带的壮族也逐渐融入汉族之中，使桂东北地区的桂林，桂东南地区的贺州、梧州、玉林、钦州、北海等市成为汉族聚居之地，地理上也相连成片。壮族则集中居住在桂中地区的柳州、来宾和桂北地区的河池、桂西地区的南宁、百色、崇左等市。还有一部分分布在与广西相邻的云南省文山州、贵州省从江县、湖南省江华县和广东省连山县。大聚居、小分散是壮族的分布特点。

由于壮族人口众多（1700多万人，是我国少数民族中人口最多的一个民族），分布地广，支系众多，内部自称达近30种，语言属壮侗语族壮傣语支，内部亦有方言土语之别。新中国成立后，经过民族识别，统一称为僮族。1965年改称壮族。

宋代时，聚居在今湘黔桂交界地区的一支骆越人，随着自身的发展和外来因素的影响，逐渐形成了一个自称为"仡伶"人的共同体——侗族。《宋史·西南溪洞诸蛮》说：乾道七年（1171）靖州有仡伶杨姓，沅州生界有仡伶副峒官吴自由。《老学庵笔记》卷4说：沅、靖等州，有仡伶，"男未妻者，以金鸡羽插髻"，"农隙时，至一二百人为曹，手相握而歌，数人吹笙在前导之"。这些称谓、姓氏、居地、习俗都与侗族有关。伶同是侗族的称谓。道光《龙胜厅志·风俗》说："伶与侗同。"

彝族人分别是在不同朝代从云贵地区先后迁入今广西地区的。隆林各族自治县德峨一带的彝族，传说早在唐、宋时期就由云南的东川迁来，先到宣城、曲靖（均属云南），然后分两支，一支经贵州的罗平、兴义，渡南盘江进入隆林；另一支则继续往东，经贵州的兴仁、安龙、册亨，渡南盘江进入今田林县的旧州一带，到明代才迁到隆林。另有一说是明末清初参加李自成领导的农民起义失败后，经云南富宁迁入广西百色、凌云，最后进入隆林德峨。那坡县城厢境内者祥、达腊、念毕等村的彝族人，有说是从四川，有说是从云南迁来，迁来的时间，有说是三国时代，有说是唐宋时期，也有说是明代及清朝乾隆年间。

秦汉时期（公元前3世纪初至公元2世纪），瑶族先民主要集中在湖南湘江、资江、沅江流域中、下游和洞庭湖一带。后来，因封建统治阶级残酷压迫，逐步向南迁徙。隋唐时期（6至10世纪初），瑶族主要居住在长沙、武陵、零陵、巴陵、桂阳、澧阳、熙平等郡，即湖南大部分和广西东北部、广东北部等地区。从宋代开始，瑶族逐渐从岭北向岭南迁徙，南宋时桂林附近的县已有大量的瑶人居住。范成大《桂海虞衡志·志蛮》载："瑶之属桂林者，兴安、灵川、临桂、义宁（治所在今临桂县五通镇）、古县（治所在今永福县三皇乡古城村一带）诸邑，皆迫近山瑶。"据《元史·顺帝纪》记载，元朝之时瑶族人已经分布于桂林、柳州、桂平和平南等桂中桂北地区。清代瑶族继续大批南迁广西，形成了"岭南无山不有瑶"的大分散、小聚居的局面。还有一部分瑶族人经过广西迁到越南、老挝、泰国等东南亚国家。

苗族和瑶族是同源民族。早在公元前3世纪，苗族先民就已经繁衍生息在今湖南洞庭湖一带。后来，由于各种原因，苗族先民溯沅江而上，向西迁徙，进入湘西、黔东交界的"五溪"地区。以后，苗族先民继续向西迁徙。大约在宋代，他们就陆续迁到贵州南部、云南西南部和广西北部地区。在广西，他们一部分最初迁到今融水苗族自治县境内的元宝山周围；另一部分则沿着黔南不断向西迁徙。到了明末清初，有一部分迁到南丹县山区，另一部分则从黔西南迁到今隆林各族自治县境内的德峨山区。

回族人是宋元时期开始进入今广西的。宋朝皇祐年间（1049～1054），广源州壮族首领侬智高率众反宋，顺郁江南下，沿途横扫广西、广东十余州，兵围广州城，岭南震动。宋王朝急派大将狄青统兵前往围剿，在南宁东面的昆仑关归仁铺击溃侬智高军。从中原内地征调的南征宋军中，就有山东、河南籍的回族先民将士。战事平息后，宋王朝把部分南征的将士留守邕州。元朝至元三年（1266），波斯人伯笃鲁丁从金陵（今南京）到广西任粤西廉副使，其后代定居桂林，改为白姓，此后子孙繁衍，逐渐分散到临桂、永福、灵川等地居住，这就是当今白姓回族的祖先。其他各姓回民，也是在元、明、清时代，先后从河北或是从征，或是经商迁来桂林定居的，其中马姓一支系于明末由河北宛城来到广东韶关，然后迁入广西。李姓则是在清朝杜文秀起义后，从云南迁来的。①

宋元时期政局动荡，中原战乱频仍，大批汉人南迁。特别是宋代皇祐年间镇压侬智高起义和北方战乱宋室南迁后，迁入广西的中原汉人较以往历代都多，连过去很少有汉人迁入的桂西偏僻地区，也有了汉人的踪迹。今广西南部以南宁市郊区为中心的操平话的汉民，基本上是宋代随狄青入桂镇压侬智高起义的将士之后裔。南宋周去非在《岭外代答·五民》中言："钦（州）民有五种，一曰土人，自昔骆越种类也。居于村落……以唇舌杂为音声，殊不可晓，谓之蒌语。二曰北人，语言平易而杂发南音，本西北流民，自五代之乱，占籍于钦都也。三曰俚人，史称俚僚者是也。此种自蛮峒出居……语音尤不可晓。四曰射耕人，本福建人，射地而耕也。子孙尽闽音。五曰蜑（蛋）人，以舟为室，浮海而生，语似福广，杂以广东、西之音。"

明清时期是仫佬、毛南族的形成和水、京、仡佬族的迁入时期。

---

① 参见广西民族事务委员会编《广西少数民族》，广西人民出版社，1986。

仫佬又称"木老""木娄""姆佬",传说他们的祖先来到现居住地定居时是操西南官话,因与当地原住民族"僚"人妇女通婚,生下子女,生活习俗随当地原住民族,语言也发生变化。元代时,仫佬族逐渐从"僚"族群中分化出来,明代时以罗城为中心,逐渐形成了一个新的人群共同体——仫佬族。

毛南族的形成与仫佬族相类似,据说他们的祖先是从湖南、山东、福建等地迁来的汉族人与当地原住民族"僚"人妇女通婚而形成。明代称为"茅滩"(或写成"茆滩""冒南""毛难"),并且以今环江西面的上南、中南和下南地区为中心,逐渐发展成为一个新的人群共同体——毛南族。

水族是于明代在宋元时期的"抚水州蛮"和"环州蛮"的基础上形成的,他们集中分布在广西北部、贵州南部地区,地理上相连成片。水族形成后,在广西的一部分,或迁去贵州,或融合于壮族。今广西境内的水族,有一部分是清代末年和民国时期从贵州迁来的,主要分布在宜州、南丹、融水、环江、河池、都安等地,其中大部分与壮族杂居。

京族是明代正德年间(1506~1521)陆续从越南涂山等地迁到今防城港市江平镇巫头岛,后又逐渐向沥尾、山心、谭吉3个岛上发展。

仡佬族于清代从贵州省迁入广西,主要居住在广西西部的隆林各族自治县内。

明初实行卫所制,大批军籍汉族人留居广西,如广西桂林卫所军士连同眷属约5万人,世袭为屯兵,加上柳州卫所的军籍移民,他们后来成了讲汉语桂柳方言人口的核心。这一时期汉族进入广西的特点是二次移民,即在华南东部地区及珠江三角洲形成的广府人、客家人、福佬人等在清初到清中叶溯西江而上向广西境内迁移,使桂东南、桂南一带成为广府人、客家人和福佬人的重要分布地区。明清以前,汉族人入桂者多为屯戍、躲避战乱或自然灾害及被流放者,大多属被动迁徙,因而数量相对较少,其中有不少汉人融入当地原住民族中,变成少数民族;明清时期,又有大量汉人因从事开垦、经商、手工业而自觉入桂者,迁入者不仅人数多,而且一旦立足便迅速发展,地理上相连成片。在长期的交往中，在汉族人集中居住的地方，许多当地的原住民族逐渐汉化，融入汉族之中。正如刘锡蕃在《岭表纪蛮》中说："桂省汉人自明清两代迁来者，约十分之八。"到清末民国初期，广西少数民族人口与汉族的比例已成对半分之势。到了20世纪40年代，这个比例又发生变化。据陈正祥《广西地理》记载，1946年汉族"约占（广西）全省人口的百分之六十"。也就是说，到了清代中晚期以至民国时期，广西12个世居民族共同居住的格局已经形成，并一直保持至今。

第三章

石铲开辟稻花飘

——石器时代广西原始开发期

考古资料证明，在距今10多万年以前，广西一带已有古人类居住。而在百色右江河谷两岸，发现有大量距今80多万年的打制石器。到了距今11万~2万年的旧石器时代，古人类的活动足迹已遍及广西各大江河流域，先民们依靠天然山洞栖身，以打制简陋的石器或木器为工具，以采集自然界丰富的植物果茎、捕鱼和狩猎为生。远古先民点燃手中的火把，披荆斩棘，揭开了广西早期历史序幕和开发历史的先河，其后的历史不断延续发展下来。到了距今10000~4000年，广西地区的原始先民步入新石器时代，使用磨制石器及大石铲，开创了原始农业和人工栽培稻的种植、营造离地而居的干栏房屋，过上了定居生活，开始烧制陶器、饲养家畜等，标志着广西社会文化及开发的新发展。

第一节 旧石器时代的古人类

广西地属石山地区，喀斯特地貌发育，到处群山绵延，峰峦叠嶂，岩洞密布，江河纵横，自然资源丰富，非常适合古人类居住生活。根据多年的调查，目前在广西各地已发现18处古人类化石地点，100多处打制石器地点或旧石器时代文化遗存。古人类化石地点有：崇左市木榄山洞，柳江县通天岩、甘前岩，柳州市都乐岩、九头山、白莲洞，来宾麒麟山，桂林市宝积岩、荔浦岩，都安县干淹岩、木楞山，田东县定模洞，扶绥县姑辽洞、岜盆南洞、灵山洞，靖西县宾山岩，隆林县老磨槽洞、那来洞等，是我国华南发现古人类化石地点最多的地区，被我国古人类学家称为："广西是古人类活动的中心地区。"从古人类化石和旧石器时代文化遗存的分布可知，距今12万~2万年的旧石器时代晚期，广西各大江河流域包括左江、右江、郁江、西江、红水河、柳江、桂江等，都已有古人类活动，并留下了许多重要的文化遗存，为我们了解广西远古时代人类的生产和生活方式提供了丰富、翔实的实物资料。

广西地区的古人类化石及旧石器时代文化遗存，均发现于各地的石灰岩山洞里，有的遗址（如柳州的白莲洞、桂林的宝积岩等）的文化堆积厚达1米以上，内含大量的贝壳、兽骨及一些人类化石、打制石器或石片和烧火炭屑遗迹，说明古人类居住了较长时间。这些发现表明，当时广西地区的古人类主要依靠天然山洞作为栖息之所。而古人类赖以栖息的山洞，具有一定的规律或条件，即洞口多朝向东、东南、西或西南，少有朝向北面的；岩洞距离地面的高度一般为5~30米，下有台坎或小路可达；山洞下或附近多有水潭、溪河或森林；洞口不大，多呈半弧或不规则圆拱形，宽度适中，洞内宽敞，洞底较平整且干燥，采光和通风较好。其岩洞无论是所处位置、朝向和周围环境，还是洞口形状和洞内条件，适合并满足了古人类居住生活的基本需要，说明当时的古人类对栖息的山洞是有选择的，并积累了丰富的经验，即距离地面不高，洞下有台坎或路径，可便于古人类上下；山下或附近有水源和山林，可为古人类的生活提供饮水或狩猎的便利；更为重要的是，古人类在长期居住山洞的过程中，形成了一种空间概念，一种独立于自然界的空间，这就为后来人工营造的房屋空间的构建创造了条件。

从各地旧石器时代文化遗存或出土地点和采集的各种打制物可知，广西地区远古时代的原始居民选择河滩上磨圆度好、个体适中的砾石（即卵石）为原料，采用直接打击的方法，在砾石的一端或边缘打制出尖利或扁薄的刃口，形成可用于挖掘、砍砸、切割的工具，用于采掘植物根茎或砍伐树木。从其遗存里发现的大量兽骨和螺蚌硬壳可以看出，其中既有山林里的鹿、麂、箭猪、猴、竹鼠等类小型动物，也有虎、猎狗、熊、野牛、野猪、象等大型动物；更多的是各种水生的螺、蚌、鱼、龟类动物，这说明当时广西瓯骆故地的山林或江河里生长着众多的可作为食物的动物或植物。旧石器时代晚期人类依靠当地丰富的自然资源，既用打制石器采掘山林里的各种可食用植物根块或果实，也捕捉水中的各种鱼螺蚌类和围捕山林里的鸟兽类作为食物。根据人类社会发展的规律，旧石器时代，由于生产力还很低下，生产工具简陋，原始先民总是处在食不果腹、居无定所的状态，特别是在云雾缭绕、林海茫茫、猛兽横行、环境恶劣的条件下，原始人类仅凭个人的力量是无法生存的，必须依靠集体的团结和联合的力量，才能获取食物，捕获体形较大的野兽，应对各种灾害。正是集体的联合和团结力量，弥补了个人生活能力的不足，采集和渔猎获得的食物，全体氏族成员共同食用，特别是对老年和儿童弱势群体的照顾，确保了原始人类的生存和繁衍。因此，这一时期的原始人类应该是以氏族为单位，以血缘为纽带，过着共同生产、共同消费的原始共产主义生活。旧石器时代的原始先民在广西各地的江河流域生息繁衍，揭开了广西开发历史的序幕。

第二节　新石器时代的人类及其生产方式

大约到了距今一万年前，随着生产工具的改进、生产力水平的提高，广西地区的原始人类开始进入一个新的发展时期——新石器时代。主要标志是出现和使用了磨制石器、烧制陶器，开创了原始农业、家畜饲养业和干栏式居住建筑，形成了较大规模人口的定居聚落。

目前在广西各地已调查发现有400多处新石器时代文化遗存，从广西东北部的桂江、贺江，中部的柳江、红水河、浔江，到东南部的西江、郁江、北流江，北部湾海滨、西南部的左江、右江等江河流域，都发现有这一时期的文化遗存。按照其遗存所在的位置及其地形，可分为河畔台地遗址、洞穴遗址、山坡遗址和滨海遗址四大类型。从调查发现的遗存数量和分布来看，表明到了新石器时代，今广西地区原始人类活动的范围和密度，都比前期扩大和增多，即从旧石器时代人类赖以栖息的山洞扩大到江河两岸，再从江河两岸逐步扩大到附近的丘陵、平峒和山坡地带。其发展扩大的趋势是：新石器时代早期遗址比旧石器时代遗存增多，分布区域也比旧石器时代遗存扩大；新石器时代中期遗址又比早期增多，分布区域也比新石器时代早期遗址扩大和增多；新石器时代晚期遗址比中期更多，分布区域也比新石器时代中期遗址范围更广，遗址的文化内涵也更为丰富。这符合原始社会发展的规律，即随着生产力的不断提高，原始先民获取食物手段的多样化，特别是原始农业的产生和发展，原始先民开始从前期的攫取经济（即单纯依靠对自然界食物资源的采集攫取）发展到生产性经济（即对自然界植物的种植和动物的饲养等再生产），这就为原始人类的生存、繁衍和发展提供了丰富的物质生活资料保障。

如前所述，广西地区发现新石器时代文化遗存，按其所处的地理位置划分，有洞穴遗址、台地（亦称贝丘）遗址、山坡遗址、滨海遗址四种类型，另有一种特殊的遗址类型——大石铲遗址，将在后面详述。

一 洞穴遗址

因分布和发现于广西各地石灰岩山洞里，故名洞穴遗址。因广西属岩溶地区，喀斯特地貌发育，到处群山绵延，奇峰耸峙，层峦叠翠，岩洞密布，适合原始人类居住的岩洞多，可选择性大。因此，新石器时代人类沿袭前期人类以天然岩洞栖息的传统，选择临近山脚、洞内宽敞、干燥、通风和采光度良好、前有溪河的岩洞作为居住栖息地。这类遗址从广西北部到南部，从东部到西部和中部地区都有发现，主要遗址有桂林甑皮岩、临桂大岩，柳州鲤鱼嘴，平南石脚山，那坡感驮岩等。凡保存下来的洞穴遗址文化堆积都较厚，内涵丰富，多数遗址的文化层堆积物主要由密集的螺蚌壳和兽骨组成，内含大量的石器（包括打制和磨制石器）、陶器（片）及骨器、蚌器等；遗址堆积层里多发现有墓葬，葬式以屈肢葬或屈肢蹲式葬居多。部分遗址堆积层含有大量红烧土、炭屑和磨制石器、夹砂陶或泥质陶。从出土的文化遗物反映的文化面貌看，早者年代属新石器时代早期或中期，晚者属新石器时代中晚期。

（一）桂林甑皮岩遗址

甑皮岩遗址位于广西桂林市南郊独山西南面，距市中心约 9 千米。这是一座高约 60 米的浅灰色石灰岩孤山，甑皮岩洞穴遗址在该山的南麓脚下。洞口高8米，宽13米，洞内总面积约200平方米。1965～2001年，甑皮岩遗址先后进行过5次发掘，在2.6米厚的文化堆积层内，含有大量的螺蚌壳、兽骨、灰烬、炭屑等物，还发现有排列密集的墓葬和石器、陶片、骨器、蚌器等新石器时代遗物。墓葬共发现18具人体骨骼，其中10具为屈肢蹲葬，3具为侧身屈肢葬，2具为二次葬，其余3具因骨骼散乱且残缺不全，故葬式不明。出土的石器以打制为主，器形有砍砸器、盘状器、刮削器；磨制石器较少，有斧、锛、矛、穿孔器、砺石等，而且以刃部磨光的居多，通体磨光的很少，说明当时的社会生产力还很低，石器的磨光技术尚处在初创阶段，而且还保留着浓厚的旧石器时代的传统。甑皮岩人还利用各种大型动物的肢骨磨制成骨锥、骨镞、骨鱼镖、骨针、骨笄等；利用蚌壳制成的蚌刀、蚌铲、蚌勺和蚌饰等生产生活用具。遗址里还发现大量的陶片，均为手制的夹砂粗陶，火候较低，陶质粗拙，表明是露天烧造。器形主要有敞口、直口或敛口的罐、釜、钵、瓮等，陶器表面纹饰简单，仅有绳纹和少量篮纹、划纹和席纹，反映了制陶工艺的原始粗糙。根据遗址出土木炭标本测定的碳-14年代为距今约10000年，因而甑皮岩遗址的陶器（片）被认为是我国目前出土的年代最早的陶器（片）。[①] 动物学家对遗址出土的40个猪个体的头骨或颚骨进行鉴别，1岁以下的幼猪个体有8个，1～2岁者26个，2岁以上者6个，而且像野猪那样既长且粗壮的犬齿较少见，犬齿槽外突的程度很差，门齿一般都较细弱。这些现象显示在人类驯养条件下，猪的体质形态的变化。[②] 也就是说，甑皮岩人在狩猎过程中，已懂得将捕获的幼猪进行人工饲养。从出土的骨镖、骨镞、石矛以及大量的螺蚌壳、鱼骨、兽骨来看，当时甑皮岩人的经济生活仍以渔猎和采集为主。此外，从遗址里出土的许多石斧、石锛、蚌刀等生产工具来判定，甑皮岩人可能已经发明了原始农业，即人们在采掘自然界中的各种植物茎和果实的实践过程中，掌握了它们的生长规律，而后将之进行人工种植。原始农业的

[①] 广西文物工作队、桂林市文管会：《广西桂林甑皮岩洞穴遗址的试掘》，《考古》1976年第3期。

[②] 李有恒、韩德芬：《广西桂林甑皮岩遗址动物群》，《古脊椎动物与古人类》第16卷第1期，1978。

出现与发展，为人们物质生活的改善和定居以及手工业的发展创造了条件。

在华南地区，类似甑皮岩既为居住地，又为墓地和石器加工场，而且保存也较完整的新石器时代早期洞穴遗址，目前尚较少见，对研究广西乃至华南地区的早期历史具有重要的价值。

（二）那坡感驮岩遗址

感驮岩位于广西那坡县城北约500米人民公园内后龙山脚下，洞口向西，高出山脚地面约5米，洞内高1~20米、宽20~70米、进深30~50米，遗址面积约1200平方米。经过发掘，发现墓葬3座，出土石器、骨器、蚌器、陶器1000多件，是目前华南地区出土遗物最为丰富的新石器时代晚期至春秋战国时期的洞穴遗址。

从遗址地层里出土的遗物断定，感驮岩遗址的文化堆积时间跨度较长，大致可分为二期。第一期是新石器时代晚期，陶器都是手制的夹砂陶，器型主要有罐、釜、杯、杯形鼎等，器表纹饰以绳纹为主。石器均为磨制，主要器形有斧、锛、杵、有肩石斧等，还有少量有段石器。发现一座墓葬，葬式为仰身直肢，随葬2件石杵。第二期是青铜时代早期，出土遗物包括石器、玉器、骨器、陶器等。陶器仍为手制夹砂陶，部分器物火候很高。陶色以灰色、灰黑色为主，器形种类增多，计有罐、釜、杯、盆、壶、簋、尊、纺轮等。纹饰仍以绳纹为主，戳印篦点纹增多，新出现彩绘和戳印、刻画组合纹。玉、石器磨制精细，刃部锋利，器类丰富，计有斧、锛、凿、杵、拍、镞、戈、钺、玦、璜、T形环、镯、管等，新发现用于铸造青铜器的石范。骨器数量丰富，包括铲、锥、匕、簪和1件牙璋；同时还发现有炭化稻谷、炭化粟。发现有墓葬1座，葬式为仰身直肢葬，未见随葬品。

感驮岩遗址出土文化遗物特点鲜明、风格独特，代表了桂西地区新石器时代晚期一种新的类型的原始文化风貌。[①]

（三）平南石脚山遗址

石脚山遗址位于广西平南县大新乡新和村石脚山脚下。1974年对遗

[①] 广西文物工作队、那坡县博物馆：《广西那坡县感驮岩遗址发掘简报》，《考古》2003年第10期。

址进行发掘,出土了大量石器和陶器。石器种类繁多,多数为磨光,器型有斧、锛、凿、矛、镞等,磨制多较精细。陶器有夹砂和泥质陶两种,其中以手制的夹砂陶数量居多,泥质陶多为轮制。器体上的花纹装饰多样,纹饰多较规整,线条圆润美观,计有绳纹、篮纹、席纹、几何形印纹、刻划纹等。器型种类多样,计有各式釜、豆、杯、瓮、鼎、纺轮、壶、鬲等。出土的陶器多为轮制,器型规整圆润,反映出制陶技术的成熟。从出土石器和陶器的形式和特征看,其年代应为新石器时代晚期。①

二 贝丘遗址

发现和分布在广西各地江河两岸的台地上。广西地区江河纵横,水系发达,红水河、柳江自北向南横贯广西中部;郁江自西向东横穿广西南部,桂江自北向南穿流广西东部,最后于广西东南部的梧州西江口汇合,注入西江,经珠江注入南海。自古以来,人类居住生活离不开水,离不开江河,原始居民的聚落总是沿着江河分布和迁徙移动。作为珠江流域干流的西江、郁江、红水河、柳江、桂江一带,早在旧石器时期以来已有古人类居住或活动,是我国发现古人类化石最多的地区,也是发现石器时代遗存或遗物较多的地区。到了新石器时代,随着生产力的提高、原始农业的出现和耕种的需要,原始居民的生活来源变得日趋丰富和日益稳定,先民们逐步走出山洞,来到适宜耕作、方便生活的江河两岸台地上定居,留下了丰富的文化遗存。据调查,在广西境内的西江、郁江、红水河、柳江、桂江、贺江、左江及右江河两岸台地上,都发现有新石器时代遗址,以郁江、左江、柳江发现数量最多,分布最为密集,如邕宁顶蛳山、长塘,南宁子头、青山、灰窑田、老口,横县西津、秋江,扶绥江西岸、敢造、田东、田阳、百色,桂平,象州南沙湾等。这类遗址的共同特点是分布于江河两岸的第一台地上,前临江河,背靠山岭,两侧为开阔的平地;遗址面积普遍较大,一般都在3000平方米以上;文化堆积层厚,内涵丰富,各遗址堆积厚度为1~3米,内含密集的螺蚌

---

① 《壮族百科辞典》,广西人民出版社,1993,第511页。

壳、兽骨、红烧土及石器、陶片、蚌器、骨器等物,俗称"贝丘遗址";遗址或螺蚌壳堆积中有墓葬,葬式以屈肢葬或屈肢蹲式多。根据遗址出土典型遗物的年代特征以及对出土遗物进行年代测定结果,其年代为距今10000~7000年。从遗址堆积层厚度、内含物、出土遗物及墓葬,说明当时广西地区的原始居民已经从山洞里走出来,到江河两岸建造定居点。其经济生活来源主要是以捕捞江河或潭池中丰富的各种鱼、螺、蚌、龟类和捕捉山林里的各种兽类为生,人工种植稻谷、芋薯类植物的原始农业和家畜的饲养开始产生,但在原始居民的经济生活中尚未占据主要地位;原始居民已从"依树积木""构木为巢"发展到在地面上立柱架楹,结茅覆茨,构成离地而居的高脚干栏式房屋,因生活资料来源的相对稳定和多样化,从遗址面积、堆积厚度和墓葬数量可以看出,当时的聚落规模已较大,居住人口已较多,并且已过上了较为稳定的定居生活,形成了约定俗成的丧葬习俗。

(一)柳州鲤鱼嘴遗址

鲤鱼嘴遗址位于柳州市南郊的大龙潭北面的鲤鱼嘴山岩下,1980年调查发现,保留面积约60平方米,文化堆积层厚1.5~2.1米,内含密集的螺蚌壳、兽骨、灰烬以及石器、陶片、骨器、蚌器等新石器时代遗物,还发现有6具人体骨骸,其中4具为仰身或俯身屈肢葬,另2具骨骸不全。遗址分上、下两个文化层,下文化层出土的石器共47件,除一件为刃部磨光的石斧和一件穿孔器外,其余45件均为打制石器。器形有砍砸器、刮削器和尖状器,打制方法比较简单,主要采用直接打击法单向加工,保持着旧石器时代石器加工的传统。磨制石器不仅数量少,而且仅有刃部磨光,反映石器磨制技术尚处在原始阶段。出土陶片仅有8片,皆为手制,除一片为泥质陶外,其余7片均为夹砂红陶,而且火候很低,质软,胎壁厚薄不均,表面饰粗、细绳纹,说明当时的制陶方法还很原始。所有这些,反映了新石器时代早期的文化特征。上文化层出土的石器和陶器,无论是种类还是制作技术,都比下文化层有着明显的进步,首先其主要标志是磨制石器的数量和器形增多,而且几乎均为通体磨光;其次是陶器中除了下层所见的夹砂粗陶外,泥质陶的数量明显增多,而且胎壁较薄,纹饰多样,除了下层所见的绳纹外,还有划纹和弦纹。此外，还发现有下文化层未曾见到的蚌刀。①

从出土遗物的特征观察，鲤鱼嘴遗址的下文化层的年代与桂林甑皮岩遗址的文化层年代相当，约为新石器时代早期；上文化层的年代则为新石器时代早期的中晚期阶段。这是广西地区迄今发现的具有较为明确的两期文化层相共存的一处新石器时代遗址。它的发现，不仅对广西地区新石器时代文化的分期具有重要意义，而且对揭示广西地区新石器时代早期的文化面貌，提供了宝贵的实物资料。

（二）横县西津贝丘遗址

西津贝丘遗址位于广西横县南面约5千米的郁江南岸西津水电站旁西竺坑小溪流入郁江的三角嘴台地上，北临郁江，遗址高出江水面约20米。遗址面积约900平方米，文化堆积层厚1~3米，内含密集的螺蚌壳、兽骨、灰烬及人骨架等，出土一批石器、陶器、骨器、蚌器等新石器时代遗物；同时还发现了当时的居住区和墓葬区，墓葬100多座，这是广西迄今发现的墓葬最多的一处新石器时代台地贝丘遗址。

遗址出土的石器中既有打制的，也有打磨兼施和通体磨光的，其中以各式磨制的有肩石器居多，蚌器和骨器形式多样，陶器（片）以手制的夹砂粗陶居多。遗址堆积层中的动物骨骼种类繁多，计有猪、牛、羊、鹿、麂、豪猪、竹鼠、猕猴、熊、虎、象、犀牛、鱼、鳖及螺蚌类。遗址里发现100多具人体骨架，从人骨架的分布和排列情况看，当时实行单人集体丛葬，墓葬分布密集，排列较有规律，其中有一处母子合葬墓。从遗址堆积的厚度及内含大量的螺蚌壳及各种动物骨骼以及数量众多的墓葬可以看出，当时的原始居民已在此定居了很长时间，形成了规模较大的聚落体，其中既有居住生活区，又有堆积生活废料区和墓葬区。从遗址出土的石矛、网坠、鱼钩、骨镞等渔猎工具来看，当时西津人的经济生活应是以渔猎和采集经济为主，但从出土的石斧、石锛、石刀、蚌刀、石杵和磨盘等农业工具和谷物加工工具来看，当时已出现了原始农业。从西津贝丘遗址反映的文化面貌来看，无论是石器、陶器的

---

① 柳州市博物馆、广西文物工作队：《柳州市大龙潭鲤鱼嘴新石器时代贝丘遗址》，《考古》1983年第9期。

制作，还是人们的经济生活，都具有诸多的原始性质，其年代可能与桂林甑皮岩上文化层相当，约为新石器时代早期的偏晚阶段或新石器时代中期。①

（三）横县秋江贝丘遗址

秋江遗址位于横县平朗乡秋江村西面约250米的郁江北岸台地上，面积约8000平方米。自20世纪60年代修建西津水电站后，遗址不断受到江水冲刷或淹没，现存面积约1000平方米。2002年、2004年两次对遗址进行了发掘。遗址堆积中含有密集的螺蛳壳、动物骨骼以及丰富的石器、陶器、蚌器和骨器等遗物，并发现60多处墓葬，葬式有仰身屈肢葬、侧身屈肢葬、俯身屈肢葬、仰身直肢葬、蹲踞葬、肢解葬和二次葬等；少数墓葬有1~2件石器、蚌器或骨器随葬。出土石器不仅数量多，器物类型也很丰富，其中多数为磨制，也有部分为打制，包括各种形式的斧、锛、凿、矛、镰及砺石、石锤、石砧、刮削器等；其中以磨制的斧、锛类数量居多。陶器均为破碎的陶片，计有3611片，器型有直口和敞口的釜、罐类器物。蚌器数量较多，器类主要有刀、铲、锛等；蚌刀数量多，为三角形，中间钻有小圆孔，刃部磨光锋利；骨器以各种动物的骨骼、角或甲壳制成。器形有骨锥、骨针、骨斧、骨矛、角锥、鳖甲刀等，其中以骨锥数量居多。②

从遗址的文化堆积、出土遗物和墓葬可以看出，当时已形成规模较大的聚落点，出现了原始的干栏式居住建筑，先民们已过上了较长时间的定居生活，出现了实行集体丛葬的氏族墓地，形成了具有鲜明地方特色的葬俗，即流行屈肢葬、蹲踞葬和肢解葬式；先民们已流行制作和使用陶器。从遗址堆积中含有大量的螺蚌壳和各种动物骨骼可以看出，当时的渔猎和采集经济在先民们的日常生活中仍然占有重要地位，但已出现了原始农业。通过对遗址中出土的螺壳和人骨进行碳-14年代测定，结果为距今8000~7000年，相当于新石器时代早期。

---

① 广西文物工作队等：《广西南宁地区新石器时代贝丘遗址》，《考古》1975年第5期。
② 广西文物工作队等：《广西横县秋江贝丘遗址的发掘》，《广西考古文集》第二辑，科学出版社，2006。

（四）邕宁顶蛳山贝丘遗址

顶蛳山遗址位于邕宁县（现属南宁市青秀区）蒲庙镇新新村九坡屯东北面约 1 千米的邕江支流八尺江北岸的台地上，面积约 5000 平方米。1997 年 4 月发掘，发掘面积 500 平方米。这是目前广西发现并发掘的面积最大、保存较为完好、文化内涵最为丰富的新石器时代台地贝丘遗址之一。根据遗址中的文化堆积层及其出土遗物的特征看，遗址可分为四期：第一期堆积中含有少量螺蛳壳，出土遗物主要是陶器和石器。陶器（片）数量较少，均为手制的夹石英碎粒的黑褐色陶，陶质较为疏松，器表施粗绳纹，器形仅见釜类。石器仅见穿孔石器和玻璃陨石质石片石器两种。根据遗址文化堆积及出土遗物的特征判定，该遗存应属新石器时代文化早期，距今约 10000 年。

第二期堆积以内含密集螺蚌壳为主，发现有 16 座墓葬，均为竖穴土坑墓，除少数墓中有 1～2 件石器、骨器或蚌器随葬外，多数未见有随葬品。葬式有仰身屈肢、侧身屈肢、俯身屈肢和蹲踞葬。出土遗物较丰富，计有陶器、石器、蚌器和骨器等。陶器（片）数量比前期增多，仍以夹砂灰褐陶为主，夹砂红陶次之；火候较低，陶质疏松，器表多饰浅篮纹，少数饰绳纹。器形仍较简单，只见直口、敞口或敛口的圜底罐，不见平底或圈足器。石器、蚌器和骨器的数量及种类也比前期有所增加，器形有各式石斧、石锛和穿孔器等；蚌器数量较多，共发现 31 件蚌刀，略呈三角形，中间均穿 1～2 孔，制作工艺较精致。骨器数量和种类较多，皆为磨制精致的锛、斧、铲、镞、锥、针等。

第三期堆积仍以密集的螺蚌壳为主，墓葬比前期明显增多，共发现 133 座，分布密集，其葬式除了与第二期所见的仰身屈肢、侧身屈肢、俯身屈肢和蹲踞葬外，还发现有较多的肢解葬，即把人体从关节处肢解，分别放置在墓里，显然是在死者软组织尚未腐烂时有意肢解、摆放而成，在 M92 中还出现将头颅置于一人的腹腔内的现象。这是华南地区首次发现的葬式较为独特的方式。出土遗物主要有陶器、石器、蚌器和骨器类，数量和器型都比前期增多。陶器（片）仍为手制的夹砂陶，火候较高，陶色有灰褐色、红褐色和外红内黑等，可辨认的器形主要有高领罐、圜底罐和釜类；器表纹饰仍以绳纹为主，但线条较纤细。石器主要有斧、锛类，多数为刃部精磨，器身粗磨，多数还保留有打击的片疤。蚌器有刀、铲类，蚌刀多近似三角形，中间穿孔，有的呈鱼头状，磨制大多较精致。骨器数量也较多，磨制精致，器形以镞、锥类居多，还有锛、针、鱼钩和装饰品等，多用大型兽类的股骨、肱骨经切割成器坯，然后经精磨抛光而成。第二、三期的文化堆积及出土遗物的特征虽然存在一定差异，但基本仍属一种文化类型，年代也较接近，经对出土的螺壳进行年代测定，并经过年代校正，结果为距今8000~7000年。

第四期堆积中不含螺壳，也未发现墓葬。出土遗物主要有陶器、石器和骨器。陶器的制作技术有了明显的提高，除了手制的胎内夹有植物末的红褐陶外，还出现了轮制的陶质细腻纯净的泥质陶；陶色种类较多，有红褐色、灰褐色、灰陶、橙黄陶，黑陶也比前期增多。器表纹饰以细绳纹为主，并出现多线刻画纹；大部分绳纹系拍印而成，纹饰细密规整。器类比前期增多，除了各式高领罐、圜底罐、釜之外，新出现杯形器。通过对出土陶片的比对，可复原成5件圜底罐、4件釜和2件杯，这是广西新石器时代贝丘遗址里出土的可以复原成完整器形的第一批陶器。石器数量较少，主要为磨制的斧、锛类。骨器有小型的磨制斧、锛、矛、锥、针等，其中以锛类居多，斧类次之。根据其文化堆积及出土遗物的特征判定，该遗存应属新石器时代文化中期，距今约6000年。[①]

顶蛳山遗址包括前后承继的四个发展阶段，代表了岭南地区距今10000~6000年的史前文化发展序列，其中河边阶地类的新旧石器过渡时期文化遗存，距今1万年左右的陶器，距今8000~7000年的100多座墓葬，罕见的肢解葬式以及大量的出土文物等，填补了中国史前文化的空白。考古专家依据考古学文化命名的原则，认为顶蛳山贝丘遗址中的第二、三期文化遗存代表了集中分布在南宁及其附近地区的横县秋江、西津、江口、扶绥敢造、南宁豹子头等贝丘遗址的文化特征，故将之命名为"顶蛳山文化"。这是广西迄今为止第一个建立在田野考古资料基础之

---

① 中国社会科学院考古研究所广西工作队：《广西邕宁县顶蛳山遗址的发掘》，《考古》1998年第11期。

上的史前考古学文化。顶蛳山贝丘遗址的发现、发掘以及"顶蛳山文化"类型，为建构广西乃至华南地区的新石器时代文化发展序列，揭示华南地区新石器时代文化的起源、发展与演变，都具有十分重要的意义。

从遗址的文化堆积、出土遗物和墓葬可以看出，此时已出现了原始的干栏式居住建筑，先民们已过上了定居生活，当时已形成规模较大的聚落点，出现了实行集体丛葬的氏族墓地，形成了具有鲜明地方特色的葬俗，即流行屈肢葬、蹲踞葬和肢解葬式；先民们已流行制作和使用陶器。上述文化特征的出现，都与原始农业的出现与发展有关。但从遗址堆积中含有大量的螺蚌壳和各种动物骨骼可以看出，当时的渔猎和采集经济在先民们的日常生活中仍然占有重要地位。

（五）象州南沙湾贝丘遗址

南沙湾贝丘遗址位于象州县象州镇沙兰行政村南沙湾村柳江东岸的台地上，面积约15000平方米，遗址堆积中含有密集的螺蚌壳和各种动物骨骼，出土大量石器、陶片、骨器等遗物。石器主要有斧、锛、双端刃器、穿孔石器、钩状器、砺石、网坠等，皆为磨制。出土皆为夹砂陶，在陶土内掺有石英细颗粒和贝壳粉作为耐火材料，以增强陶胎的耐火性。陶色有红陶、红褐陶和黑灰陶三种，火候不高且不均匀，显然系露天焙烧所致。大部分陶片施有纹饰，主要为绳纹，均为手制，许多陶片内壁可见手按窝痕，还有一些器物口沿与器颈交接处可见加贴的痕迹，器形多为圜底的釜、罐之类。遗址还出土有骨器，器形有骨针、骨锥、骨钩、骨匕等，制作较精。还发现有使用兽角磨制的锥形器。

南沙湾遗址早晚期地层中出土的石器、陶器无论是器形还是制作工艺，无明显差别，反映出遗址的文化是一个连续发展的时期。但从地层堆积、陶质和陶色方面观察，南沙湾遗址可以分为同一个时期的早晚两个发展阶段。其年代应属新石器时代中期偏晚，距今在6500~5500年之间。[①]

三 坡地遗址

发现和分布在广西各地江河附近及远离江河的丘陵、山冈的坡地上，

---

① 广西文物工作队等：《广西象州南沙湾遗址发掘简报》，《广西考古文集》第一辑，文物出版社，2004。

故而得名坡地遗址。广西地属丘陵山区，到处群山绵延，丘陵起伏，江河蜿蜒穿流于山岭之中，山岭之间和江河两岸分布着一片片面积大小不等的盆地、平峒或弄场，素有"八山一水一分田"之称。随着生产工具的变革、生产力的提高和原始农业的发展，原始居民的生产活动范围和空间进一步扩大，即由前期主要集中在江河附近逐步向更加广阔的河谷外缘和山岭之间的平峒拓展。由于广西属亚热带季风气候区，气候炎热，雨量丰沛，年均降雨量达1500毫升以上，而且多集中在每年的6～9月份。一旦雨季来临，大雨倾盆，极易造成山洪暴发，河水泛滥，淹没田园。因此，人们在建立聚落村寨时，基于适宜居住、方便生产和生活的需要，总是选择在可预防洪水淹没、依山傍水近田的山岭脚下的缓坡上。而这样的聚落地点的选择，早在距今五六千年以前的新石器时代已形成规律或模式，表明当时先民们在居住过程中已经积累了较为丰富的经验，并且对后来村落基址的选择有着深远影响。此类坡地遗址遍布广西各地，经过发掘的有横县江口，贵港长训岭，百色革新桥，钦州独料，资源晓锦，灌阳五马山，平南石脚山，那坡百达、坎屯，大化布屯、音圩、弄石坡，马山六卓岭、尚朗岭，都安北大岭等。这些坡地遗址的特点是面积普遍较大，最大的达数千至一万平方米以上，出土遗物多为磨制石器，而且有数量众多的断石器及磨盘、石杵等农业生产工具，陶器片除了前期常见的夹砂粗陶外，出现了大量的泥质硬陶，纹饰也丰富多样，流行几何形纹。有的遗址还出土了大量的炭化稻谷，其年代多为新石器时代晚期，反映出原始农业有了较大发展。

（一）钦州那丽独料遗址

独料遗址位于广西钦州市那丽乡独料村西侧的禾堂岭坡上。经两次发掘，出土大批石器、陶片、果核等遗物。在出土的生产工具中，以石斧类数量居多，共317件；次为石锛、石犁、锄、铲、刀、镰、石磨盘、磨棒、石杵、石镞等。石器以磨制为主，特别是各种石器的刃部磨制光滑。这些石器皆为农业生产和谷物加工工具。通过这些工具的数量和种类可以看出，当时的原始农业已有了较大发展，在先民们的经济生活中已占有重要地位。而石镞、石弹丸及大量果核的出土，说明当时除了经营农业生产外，也从事一定的狩猎和采集作为经济生活的补充来源。遗址还发现一件泥制的红色陶祖。陶祖的发现，则说明随着农业生产的发展，男子在农业生产和社会活动中逐渐占据重要地位。经对遗址出土的木炭及果核标本进行碳－14年代测定，结果为距今4145±120年，相当于新石器时代晚期。①

（二）百色革新桥遗址

革新桥遗址位于广西百色市百色镇东笋村百林屯东南约300米的右江南岸坡地上，面积约5000平方米，发掘面积为1600平方米，出土各种遗物数万件，主要为石器和陶器，同时还出土了许多动物遗骸。石器占出土遗物的90%以上。器形丰富多样，主要有砍砸器、刮砸器、刮削器、切割器、研磨器、石斧、石锤、石砧等。陶器均为碎片，为手制的夹砂粗陶，纹饰主要为绳纹。动物骨骸有象、猴、熊、野猪、牛、鹿、鳖、鱼、竹鼠等。在出土石器中，不仅有完整的器形，而且还有大量制作石器需用的原料（砾石）、制作工具（如石砧、石锤、砺石等）、石坯（如石斧、石锛等的毛坯、半成品、成品）以及石废料等。在遗址的东部发现有同一时期的两座墓葬，都保存有人骨架，其中一具为仰身屈肢葬，与广西贝丘遗址的墓葬相同。遗址中发现有面积约500平方米的新石器时代石器加工场，分布着大量制作石器的原料、制作工具、不同制作阶段的产品以及断块或碎片。它们以许多个石砧为中心，其他石器和碎片围绕石砧呈扇形分布。这一现象表明，古人类以石砧作为加工石器的"工作台"，他们把砾石原料放在"工作台"上，用石锤打制成形，再用砺石磨制，制成石斧、石锛等产品。这是目前百色一带乃至岭南地区发现的一处面积最大、保存较好的新石器时代文化遗址。遗址出土的遗物既有明显的地方特点，又有云贵高原新石器文化的因素。根据出土遗物和墓葬材料推测，革新桥遗址的年代应为新石器时代中晚期。②

（三）资源晓锦遗址

晓锦遗址位于广西资源县晓锦村后龙山坡上，西南距离县城13千米。1997年发现，广西文物工作队先后四次对该遗址进行了发掘，揭露

---

① 广西文物工作队：《广西钦州独料新石器时代遗址》，《考古》1982年第1期。
② 《岭南文化百科全书》，中国大百科全书出版社，2006，第707~708页。

面积 800 多平方米，发现了大量的石器、陶片、炭化稻米和果核等，并发现墓葬与建筑遗迹。出土的石器大都是磨制石器，有坠、镯、球、钻、锯、砺石等 20 多种。

晓锦遗址的文化遗存可分为三期：第一期遗存的年代距今 6500～6000 年，属于新石器时代中期。第二期遗存出土的遗物主要有陶器、石器、炭化稻谷、墓葬、柱洞及灶、火堆等用火遗迹。炭化稻谷颗粒细长，经初步鉴定主要为粳稻，属于原始人工栽培稻。在该遗存中发现有 3 座墓葬，但人骨已朽尽。其中 2 号墓中有釜、碗等陶器随葬物。柱洞数量比前期增多，共 85 个，但多数排列无规律，应为埋柱式房屋建筑遗迹。根据出土炭样标本测定，其年代距今 6000～4000 年，属于新石器时代晚期。第三期遗存出土的遗物主要有陶器、石器、炭化稻谷、墓葬、柱洞等。柱洞比第二期增多，共 104 个，分布较有规律，分别构成 11 座房子。根据柱洞的分布情况，其房址有长方形、圆形和椭圆形三种类型，但面积均较小。数量如此之多，排列如此有规律的房屋遗迹，在广西的新石器时代遗址中尚属首次发现。更为重要的是在该遗存中发现有 13000 多粒炭化稻谷，经广西农业科学院品种资源研究所专家初步鉴定，这些稻谷属亚洲栽培稻的粳稻类型，米粒形状较现代粳米小，尚处在栽培稻进化较早期阶段，是较原始的栽培粳稻。这是岭南地区迄今发现的数量最多、年代最早和海拔最高（580 米）的一批炭化稻谷，对研究我国稻作农业的起源和稻作文化的传播具有十分重要的意义。经地矿部岩溶地质研究所对出土的炭样标本进行测定，其年代约距今 4000～3000 年，为新石器时代末期，最后阶段可能已进入商周时期。[①]

晓锦遗址是目前广西地区发现的为数不多的具有三个不同时期文化堆积、各期文化遗存相互衔接、不断发展的一处新石器时代遗址。第一期文化遗存及出土遗物所反映的社会生产与生活面貌，先民们已开始种植稻谷，但采集和渔猎经济仍然占主要地位。而第二期文化遗存及其出土的遗物，反映了这一时期原始居民的活动范围进一步扩大，制陶和石

---

① 广西壮族自治区文物工作队、资源县文物管理所：《广西资源县晓锦新石器时代遗址发掘简报》，《广西考古文集》第一辑，文物出版社，2004。

器的制作技术较前期有了新的进步,出现了半干栏式居住建筑,原始的稻作农业有了较大发展,开始培育出原始栽培稻,农业经济在先民们的社会生活中占有重要地位。第三期文化遗存及其出土遗物所反映的社会生活面貌又比前期有了新的进步,陶器和石器的制作技术进一步提高,稻作农业有了进一步发展,稻谷的栽种技术有了新的进步,原始聚落及干栏式建筑的营造技术也有了新的提高。因此,晓锦文化遗址的发现与发掘,特别是稻谷和干栏式建筑遗迹的出现,对研究和揭示广西地区新石器时代文化的发展序列,研究广西早期稻作农业和干栏式建筑的起源与发展,具有重要的历史与文化价值。

(四) 马山六卓岭、尚朗岭遗址

六卓岭、尚朗岭遗址分别位于广西马山县金钗镇独秀村那烂屯六卓岭和尚朗屯尚朗岭坡上,地处红水河的右岸,两处遗址相距约400米。是1992年为配合乐滩水电站工程建设调查发现的。广西文物工作队于2004年4~6月对这两处遗址进行发掘。两处遗址共出土石器55件,有打制和磨制两类。石料有细砂岩、石英砂岩、变质岩等。打制石器有砍砸器、刮削器、石锤、石饼等,加工方法比较简单,多为单面加工。磨制石器一般通体磨光,少量仅磨制刃部,器形有靴形石斧、穿孔石锛、板状石器、石芯、石管、砺石、玛瑙串珠等。六卓岭遗址共出土陶片1629片,绝大部分陶片为夹细砂陶,少量夹粗砂。其年代为距今4500~3000年。①

四 滨海遗址

滨海遗址分布于广西南部防城、东兴、钦州濒临北部湾沿海的沙丘及附近的山坡上。目前共调查发现9处,其中文化堆积及内涵较为丰富的有东兴市江山的亚菩山,防城市马兰嘴、较杯山、白龙台遗址,钦州市上洋角遗址等。②

滨海遗址的共同特点是背靠陆地山岭,面向大海海滩,高出海面约

---

① 广西壮族自治区文物工作队等:《广西马山县六卓岭、尚朗岭新石器时代遗址发掘报告》,载《广西考古文集》第二辑,科学出版社,2006,第188~205页。
② 广东省文物管理委员会:《广东南路地区原始文化遗址》,《考古》1961年第11期;广东省博物馆:《广东东兴新石器时代贝丘遗址》,《考古》1962年第12期。

10米以上；遗址堆积以海产各种蛤、蚌或龟壳类为主，含有兽骨、石器、陶器（片）等。石器以打制居多，其中以用于采蚝蛎、形似鸟喙的尖状石器最具特色，考古界称之为"蚝蛎喙"。从遗址出土的以打制石器为主、陶器均为夹砂绳纹粗陶等遗物判断，这类遗址的年代较为古老，属距今10000～8000年以前的新石器时代早期。从遗址的分布、堆积的厚度及内含的大量海生蛤、蚌或龟硬壳类遗物可以看出，新石器时代早期，原始居民活动的足迹已从内陆延伸到滨海一带，以捕捞浅海生鱼蛤蚌蛎类为生。由于各种海产品资源丰富，先民们已过上了较为长久的定居生活。

（一）东兴亚菩山遗址

亚菩山遗址位于广西东兴市江山镇新基村石角屯东南面亚菩山坡地上，南面濒临珍珠湾，北靠亚菩山，高出海面12米。1958年调查发现，面积约3500平方米，文化堆积厚约1.60米，内含大量海生斧足类和腹足类软体动物硬壳、各种兽类骨骼及石器、陶器、骨器、蚌器等，呈胶结状。出土石器皆为石核石器，以打制石器为主，主要器型有砍砸器、手斧状器、石球、石网坠、蚝蛎喙形器等。其中蚝蛎喙形器为此类遗址的特色石器。蚝蛎喙形器呈扁椭圆形，因其形似蚝蛎喙而得名。磨制石器较少，器型主要有斧、锛、凿、磨盘、石杵等。陶器（片）均为手制的夹砂绳纹陶。骨蚌器使用大型兽类动物骨骼或蚝蛎壳进行加工，采用琢磨方法制作，其中以穿孔的装饰品数量居多，也有少量的骨锥、骨镞、蚌铲等器物。遗址出土的动物骨骼有鹿、象、兔、鸟、鱼、龟、文蛤、牡蛎、田螺、乌蛳等。[①] 根据出土遗物特征判断，属新石器时代早期。这是广西发现的文化内涵较为丰富的一处滨海贝丘遗址。从遗址面积、文化层厚度及内含可以看出，原始先民曾在亚菩山居住了相当长的时间，先民们不仅捕捞浅海中和淡水河里的鱼蚌类，而且还猎取陆上的动物，过上了相对稳定的定居生活。从遗址堆积内出土的石杵、石磨盘等石器及陶器看，原始先民的经济生活仍以采集和渔猎生产为主，但已出现兼营原始农业。亚菩山新石器时代贝丘遗址是广西地区的原始先民从内陆

---

① 广东省博物馆：《广东东兴新石器时代贝丘遗址》，《考古》1962年第12期。

走向海洋的重要标志。

（二）防城马兰嘴遗址

马兰嘴遗址位于广西防城港市江山乡马兰村南面珍珠港东北崖山坡上，高出海面约10米，面积约600平方米。1958年调查发现，文化堆积厚约1米，内含与东兴亚菩山滨海贝丘遗址基本相同，为大量海生斧足类和腹足类软体动物硬壳、各种兽类骨骼及石器、陶器、骨器、蚌器等，呈胶结状。出土石器皆为石核石器，以打制石器为主，主要器型有砍砸器、手斧状器、石球、石网坠、蚝蛎啄形器等。其年代为新石器时期。①

从广西新石器时代文化遗址的发现、分布、出土遗物及体质人类学观察可以看出，这一时期广西地区原始人类是在旧石器时代人类的基础上繁衍发展起来的，其历史不断延续和发展着。到了新石器时代，广西地区的原始人类不仅活动范围进一步扩大，从山洞到江河两岸，再从江河附近到更加广阔的平原谷地以至沿海地带，文化遗存数量增多，分布密度增大，而且遗址的文化内涵更为丰富多样，表明这一时期原始先民的活动足迹已遍及广西各大江河流域，其生产方式有了一系列进步，即随着社会生产力的发展进步和大石铲在农业生产中的使用，广西地区的原始先民已从前期的采集和渔猎逐步发展到原始农业，并且从栽培种植芋薯类根块作物发展到人工栽培稻的种植，耕作方式也不断进步，从刀耕火种、火耕水耨发展锄耕或铲耕农业，从狩猎到驯养家畜，从迁移不定到建立聚落定居。特别是稻作农业的发展，为先秦时期广西社会经济文化的发展与进一步开发奠定了良好的基础。

五 大石铲遗址

因遗址出土遗物绝大多数均为各种形式的大石铲，故而得名大石铲遗址。这是广西西南部地区以大型大石铲为主要特征、形制与众不同的新石器时代晚期遗存或文化类型，因其遗存文化内涵独特，故将之单独列为一种文化遗址。

根据考古调查发现，大石铲遗存的分布范围，东面到广西玉林、北

---

① 《广西大百科全书·历史》（上），中国大百科全书出版社，2008，第58页。

流、容县、贺县及广东封开、郁南、德庆、高要、兴宁；南面到海南岛、越南北部及广西合浦等地，西至百色地区的德保、靖西、凌云；北面到柳州、河池等地。就发现大石铲文化遗址或散布点而言，广西共有36个县（市）发现大石铲遗存，共116处；广东7个县共15处；海南省5个县共6处，越南北部的广宁省至少发现有3处。其中以左江下流及左、右江交汇一带的隆安、扶绥、南宁、邕宁、武鸣等市县发现的大石铲遗存数量最多，分布最为密集，出土大石铲的类型最为丰富齐全，应是大石铲分布的中心地区。如1979年发掘的隆安县大龙潭遗址，在820平方米的遗址范围内，共出土各种文化遗物234件，其中除了陶罐、石凿、棱形器各1件外，其余231件遗物均为各种形式的大石铲，占遗物总数99%。从这个中心地带向四周辐射，距离中心地越远，大石铲遗存越少，大石铲类型越单一。在大石铲文化遗存分布的中心区内，集中分布于隆安县南部的那桐、乔建、丁当、南圩；扶绥县东北部的中东、昌平、渠黎；南宁市西郊的那龙、坛洛、富庶和武鸣县双桥一带，地理上相连成片。大石铲遗址的分布及其文化内涵，具有以下特点。

（1）其遗址集中分布在广西西南部丘陵地区平峒间的岭坡上，除了部分近邻江河外，多数遗址远离江河，但其附近有低洼地、水潭或泉水水源。其遗址所在岭坡，地形一般要高出附近平地，前为地势平缓的田峒或旱地，现多已开辟为耕地。

（2）大石铲遗址的文化堆积层及其内涵物均较单纯。遗址地层堆积均处于表土层之下，一般只有一层，下面即为生土层，少有两个文化遗存的堆积。遗址中的文化遗迹除了灰坑、沟槽之外，便是各种形式的大石铲组合。出土遗物除了少量的石斧、石锛之外，其余皆为各种形式的大石铲、石片及半成品。

（3）遗址中常见有多件大石铲相组合构成圆圈形、方形、"U"字形或单行排列。大石铲皆铲刃朝上，柄部朝下深埋入土中，铲圈内底部通常有单纯的红烧土、灰烬。这些现象显然系人为排列而成。

（4）遗址里出土的大石铲形体大小悬殊，既有微型的小石铲，长度约4厘米，宽度约3厘米；也有中型的大石铲，此类石铲占出土的大石铲的绝大多数，形式也最为丰富多样，其长度多在20厘米以上，宽度15厘米左右；还有大型的大石铲，最大的大型石铲长75厘米，宽25厘米；其次还有长65厘米，宽20厘米的大型石铲。凡微小型石铲选择用的石料多为质地坚硬的燧石或玉石，而且皆通体磨光，磨制工艺极为精致，其类型均为小短柄、双平肩、束腰、舌形刃的Ⅱ式石铲。中型个体的大石铲不仅数量多，而且器形也丰富多样，考古学界划分的Ⅰ、Ⅱ、Ⅲ型石铲皆有，包括小短柄、双平肩、直腰的Ⅰ式铲；小凸柄、双平或斜肩、束腰、舌形刃的Ⅱ式石铲；小凸柄、双斜肩、肩角呈锯齿叉状、束腰、舌形刃的Ⅲ式石铲。超大型石铲数量最少，且皆为通体磨光，但刃口厚钝，通常厚约1厘米。

目前广西西南部发现的大石铲，多数为地表所采集，在采集点上，很少发现有其他器物与大石铲共存，而在大面积发掘的文化遗存内，出土遗物绝大部分都是大石铲及其石料和半成品。如位于广西隆安县乔建乡博浪村左江边上的大龙潭遗址，面积约5000平方米。1979年广西文物工作队对遗址进行了发掘，遗址内发现有灰坑20个、沟槽1条和许多烧土坑，未发现居住或房屋建筑遗迹及墓葬等遗存。除此之外，全部是大石铲组合遗存。大石铲的组合很有规律，其置放形式有三种：圆圈形、U字形和横向排列式。圆圈形大石铲组合主要发现于灰坑内，置放方式是利用数件大石铲侧置或平放，依坑壁围成圆圈状，灰坑内一般都有红烧土、木炭与大石铲共存。另外在探方内的地表也发现有一例直立的数件大石铲围成圆圈状，直立的大石铲都是刃部朝上，柄部朝下；"U"字形组合的大石铲发现于各个探方内，由数件大石铲组成，大石铲的刃部朝上，柄部朝下，U字的开口处没有定制，有些口部朝南，有些口部朝东；队列式组合的大石铲一般是由2~7件大石铲组成队列式，刃部朝上，柄部朝下，铲与铲之间相互紧贴。这种组合的大石铲，在探方内发现较多，在灰坑内也有发现。值得指出的是，大凡大石铲组合的下面或是周围，一般都有红烧土，其中以圆形竖穴式灰坑内发现红烧土最多。根据大龙潭遗址出土数量众多的大石铲及石料和半成品、其他遗物甚少等现象看，这里很可能是一处石铲加工场，其间又有举行与农业生产有关活动的祭祀场。综观遗址出土的大石铲的类型、形式、制作与加工方法，具有以下特点：一是出土大石铲器型丰富多样，多数为通体磨光，器型规整，造型别致，棱角分明，切割和磨光技术娴熟。在当时尚未出现金属工具的社会条件下，先民们是使用何种工具、应用何种方法将坚硬的石料切割成器形规整、棱角整齐的大石铲粗坯，至今仍然是一个悬而未解之谜！足见广西瓯骆先人石器的制作工艺已达到了相当高的水平。二是大石铲的形制、大小、厚薄、轻重、硬度都存在较大差异，小者仅长几厘米，大者长达70余厘米，重几十斤，有不少大石铲扁薄易折，质地脆弱；又有些刃缘厚钝，显然在生产劳动中无实用价值。

位于扶绥县中东乡西面约1700米的那淋大石铲遗址，面积1500平方米，1978年发掘，发掘面积24平方米。遗址文化层中出土器物全是各种形式的大石铲，共43件，大部分通体磨光，切削面光滑平整。文化层的上部，遗物零散，其中有些废品或碎片，中部发现一具用白膏泥塑成的三角小盘子，已残破，未经烧烤，边长16～18厘米，方唇，平底，在盘的尖角处放着一把精致玲珑的小石铲，底部放置较精致的大型石铲。这些大石铲放置很有规律，大多是几把并排放在一起，刃部朝天，大石铲和大石铲之间往往有废大石铲和小石铲衬垫。出土大石铲的种类和形式，与隆安大龙潭出土的基本相同。①

另外，武鸣县棠宩岭山坡上，一农民在犁木薯地时，发现一组共22件大石铲，其石铲直立排列围成圆圈形，刃部统一朝上，柄部朝下，中心有一层很厚的草木灰堆积。说明当年埋大石铲时曾在大石铲圆圈内烧过较长时间的火。

大石铲形体比普通石斧宽大，堪称是一种超大型的石器，其长度多在20厘米、宽度在15厘米以上，最大者长达75厘米，宽20多厘米，厚约2厘米，重约15公斤。在这类文化遗存中，出土遗物以各种形体硕大、形式规整、棱角分明、结构合理、造型独特、通体磨光，平整光滑、制作精致的大石铲为主，其他遗物较少，故广西考古学界对此命名为"大石铲文化"。大石铲的共同特征是上有小短柄，双平或斜肩，束腰，舌弧形刃；不同之处主要是腰部形态的变化。根据其形式，大致可分为三大类型：Ⅰ型为直腰；Ⅱ型为束腰；Ⅲ型亦为束腰，但肩角有2～3道锯齿

---

① 佟显仁、覃圣敏：《广西南部地区的新石器时代晚期文化遗存》，《文物》1978年第9期。

状叉口。其中以Ⅰ、Ⅱ型石铲数量最多，分布范围最广；Ⅲ型石铲制作工艺最精致，主要见于大石铲分布的中心地区各遗址中。据研究，大石铲是从前期的有肩石斧逐步发展演变而来，是为适应新石器时代晚期农业发展的需要而出现的一种新式耕作工具。这是一种木石复合工具，在铲体上加绑一根长木柄，腰间内弧或肩角的锯齿形三角叉口，是为了增强绑缚的牢固度、紧密度和提高使用效率而设置的，类似现代的锤、锹或铲的功用或使用方法。耕作时手持铲柄，脚踏铲肩，适用于翻土、碎土、开沟或理埂。大石铲集中分布于桂西南地区，说明在距今5000~4000年间，这一地区的原始农业在前期的基础上有了进一步发展，稻作农业已成为当时居民主要的经济生活方式。从大石铲如此硕大、规整、精致的形态，特别是在金属工具尚未出现之前，先民们如何把如此坚硬的石料切割得如此平整，制成造型如此美观对称，数量如此之多，分布范围如此之广的石铲，没有专门的制作经验和制作技术的人是很难完成的。这说明当时广西西南部地区农业的发展，已开始出现了农业和手工业的初步分工或商品交换。

大石铲多选用细砂质页岩加工制成。其制作工艺要比其他石器复杂得多，不仅制作工序复杂，技术难度大，而且选料讲究，并非所有石料皆可取用，随处可得。根据大石铲的造型特征和制作工艺推测，大石铲的制作一般应经过选采石料、打坯、切割、磨光等主要工序。选取石料是制作大石铲的第一道工序，而砂质页岩石料只分布在一定区域的河岸或山坡上，虽然其岩石具有发育良好的片状层理，但需要人工开采才能获得。这就需要相应的撬取石片的工具和技术，才能开采取得适合于制作大石铲的石料。第二道工序是打坯和切割，当取来石料后，便按照所制大石铲的形状及大小，在板块状料石上划出器形的轮廓，先用石锤敲去边缘多余部分，制成粗坯。然后再用坚韧锐利的工具，依线切割；若石料过于厚重，还须敲削去余部，使之变薄。各地出土的大石铲，切线垂直平整，弯曲自然，厚度均匀，工整对称；有的大石铲边上还留有细长的切割凹槽，有的大石铲背面尚留有清晰的鱼鳞状切削痕迹，当时究竟使用何种工具将石料切割得如此平直光洁，转折自然，棱角分明，因没有发现其遗物，故至今仍是一个难解之谜，但这种切割制作大石铲

第三章
石铲开辟稻花飘

的工具硬度必定比其石料更为坚韧锐利是可以肯定的，否则就不可能将大石铲边缘切割得如此规整。第三道工序是对大石铲进行抛光处理，即把切割出来的大石铲粗坯用砺石对其两面和四周边缘进行磨光。其磨光工艺大抵要分两道工序，先是用颗粒较粗的砂岩磨石把大石铲磨平。然后再用细砂岩磨石进行细磨抛光。现在所见的各类大石铲，两面平整光滑如镜，其切面也做了进一步的磨光处理，反映出当时的石器磨制技术已达到相当高超的水平。而这些形制规范、工艺精致的大石铲，不可能是谁都可以制作，应是由氏族中富有经验的工匠专门制作出来的。

大石铲文化经历了一个从产生到发展鼎盛以至走向衰落的演变过程。大石铲是壮族先民为适应当地原始农业发展的需要而创造的一种新型生产工具，它们不同的形制和造型，是原始居民在长期的农业生产实践中为提高劳动效率而不断对大石铲进行改造的结果。因而，它们之间的演变关系也是比较清楚的，即Ⅰ型大石铲的祖型是本地区常见的有肩石斧，所以二者基本形制相同，只是为了便于耕作，将大石铲个体加大。因而可以说，Ⅰ型大石铲是有肩石斧的放大型。Ⅱ型大石铲又是由Ⅰ型大石铲发展演变而成，所以二者的柄、肩和刃部形态相同，唯一不同的是Ⅱ型大石铲的腰间两侧略呈内弧，这是人们为了便于用绳索绑缚木柄，以增加其牢固性而改造的结果。因为大石铲是一种木石复合式的农业生产工具，使用时需加一条木柄，并且用绳索类把木柄与大石铲紧紧地捆绑在一起，人们手持木柄，脚踏铲肩即可翻土耕作。而Ⅰ型大石铲的腰部两侧平直，使用时捆绑木柄的绳索易于上下移动，造成脱落，必须重绑，影响耕作效率。Ⅱ型大石铲内弧的腰间可使绑索固定于其中，不使其上下移动，有效地增强了木柄的稳定性。而Ⅲ型大石铲在Ⅱ型的基础上又有新的改进，除了腰间内弧外，两边肩角设有锯齿形凹叉，这显然是为更有效地增加捆绑绳索的部位而设，其性能比Ⅱ型大石铲更优。因而可以说，Ⅲ型大石铲是三类大石铲中的成熟型，亦是大石铲文化中的精华，不仅其制作工艺最复杂最精致，造型美观独特，而且其功能与内涵也是丰富多样的。因为Ⅲ型大石铲（也有一部分Ⅱ型）的个体普遍较硕大，既长又宽，刃口厚钝，似不适用于掘土，也容易折断；而且这类大石铲出土时多数成组叠立，刃部朝天，或围成圆圈，圈内为火坑。据此推断，这些大型大石铲很可能已从实用的生产工具分化出来，变成一种与农业生产活动有关的祭祀性礼器或某种宗教意义的象征物。尽管如此，大石铲的主体功能与性质是实用的农业生产工具，这是可以肯定的，它们是广西地区原始农业发展的产物。这种大石铲文化萌芽于新石器时代中期，兴盛于新石器时代晚期，青铜工具出现以后，大石铲文化逐渐衰落，春秋战国时期已少见其踪迹。

有肩石斧是我国南方地区新石器晚期具有鲜明地方特色的一种磨制石器，主要发现于古越族分布的福建、广东、广西、云南等地。从石器的形态、造型的继承和发展演变关系规律看，大石铲应是从有肩石斧发展演变而成，特别是Ⅰ型大石铲，与有肩石斧的形态完全相同，堪称是有肩石斧的放大型。如前所述，广西左江、右江流域是早期人工栽培稻的重要起源地，壮族先民是最早发明人工栽培稻种植的民族之一。随着原始水稻农业的发展，需要对传统的生产工具进行改造，才能有效地提高其生产效率。因而，大石铲是先民们为适应当地原始农业发展的需要而发明的一种新型农业生产工具。从大石铲的造型结构分析，大石铲应是一种复合型的生产工具，在铲体上加绑一根长木柄，其功能用途与现代壮族民间的铁铲或锸相似，可用来翻土、掘沟、理埂、碎土或平整土地。伴随大石铲出现的还有石锛、石锄、石犁等工具。大石铲遗址多分布在距离江河较远的丘陵岗坡上，遗址内少见渔猎经济性质的工具，表明新石器时代晚期广西地区的原始农业已有了较大发展，耕作方法也有了一定改进，生产规模和耕种面积进一步扩大，即由原来的江河两岸扩大延伸到附近的丘陵地带。正是大石铲、石锄和石犁等新型工具的使用，才使生产效率提高，增加农作物产量成为可能。随着生产经验的不断积累，耕作的面积亦日趋扩大，并发展到围筑田埂以积水耕种。在海滨，每当潮水上涨时，水位提高，河流的淡水流向大海时，随之水位也提高。这时，人们就可以把河流的淡水引入离海滨较远的台地，修筑田埂，蓄水种植水稻。桂南地区的大石铲遗址多分布在地势较为低矮的岗坡上，附近多有水塘、水潭或小河，与雒田的地形特征基本相同。而这些田地现在仍为当地壮族人民所耕种。可见，当时的耕作方式已从前期的刀耕火种发展到锄耕农业阶段,这是耕作技术的一大进步。因为采用锄耕方法之后,土地得以翻动,其土质结构由板结变为疏松,杂草也被清除,保证了农作物的正常生长,使其产量得以提高。

人类社会发展的历史告诉我们,生产的变化和发展始终伴随生产力的变化和发展,首先是从生产工具的变化和发展开始的。所以生产力是生产中最活跃的因素。先是社会生产力变化和发展,然后,人们的生产关系、经济关系依赖这些变化,与这些变化相适应地发生变化。广西地区的原始社会末期也是如此,大石铲、石锄、石犁等新石器的出现,标志着这一地区社会生产力有了新的提高,其耕作技术也有了较大的进步。正是这些新型工具的使用,提高了生产效率,促进了农业的发展,使之成为社会的主要经济部门。而农业的发展,必然会引起社会诸制度的一系列变化,并且也为各项手工业以及家畜饲养业的发展乃至人们的定居生活创造了条件。由于渔猎经济已逐渐退居次要地位,男子在农业生产中日益发挥着重要作用,其社会地位自然随之提高。反之,妇女在社会经济生产中的作用则日趋减弱,其社会地位逐渐退居次要地位。这样,传统的母系氏族制度被新兴的父系氏族制度所取代,其家庭结构和婚姻形态也相应地发生变化,即传统的母系氏族家庭被父系氏族家庭所取代,传统的对偶婚逐步发展成为一夫一妻制。可见,大石铲文化不仅在广西的原始文化中占有十分重要的地位,而且对后来的社会发展史也有着深远的影响。

第三节　早期人工栽培稻的种植及稻作农业的发展

原始农业的产生与发展,是人类认识自然、适应自然、改造自然的重大文明成果,标志着人类从前期依赖对自然界食物资源的攫取(采集和渔猎经济)发展到对自然食物资源的再生产和作物的种植阶段,为人类的生活提供了日益稳定的物质保障,这是人类文明的重要标志,也是人类文明史、科技史、文化史上的一项重大发明,在人类社会发展史上具有划时代的意义。由于农业的产生与发展,使人类过上了日益稳定的定居生活,促进了聚落的形成、居住建筑和家畜饲养业、制陶业的产生,促进了农业与手工业、农业与商业的分工和阶级的分化,为人类向文明社会发展提供了物质基础。壮族史前稻作农业的起源与发展问题,已有学者运用考古学、植物学、遗传学、体质人类学、历史学、语言学等方法进行了全面、系统、深入的研究。而壮族先民地区丰富的考古资料,为我们探索和揭示其史前稻作农业的起源和发展提供了资料。

考古资料显示,大约在距今10000年以前,壮族古代先民在长期的采集活动过程中,逐步加深对一些可食类植物的特性和生长规律的认识,而后进行人工栽培和种植,标志着原始农业的产生。学者们认为,由于岭南地区的气候与环境条件非常适合根块类植物的生长繁殖,并成为原始先民食物的重要来源。壮族古代先民的早期农业很可能是从种植根茎类植物开始的,主要是由于其所处地区野生根块植物繁多的缘故。无性繁殖根块类植物不像稻谷那样严格地要求砍伐大片森林,可以灵活地利用林间空隙挖穴栽种,而且这类植物产量高,食用方便,所以它先于谷物被人们栽种。诚如游修龄教授所言:"广西的块根、块茎类植物源如薯蓣、魔芋、芋头等,是极其丰富的。这些植物的栽培加工要比稻作简便容易。这也是根茎类作物先于禾谷类驯化的普遍规律。"[①]

从目前广西地区新石器时代早期的洞穴遗址和河畔贝丘遗址厚达 1~2 米的堆积、内含密集的螺蚌壳及兽骨可以看出,壮族古代先民的经济生活仍然以采集和渔猎等广谱经济为主。与此同时,先民们在采集和种植根块类植物的过程中,逐步加深对普通野生稻的特性和生长规律的认识,开始了人工栽培稻的种植。经专家对广东英德牛栏洞遗址(二、三期)发现的距今约一万年的水稻硅质体进行鉴定,认为其"形态有两种,一种为双峰硅质体,另一种为扇形硅质体,两种水稻硅质体的形态数据经计算机聚类分析,结果表明,属于非籼非粳的类型,在水稻的演化序列上处于一种原始状态。这个发现,首次将岭南越人地区的稻作遗存的年代推至一万年以前,对岭南地区水稻起源的研究及原始农业经济的发展探索,都具有重要意义,同时也为探讨岭南地区原始稻作农业的相互关

---

① 参见覃乃昌《壮族稻作农业史·序》,广西民族出版社,1997。

系提供了实物资料"。① 这些连同湖南道县玉蟾岩发现的水稻硅质体,是目前我国发现的年代最古老的人工栽培稻遗迹。这些发现说明,岭南越人先民是最早进行人工栽培稻的民族之一。

　　大约到了距今 7000 年左右的新石器时代中期,随着社会生产力水平的提高、种植经验的积累和磨制生产工具的变革,岭南地区的稻作农业有了较大发展。考古工作者先后在广东曲江石峡、佛山古椰,广西资源晓锦、那坡感驮岩等新石器时代遗址发现了许多炭化稻谷。特别是在广东石峡和广西晓锦遗址,炭化稻谷与红烧土成片出土,仅广西晓锦遗址就出土炭化稻谷 13000 多粒。尽管这些遗址的年代为距今 6000～4000 年的新石器时代晚期,如果参照学者们对长江中下游地区史前稻作农业发展阶段的分期,处于稻作农业萌芽或起源期的距今 10000～9000 年的湖南道县玉蟾岩和广东英德牛栏洞新石器时代早期遗址发现的硅质体稻谷相比,显然已成熟得多,与学者们分期中的发展成熟期相当。如果从理论和逻辑上说,越人先民生活的岭南地区不仅生长着大量的普通野生稻,至今在广西 20 多个市县还分布有野生稻,而且当地的气候环境非常适合野生稻的生长繁殖,适合发展稻作农业生产。所以说,大约距今 10000 年以前,世代生活在岭南地区的古代越人先民已经掌握了将普通野生稻驯化为人工栽培稻的技术,开创了稻谷的栽培和种植。正如有学者指出:"掌握普通野生稻的驯化栽培是一门新技术,是对自然生物体的一种立体观控,它绝不像人们主观臆测的如搬运石头那样简单。因为它面对的是一种非常娇嫩的生命体,稍有疏忽就会致它于死命。它与自然环境紧密依存,又受到环境的多方制约,人们还得与环境搏斗,排除环境对它的不良干扰,才能使它顺利成长并结下硕果,让人们享用。所以,对普通野生稻的驯化栽培,是长期历尽千辛万苦的苦难历程,也是一项人类文明史、科技史、文化史上的重大发明。"② 可见,人工栽培稻的种植是一项新的系统工程与新技术,由稻作农业而促使一系列新知识及其文化的产生,同时会引起社会的一系列变化。先民们在种植水稻的过程中,逐

---

① 游修龄主编《中国农业通史·原始农业卷》第三章第四节,中国农业出版社,2008年。
② 严文明:《中国稻作农业的起源》,《农业考古》1982 年第 1、2 期。

渐学会了观察天象和气候的变化，并逐渐掌握了其中的规律，天文历法应运而生；稻作农业的发展，使人们逐渐认识到土地的重要性，进而产生了对土地的崇拜，于是有了祭祀大地的祭坛和礼器；稻作农业的发展促进了家庭饲养业、建筑业、纺织业和手工业的发展。种植水稻和饲养家猪成为我国南方传统的稻作农业生产系统。

到了新石器时代晚期，随着生产工具的改进、新型生产工具——大石铲的制作和使用以及生产经验的积累，稻作农业有了较大发展，逐步成为社会的主要经济部门。从这一时期广西的考古发现来看，一是遗址的分布范围比前期进一步扩大，除了江河两岸之外，在远离江河的丘陵平地都有遗址分布。二是有肩或有段石器明显增多，特别是骆越先民居住的广西南部地区的大石铲遗址，出土了大量的形体硕大、造型别致、磨制精细的大石铲。这类大石铲应是一种木石复合农业生产工具，形如现代的铁铲或锹，可用于翻土、理埂和平整土地。使用时，手持木柄，脚踏铲肩，将铲刃插入土中后，达到翻土耕作的效果。大石铲遗址多分布在距离江河较远的丘陵岗坡上，遗址内少见其他工具，表明新石器时代晚期这里的原始农业已有了较大发展，耕作方法也有了一定改进，生产规模和耕种面积进一步扩大，即由原来的江河两岸扩大延伸到附近的丘陵地带。正是大石铲、石锄和石犁等新型工具的使用，才使提高生产效率、改进耕作方法、扩大耕种面积、提高农作物的产量成为可能。据《交州外域记》记载："交阯昔未有郡县之时，土地有雒田，其田随潮水上下，民垦食其田，因名曰雒民。"雒田系古壮语"那麓"之称谓，有两种含义：一说指山麓间所耕种之田；另一说为鸟田。二说均有依据。持"山麓间之田"说认为，广西地区多山岭，到处群山起伏，丘陵绵延，山岭之间，分布着许许多多大小不等的谷地，俗称"弄"或"峒"。这些弄或峒的地形多呈盆形或漏斗状，其间多有水潭、落水洞或溪河。每当雨季来临，山洪暴发，低洼的弄或峒中极易积水成泽。随着积水的屯集上涨，四周的坡地便逐渐被水淹没。洪水消退后。其弄或峒里的积水水位亦逐渐下降，四周被水淹的坡地又恢复原貌。这样的坡地"随潮水上下"，每当洪水消退后，四周坡地上的低凹之处，仍保留着积水，这一处处残留积水的低洼地里，非常适合水稻的生长。而岭南地区是野生稻分

第三章
石铲开辟稻花飘

布最多的地方，先民们在长期的采集活动中，逐步认识到野生稻的生长规律，于是就利用"随潮水上下"的"那麓"稍加耕作，就可种植水稻。现在东南亚地区的缅甸、老挝、越南等国民间仍保持着"从潮水上下"种植水稻之俗。随着生产经验的不断积累，耕作的面积亦日趋扩大，并逐步发展到围筑田埂以积水耕种。在海滨，每当潮水上涨时，水位提高，河流的淡水流向大海时，随之水位也提高。这时，人们就可以把河流的淡水引入离海滨较远的台地，修筑田埂，蓄水种植水稻。桂南地区的大石铲遗址多分布在地势较为低矮的岗坡上，附近多有水塘、水潭或小河，与雒田的地形特征基本相同。而这些田地现在仍为当地壮族人民所耕种。可见，当时的耕作方式已从前期的刀耕火种或火耕水耨逐步向锄耕农业发展，这是耕作技术的一大进步。因为采用锄耕方法之后，土地得以翻动，其土质结构由板结变为疏松，杂草也被清除，保证了农作物的正常生长，使其产量的提高成为可能。与此同时，由于壮族古代先民生活的岭南地区自然资源十分丰富，传统的广谱经济依然存在于先民生活中，在先民们经营稻作农业的同时，也在种植根块类作物，作为稻作农业的一种补充。这样的经济类型和生产模式，在壮族古代先民及其先民的经济生活中一直保持和传承着。因而，稻作农业在广西壮族语言中有丰富的词汇，有关稻作的地名，民间传说中都有生动的反映和体现。持"鸟田"说者认为，岭南地区气候炎热，雨水充沛，水源丰富，江河纵横，湖泊沼泽星罗棋布，食物资源丰富，适合各种鸟类生长繁殖，特别是到了冬季，寒冷地区的候鸟纷纷南飞，到气候温暖的南方过冬。每当耕种水稻或稻禾生长、收割之时，都有成群的鸟类飞落稻田中觅食。因田间的鸟类众多，时常踏松稻田，起着耕耘的作用，史书称之为"鸟耕"，据《越绝书》载："大越滨海之民，独以鸟田。"鸟田即为鸟耕。《吴越春秋》中有"天美禹德，使百鸟还为民田"，"人民居山，有鸟田之利"记载。王充《论衡》云："舜葬于苍梧，象为之耕；禹葬会稽，鸟为之田，盖以盛德所致，天使鸟兽报佑之也。"郦道元《水经注》中对鸟耕的记载更为生动，云："有鸟来之为耕，春拔草根，秋啄其秽，是以县官禁民不得妄害此鸟，犯者有刑无赦。"故有学者认为，原始先民早期的稻谷种植是从鸟兽那里学来的，因为稻作的最大特点便是离不开耕耘，野生稻生长在沼泽地里，当鸟类在沼泽地觅食的同时，也就起到了耕耘的作用。故野鸟多的地方，野生稻自然丰产。广西壮族先民流行对灵鸟的崇拜，视鹭鸟为神秘的吉祥之物，因而在广西地区出土的古代铜鼓上，流行铸造翔鹭形象，而且还铸有生动的模拟翔鹭舞，船头也制成鹭鸟形，真实地反映了壮族先民对灵鹭的崇拜习俗。稻作农业的发展，是广西原始先民对边疆开发的重要成果与贡献，为广西古代文明的起源与形成提供了坚实可靠的物质基础，进而为农业与手工业的分工、社会的进步和文化艺术的发展繁荣创造了条件。所以说，广西地区的原始先民是最早发明种植水稻的民族之一，是广西古代先民对中华民族乃至人类文明做出的重要贡献。

第四章

铜鼓崖画耀南疆

——春秋战国时期广西自主开发期

春秋战国时期,是广西地区开发历史承前启后并取得突出成就的时期,其社会经济和文化有了新的发展。主要标志是生产力的提高,生产技术的进步,农业的发展和铁制工具在农业生产中的使用,青铜铸造业的兴起,铜鼓的铸造和规模宏大的左江流域崖壁画的产生。社会经济的发展,引起了广西瓯骆社会组织结构的变化,形成了西瓯、骆越、苍梧、句町等诸多势力强大的古国或方国。

第一节 骆田的耕种与农业的发展

如前所述,春秋战国时期,今广西地区主要为西瓯、骆越聚居之地。很早以前,广西瓯骆先民就已发明了水稻栽培技术,将普通野生稻培育成人工栽培稻,是最早种植水稻的地区和民族之一。经过数千年的不断发展,到了春秋战国时期,农业经济有了进一步发展,生产力水平和耕作方法,都比前期有了明显的提高与进步,耕种面积也比前期扩大。特别是铁制工具开始在农业生产中的运用,有效地提高了生产效率,促进了农业的发展。

春秋战国时期,西瓯、骆越分布地域较为广阔,各地的地理环境、自然条件以及毗邻地区或民族不同,因而,其生产力水平、农业经济的发展和耕作技术、方法也不尽相同。关于春秋战国时期广西地区的开发和农业发展状况，我们可以通过相关的史料记载和考古学资料进行揭示。

《交州外域记》云："交趾昔未有郡县之时，土地有雒田，其田随潮水上下，民垦食其田，因名曰雒民。"①

《史记·货殖列传》载："楚越之地，地广人稀，饭稻羹鱼，或火耕而水耨。果隋蠃蛤，不待贾而足。"《盐铁论·通有》云："荆扬南有桂林之饶，内有江湖之利。左陵阳之金，右蜀汉之材。伐木而树谷，燔莱而播粟，火耕而水耨，地广而饶材。"又《汉书·地理志》载："楚有江汉川泽山林之饶，江南地广，或火耕水耨，民食鱼稻，以渔猎山伐为业，果蓏蠃蛤，食物常足。"

《越绝书》云："畴粪桑麻，播种五谷，必以手足。大越滨海之民，独以鸟田。……当禹之时，舜死苍梧，象为民田也。"《吴越春秋》中有"天美禹德，使百鸟还为民田""人民居山，有鸟田之利"记载。王充《论衡》云："舜葬于苍梧，象为之耕；禹葬会稽，鸟为之田，盖以盛德所致，天使鸟兽报佑之也。"

从以上史书的记载，我们可以大致了解先秦时期西瓯、骆越的耕作方法，即耕种"随潮水上下的'雒田'""火耕水耨""象耕鸟耘"。这些耕种方法具有鲜明的地方特点和时代特征。

关于古代"雒田"流行地区或地理方位，《交州外域记》指明是"交趾昔未有郡县之时"。历史上，"交趾"系行政建置名称，建于西汉武帝时期。公元前111年，汉武帝派兵乘船沿红水河而下，直逼南海郡（今广东广州），一举平定了赵氏南越国政权，重新统一岭南，并将秦置之三郡析为九郡，即南海、郁林、合浦、苍梧、儋耳、珠崖、交趾、九真、日南。其中交趾、九真、日南三郡辖地主要在今越南北部，交趾郡治交趾县为今越南河内。后来，汉武帝又在全国设立十三刺史部，将包括交趾在内的7个郡统属交趾刺史部，后又改称交州。广西南部地区属交趾刺史部或交州。由此可知，《交州外域记》所记载的"雒田"，应在今广西南部及相邻的越南北部地区。这一地区"昔未有郡县之时"，是我国南方百越族群中的骆越支系所居住。骆越的后裔即今操壮侗语族之族

---

① 郦道元：《水经注》卷37，引《交州外域记》，《四部丛刊》本。

群。关于"雒田"之"雒"乃越语(古壮语)称谓的汉字记音。"雒"的壮语含义,有两种解释:一指山谷河畔之田(壮语称"山谷"为"雒");二指鸟田(壮语称"鸟"为"雒")。在广西南部、越南北部乃至老挝、缅甸等广大地区,河流交织,湖泽密布,每当雨季来临,河水暴涨,大片河滩湖畔被洪水所淹没;当洪水消退后,大片滩涂便露出。这样的河湖滩涂土质松软,肥沃湿润,且水源充足,易于开垦耕种水稻。"随潮水上下"的"雒田"是对这一地区这类水田的生动写照。自古以来,世代居住生活在江河泽畔的骆越及其先民,熟悉当地的气候和潮水涨落的规律,流行开垦濒临水边的平缓河滩为水田,种植水稻。这样的耕种方式,自古至今依然流行着。此外,在我国江南特别是长江下游地区的江河湖畔,也广泛分布着此类"随潮水上下"的"雒田",而这一地区正是古代越人分布地,同样流行耕种此类"雒田"。

火耕水耨。这是我国古代南方普遍流行的一种具有地方特色的耕种方法。顾名思义,"火耕"即放火把杂草烧光,开垦整理耕地;"水耨"即引水把烧过的杂草和灰连同土地沤烂沤软,既可肥田,又有利耕种及稻禾生长。东汉应劭首先对火耕水耨作了明确解释,他在《汉书·武帝纪》注中说:"烧草下水种稻,草与稻并生,高七八寸,因悉芟去,复下水灌之,草死,稻独长。所谓火耕水耨。"唐代张守节在《史记·货殖列传》正义中又另作解释:"言风草下种,苗生大而草生小,以水灌之,则草死而苗无损也。耨,除草也。"游修龄教授认为:火耕水耨是包括耕地、移栽、除草三种操作在内,和后世的稻作没有什么不同,显然离题了。倒是天野元之助的解释较为正确:"火耕水耨是在初春地干时放火,然后直播谷种,随着降雨量的增大(六月间)而灌水,以促进水稻生长,陆生杂草因遭水浸而被淹死,从而达到抑制杂草的目的。如果实行连作,水生杂草就会繁茂起来,因而在种植若干年后,便不得不让其丢荒。"[①]

关于"鸟田",唐代陆龟蒙在《甫里先生文集》里有着生动的记述:"象耕鸟耘之说,吾得于农家,请试辨之:……耘者去莠,举手务疾而畏

---

① 参见游修龄《中国稻作史》第四章(二),中国农业出版社,1995。

晚,鸟之啄食,务疾而畏夺,法其疾畏,故曰鸟耘。"东汉王充在《论衡·书虚篇》中,对"鸟田"也有形象的记述:认为鸟耘之鸟乃是一种候鸟雁鹄,"雁鹄集于会稽,去避碣石之寒,来遭民田之毕,蹈履民田,喙食草粮,粮尽食索,春雨适作,避热北去,复之碣石"。游修龄教授认为,沿海岸江边的低湿地上长满了蘋草之类,经过北方南下的候鸟——鸿雁的啄食,起到净化土壤的作用,也适于播种稻谷。①

象耕,是一种极富地方特色的耕作方法,岭南越人利用当地盛产大象,巧妙训练和利用大象进行耕作,可以节省人工耕作之力,这在广西农耕史上是一种创举,也是岭南越人稻作农耕的显著特色,是岭南越人独特的耕作方法和聪明智慧的体现。岭南自古多大象,很早就懂得使用大象耕作。王充《论衡》云:"舜葬于苍梧,象为之耕。"唐代陆龟蒙在《甫里先生文集·象耕鸟耘辨》中,对象耕作了生动的解释:"象耕鸟耘之说,吾得于农家,请试辨之:吾观耕者行端而徐,起坡欲深。兽之形魁者,无出于象,行必端,履必深,法其端深,故曰象耕。"宋代王禹偁写诗送给在融州任官的友人时说:"吏供版籍多渔税,民种山田见象耕。"明代时,今广西南宁一带还生活着众多的大象,为此,明朝专门在这里设立"驯象卫",专事训练大象事宜。我国著名农史学家游修龄教授认为:象耕乃是沼泽地经过野象的踩踏,泥泞一片,好像经过整地耙耖过的水田,适于播种稻谷。②

关于当时农业生产使用的工具,通过广西地区出土的相关考古资料可以了解概貌。春秋战国是广西地区农业发展的重要时期。其主要标志是青铜工具和铁制工具在农业生产中的使用。早在商周时期,中原地区的青铜器已通过湘楚和湘桂走廊,传入广西地区,并且由桂东北逐步传入桂中、桂东南乃至桂西南地区。到了春秋战国时期,岭南与中原内地的关系进一步密切,中原地区的青铜器和铁器通过湘桂走廊,源源不断地传入广西地区。大抵到了西周末期或春秋时期,生活在广西的瓯骆人已掌握了青铜冶铸技术,并开始冶铸青铜器,形成了具有浓厚地方民族

---

① 游修龄:《中国稻作史》第四章(二),中国农业出版社,1995。
② 游修龄:《中国稻作史》第四章(二),中国农业出版社,1995。

第四章
铜鼓崖画耀南疆

特色的青铜文化。1985年考古工作者在武鸣县马头乡的元龙坡清理发掘了350座西周晚期的墓葬，不仅发现了一批具有鲜明地方特色的青铜器，还发现了一批铸造青铜器的石范，其中比较完整的铸范6套，另有30多件已残缺不全。这些铸范均以砂岩凿刻而成，每件分割成上下两块。整体呈长方椭圆形，内中凿刻成所铸器物的模型，一端留出浇注口。其石范可铸器形计有双斜刃钺、单斜刃钺、扇形钺、斧、镦、镞、圆形器、钗形器等。① 有的石范内有烧焦痕迹，更为重要的是，墓葬里出土有与石范相合的器物，说明这些石范是当地广西瓯骆工匠所制造并已铸造出青铜器，这就为我们了解当时的青铜铸造工艺提供了极为珍贵的实证。目前，考古工作者先后在灌阳、兴安、恭城、平南、柳江、宾阳、贺县、梧州、平乐、钟山、武鸣、田东、全州、荔浦、忻城、横县、陆川、南宁等地，发现了一批春秋战国时期的墓葬或窖藏，出土了大批青铜器和铁器。其中在平乐县银山岭、岑溪县糯洞花果山、武鸣县马头安等秧、田东县祥周锅盖岭、宾阳县武陵韦坡、象州县田下那槽等地的春秋战国墓葬里，出土了一批铁锸、铁斧、铁刀以及锄、镦、锛等农业生产工具。铁锸器身呈"凹"字形，弧形利刃，两边侈出；凹字形銎，以插装木柄，是翻土挖沟松土的工具。铁斧器体厚重，銎部大于刃部，侧面呈楔形，安装木柄，用以横向劈砍，效率甚高。铁刀呈长条形，也是砍伐工具。铁锄既可挖土，又可锄地，进行松土锄草。这些铁制工具的发现，说明春秋战国时期广西瓯骆聚居的许多地方在农业生产中已经使用铁器。这是广西社会生产力水平进一步提高的重要标志。因为铁器是"在历史上起过革命作用的各种原料中最后的和最重要的一种原料……铁使更大面积的农田耕作，开垦广阔的森林地区，成为可能；它给手工业工人提供了一种其坚固和锐利非石头或当时所知道的其他金属所能抵挡的工具"。② 由于铁器在农业生产中的使用，提高了生产效率，不仅使深耕细作、改进耕种方法、进行中耕锄草、提高粮食产量成为可能，而且还可进一步

---

① 广西壮族自治区文物工作队等：《广西武鸣马头元龙坡墓葬发掘简报》，《文物》1988年第12期。
② 恩格斯：《家庭、私有制和国家的起源》，《马克思恩格斯选集》第4卷，人民出版社，1972，第159页。

开垦荒地，扩大耕种面积。从目前发现的考古遗迹看，到了战国时期，广西瓯骆聚居的广西地区土地较为平坦肥沃，水源比较便利的地方，都已得到了不同程度的开发，标志着广西稻作农业的新发展。

青铜器和铁器的出现及其在农业生产中的运用，标志着广西地区社会生产力已有了很大发展。生产力的提高和农业经济的发展，必然会引起生产关系的变更。部落或氏族首领凭借着他们的威望和掌握生活资料分配权、产品交换支配权，逐步把人们创造的财富掌握在自己手中，进而占为己有，从而使部落或氏族内部出现贫富不均的现象。部落或氏族首领逐步蜕变成奴隶主。社会内部分化为"君""侯""将""民"等不同阶层。贵族权威阶层攫取和占有氏族或部落成员的剩余劳动，积累着日益增多的社会财富。这样，原始的氏族公社便解体，为私有制所代替。但由于阶级分化尚处在分化的初级阶段，上层贵族们尚未完全脱离生产劳动，与氏族成员仍保持着一定宗法亲属和平等关系。氏族公社的残余仍存在，这从战国墓地中大墓小墓处在同一墓地里以及左江崖壁画上大人小人处在同一画面上即可得到证明。

第二节 青铜铸造业的产生与发展

广西各地有着丰富的可用于冶铸青铜器的矿产资源。但由于历史原因，其青铜铸造业起步较晚，当中原地区的青铜文化已经发展到了鼎盛时期，广西地区的青铜文化才开始产生。大约到了西周末年或春秋战国时期，广西地区的瓯骆工匠逐步掌握青铜铸造技术，开始铸造青铜器。

商周时期，中原地区的青铜器已传入岭南，传入广西瓯骆聚居区的广西地区，这就给广西瓯骆人带来了文明的信息。青铜器坚韧耐用的优越性能引发了广西瓯骆人的兴趣，首先是那些酋帅们产生占有和生产青铜器的欲望。相邻的楚国青铜冶铸技术传入后，广西瓯骆工匠逐步掌握了其铸造技术，便在酋帅们的组织下开始设坊冶铸青铜器。

从目前发现的青铜制品来看，广西瓯骆地区的青铜铸造业发端于西周末年。由于其冶铸业尚处于初创阶段，所以只能铸造一些形制简单的小型器物，如武鸣县马头元龙坡墓葬出土的各式钺、斧、镞、镦等器物，就是这一时期铸造的产品。从墓葬出土的用于铸造青铜器的石范可知，当时采用的铸造方法主要是结构简单的合范式铸造法。其工序流程大致如下：第一道工序是用石料制成两块大小和长短相合的雏范，然后分别在石范的内侧各凿刻成所铸形的空间，后端留出浇注孔，并将凿空部分琢磨光滑，把上下范合为一体绑牢，制范工序才告完成。第二道工序是熔铜合金，即用铜矿石放入炉内，加木炭鼓风冶炼。铜提炼出来后，还要再行熔化，并加入一定比例的锡和铅，以增强所铸铜器的坚韧度。然后将合金后的铜液从浇注孔注入石范，待铜液冷却后，再揭去外范，取出铸件，而后再合范继续浇注反复铸造。因为铸范系石料凿成，所以其范可多次使用。最后一道工序是对铸成的器物进行修整加工。因为新铸成的器物上常留有毛刺，需要做进一步修整，钺斧类还须对刃部进行砥砺，使之更为锋利。广西瓯骆人在铸造青铜器之初就注重优先铸造各种兵器，这与当时部落间频繁的战争是有密切关系的。

到了战国时期，广西瓯骆人的青铜冶铸业有了较大发展，不仅器物种类增多，而且已能铸造结构较为复杂的器物，除了前期常见的钺、斧、镞、镦类器物继续铸造外，还新增加了刀、剑、矛、弩机、钟、鼓、鼎、铃、人首柱形器、叉形器等，装饰的花纹图案逐渐增多，器物的形制和纹饰具有较明显的地方民族特色，如平乐县银山岭战国墓发现的盘口鼎、扁茎短剑、靴形钺、刮刀、人首柱形器，田东县锅盖岭和联福村战国墓出土的铜鼓、"王"字形纹剑，宾阳县韦坡战国墓出土的叉形器，浦北和象州等地发现的羊角钮钟、人首柱形器以及武鸣县安等秧战国墓出土的风字形钺、刮刀、铃等器物，其形制和纹饰均具有浓厚的地方民族风格，目前仅见于岭南瓯骆人分布的地区，其他地方极少见到。由此可以断定，这些器物应是当地广西瓯骆人所铸造。其中最能反映广西瓯骆工匠青铜铸造技术水平的是铜鼓的铸造。在田东县共出土三面春秋战国时期的铜鼓，其中两面形体高大，一面小巧别致。这些铜鼓不仅造型庄重，形体圆润，鼓腔薄而均匀，线条起伏有致，规整对称，而且鼓体上铸有各种精细工整、寓意深刻的花纹图案。令人称奇的是，在尚未有精密仪器测定的条件下，圆形鼓面的黄金分割线铸造得如此准确，如此圆润，不能不说是广西瓯骆工匠创造的奇迹。不仅如此，铜鼓的鼓壁扁薄均匀，空腔起伏有致，曲折自然，这是工匠们为了使敲击铜鼓时，让鼓声产生共鸣效果，使铜鼓音色更加浑厚、洪亮、悦耳。因而，在青铜铸造工艺中，铜鼓的铸造工艺最为复杂，堪称是广西瓯骆青铜文化的代表。自古以来，在瓯骆人的社会中和观念里，铜鼓是权力、地位和神圣的象征，凡举行重要的祭祀仪式，都要敲击铜鼓以迎神和娱神。拥有铜鼓者，都是位高权重、号令四方的首酋们。因而，工匠们承担铸造如此重要的器物，自然会倾其全力、毕其技艺和才智。

关于春秋战国时期广西瓯骆人铸造青铜器的工艺问题，虽然目前尚没有发现当时的铸造遗址和遗物，但从已出土的青铜器的形制，仍然能够推定当时的铸造方法，即主要采用合范式铸造法和内模外范铸造法。

合范式铸造法：又称全范式铸造法。这种铸造法适用于铸造结构简单的实心体器物，如钺、矛、镞、剑、镦、刀、叉形器、人首柱形器等。其具体的铸造方法与前述的武鸣县马头元龙坡出土的石范铸造法相同，但除了使用石范外，很可能还使用泥范。

内模外范铸造法：这种铸造法主要用于铸造空腔类青铜器，如鼎、钟、鼓、尊、铃等器。这种铸造法的工艺较为复杂，首先要用料泥制成所铸器物的形体（即内模），若要装饰花纹图案，还要在模体上刻画出所要装饰的图案。然后再用料泥依内模翻出外范，而后把外范分割为二。外范制成后，内模上的花纹图案即印现于外范的内侧，再用刀具把内模削去一层，削去部分即为器壁的厚度。然后把内模外范合为一体，中间以支钉相撑，以防泥范移位，留出浇注孔。为了防止浇铸时泥范受热膨胀开裂，还须在外范外敷一层泥，泥中布网索线，以增强其拉力。至此，铸件模与范的制作工序才告完成。与壮族有着密切渊源关系的泰国泰族民间至今仍保留着传统的铸铜工艺，其模范的制作情况如同上述。铜液合金后，用长柄勺类舀起注入浇注孔内，直到注满为止。待铜液冷却后，敲碎外范，取出铸件，再捣碎内模。如果铸件上有毛刺或孔眼，还须进行修整、填补和抛光。

除了上述两种铸造方法外，很可能还采用蜡铸法，以铸造各种器壁甚薄、工艺精致的器物。蜡铸法即为上述的内模外范铸造法，不同的是在内模外围敷一层蜂蜡，然后在蜡层外刻画所要装饰的花纹图案，再在蜡层外敷一层料泥，泥中同样缠以网索，以增强其拉力，防止胀裂。铸造前，先将其模范放入火中焙烧，使模与范之间的蜡层熔化流出，留出空间，以供铜液充填成器。这种铸造法现在泰国乌汶府泰族民间仍在使用。

综上所述，西周末年或春秋时期是广西瓯骆地区青铜冶铸业发展的初创时期，到了战国时期才有较大发展，铸造工艺也有了新的提高，产品亦丰富多样，从而奠定了后来广西青铜文化繁荣的基础。

第三节 骆越璀璨文明的标志——左江流域崖壁画

先秦时期广西瓯骆的绘画艺术及其成就主要表现为用赭红色颜料绘制的崖壁画——左江流域崖壁画群，它是广西历史最早的绘画艺术遗迹。

左江流域崖壁画主要分布于广西壮族自治区西南部的宁明、龙州、崇左、扶绥等县境内的左江及其支流明江两岸的悬崖峭壁上；在大新县恩城乡的黑水河畔也有发现。目前左江流域已发现的崖壁画共81个地点180处，尚可辨认的各种画像4500多幅。其中宁明县8个地点29处，龙州县21个地点39处，崇左县28个地点67处，扶绥县23个地点44处，大新县1个地点1处。从左江上游的龙州县岩洞山到下游的扶绥县青龙山崖壁画地点，其间绵延200多千米，形成一条规模宏大的崖壁画长廊。特别是宁明县花山崖壁画，在宽200米、高约40米临江一面的崖壁上，密密麻麻地布满各种色彩鲜艳的画像，尚可辨认的画像有1800多幅（许多画像已被雨水侵蚀得斑驳不清），最大的人物画像高达2.41米。规模如此宏大，画像如此众多的崖壁画，在我国已发现的崖壁画中是首屈一指的，在国外亦为罕见。

崖壁画皆用赭红色颜料（经化验为赤铁矿粉并掺入动物胶）绘成。画像种类主要有人物、动物、器物三种，其中以人物画像为主，占全部画像的85%以上，是各处画面的主体画像；其次为犬类动物画像。人物画像为正身和侧身形态，且一律作双手曲肘上举，两脚叉开呈半蹲姿势。动物画像以犬类居多，皆作侧身奔跑或站立状；也有的为鸟类画像。这些动物画像与身挂刀剑的高大正身人一样，多处在画面中心显著位置。器物画像有环首刀、长剑、钟、鼓、铃、面具等。此外，还有一些为太阳或星辰之类的画像。每处画面的图像多少不等，少的3～5个，多的几千个，一般以15～20个居多。人物画像一般高100～170厘米。画像的基本组合和排列形式是以一个腰佩刀剑的高大正身人为核心，犬或铜鼓画像处于正身人脚下，数量不等的正身和侧身人有序地排列在左右两侧或环绕其四周。

据研究，左江流域崖壁画是战国至两汉时期居住在这一地区的骆越人所绘制，是当时人们举行集体祭祀仪式的形象反映。具体地说，是骆越人为消除水旱灾害，祈求神灵禳灾赐福而举行的集体祭祀活动，并且以歌舞娱媚神灵之后，由画师们将其祭祀仪式绘于江边的崖壁上，以达到长期祭祀神灵、祈求功利的目的。因此，现实的社会生活是左江崖壁画产生的基础，祈求功利的宗教意识是崖壁画创作的动力和目的。从人们举行宗教祭祀仪式到崖壁画的完成，均依赖画师们的艺术创作。这种创作首先需要画师们对生活的细微观察、深刻的体验和缜密的思维以及深厚的民族感情，亢奋的创作灵感。其次，还需要画师们具有一定的绘画艺术造诣，才能创作出这么宏伟的、千古不朽的崖壁画艺术。

从崖壁画的分布来看，约有80%的画面位于水流湍急的江河转弯处的悬崖峭壁上，距离江面20～40米，崖壁突兀而出，上无岩隙可攀，下无台坎立足，无疑增加了接近崖壁作画的难度。推想当时人们只有用竹木搭起简单的立架，或用藤索自上而下悬吊，才能接近作画崖壁。人们甘于冒着生命危险，选择如此险峻陡峭的崖壁作画，应是受到强烈而神圣的原始宗教观念的驱使，或是对于位于水深流急的江河转弯处的高峭悬崖产生某种神秘观念的结果。此外，由于这类崖壁面上多凹凸不平，缝隙横生，故而更增加了作画的难度。作画时不可能像在低矮平整的石壁或纸面上从容地仔细描绘和自如挥洒，而只能在取得大效果的视觉前提下，采取粗线条的概括性构图进行简练的绘画。有鉴于此，当地的广西瓯骆画师们选择醒目的赤铁矿粉（赭红色）为颜料，采用剪影式的色块平涂法进行绘画，即用粗笔类勾画出物像的轮廓（影子）。为了使人物双手曲肘上举，两脚叉开半蹲的线图上下对称，左右均衡以及挂于人物腰间的长剑线条笔直，画师们根据石壁的大小布置图像的布局，然后用笔墨点上圆点，再将圆点连接起来，而后用色块填满，不作细部描绘（即不画出五官）。在艺术手法的运用上，采用概括、写实、夸张乃至变形等手法进行创作绘画,使人物举手顿足舞蹈形象生动传神,具有粗犷的风格和远距离观赏的效果,极富艺术韵味。在无立足之处的陡峭崖壁上,画师们面壁而作,挥洒自如,把一个个高大的人物形体画得左右均衡,上下对称,笔调圆润饱满,刚劲有力,粗犷传神,具有很强的艺术感染力;其他图像也错落有致,疏密得当,使之构成一幅幅相对独立、内容完整、意境深邃的画面,充分体现了画师们娴熟的绘画技巧和富于进取的创造才能。左江崖壁画正是以其鲜艳的色彩,宏大的画面,险峻的地势,丰富的内涵,神秘的意境以及鲜明的地方民族风格闻名海内外。这些崖壁画集中体现了当时骆越人民的绘画艺术成就,是骆越民族杰出的艺术创造。它们不仅在中华民族绘画艺术发展史上占有光辉的一页,而且在世界古代岩画艺术中,也有着重要的地位。

第四节 手工业的发展

春秋战国时期,随着社会生产力的提高和农业的发展,各项手工业也发展繁荣起来,制作工艺有了新的提高。除了青铜冶铸业之外,当以制陶业成就最为突出。

春秋战国时期广西地区的制陶业是在新石器时代制陶工艺的基础上发展起来的,而且有了长足的进步,无论是烧制方法、制作工艺、器物品种、陶器质量、装饰手法等,都有了新的发展与进步。

首先是普遍使用轮制工艺,使所制的陶器更为规整,造型也更加均衡对称,富于变化。因为轮制工艺的发明与使用,是制陶技术的一次革命。在轮制出现以前,陶器的制作均采用手制,即泥条盘筑法和捏塑法。手制法不仅工效低,速度慢,而且器形不规整,胎壁厚薄不匀。采用轮制工艺后,不仅极大地提高了制作工效,减轻了劳动量,缩短了制作工期,节省了劳动时间,而且使所制的器物造型规整,胎壁厚薄匀称,平滑美观别致,形态富于变化。如贺县桂岭出土的春秋时期的釜、罐、罍,以及平乐县银山岭战国墓出土的瓮、三足盒、壶、罐、钵等器物,形体大小有致,圆弧均衡自然,曲线富于变化,缩张和谐对称,器表平整光滑,造型美观别致,工艺可谓娴熟精巧。所有这些,都是手制无法比拟的。

其次是陶土的精选及土质原料的多样化。土质的粗细优劣，会直接影响陶器制品的质量。在此之前，广西瓯骆工匠多以黏土为原料，制作炊器时，就在黏土中掺入一些石英砂或蚌壳粉等耐火原料，以防止陶坯开裂，又能耐火焙烧。但陶土没有经过淘洗滤淀，因而多较粗糙，烧制出来的陶器胎壁自然也较粗糙，其中往往出现大小不一的气孔，陶质也较松软。至春秋战国时期，随着广西瓯骆工匠制陶经验的不断积累，对陶土的选用及加工方法有了明显的进步。一是根据所制陶器的不同用途选用不同的土质原料。如制作炊器和大型盛储器时，仍使用黏土；制作形体较小的饮食器则选用结构细腻、质地优良的高岭土（又称瓷土）。二是对原生土进行筛选、淘洗和滤淀，清除陶土中的砂粒杂物，以保证陶土的纯洁细腻。正因为如此，这一时期的陶器胎质多较细密、坚硬、质优耐用。

再次是装饰工艺的进步与更新。在陶器上刻印花纹，最初是出于实用的需要。即为了便于稳握，工匠们就在其器皿上刻画纵横交错的线条，使之具有细褶粗糙的效果。后来，由于人们审美意识的增强，装饰的花纹图案及其制作方法便日趋丰富多样，而且逐步规范化、美观化乃至工整化，使之具有明显的装饰艺术风格，其图案亦由写实演变成抽象，并且融入了人们的种种宗教观念，形成了实用与美观的和谐统一。从出土的陶器可知，早在新石器时代，广西瓯骆先民已开始在陶器上制作花纹装饰，但装饰的方法和纹饰还比较简单原始，新石器时代早期贝丘遗址出土的陶器上多饰杂乱无章的绳纹，也有少量的编织纹和划纹，可知当时的装饰方法主要是在陶坯未干时，用细绳和编织物直接印压的，或用尖状物在陶坯上交叉刻画，使之形成褶皱面，便于捧握。到了新石器时代晚期乃至春秋战国时期，在装饰工艺技术上有了新的突破，工艺水平明显提高，除了绳索压印的方法继续用于炊器类装饰外，主要流行使用印模新工艺，即用优质高岭土制成印模，再在印模上精雕细刻各种凹下凸出的花纹图案，然后用这种刻有花纹图案的印模直接在陶坯上压印。这样，印模上的花纹图案就出现在陶坯上。采用印模新工艺，不仅方便快捷，工效极高，一个印模可以多次使用，而且花纹图案工整清晰，美观别致。这一时期的陶器装饰，主要是采用这种工艺方法实施装饰，考古界称之为"几何印纹陶"，即其纹饰多以几何式的线条构成，种类繁多，寓意深刻，常见的纹饰有云雷纹、水波纹、穷曲纹、方格纹、漩涡纹、重菱纹、网状纹、米字纹、叶脉纹、席纹等，有的在同一器物上施印多种纹饰，如贺县桂岭出土的春秋时期的一件陶罍，肩及腹部有序地通体印夔饰纹，腹部以下至足部印方格纹，另在颈部锥刺一圈圆点纹；一同出土的另一件陶釜也饰同类的纹饰，但夔纹线条更加纤细飘逸。这两件陶器不仅品质优良，胎壁坚硬，而且纹饰工整美观，线条圆润流畅，一气呵成，工艺水平极高，堪称广西瓯骆陶器家族中的精品。这种模印的装饰工艺，还被广泛运用于青铜器模范的装饰上。此外，广西瓯骆工匠还采用刻画和锥刺相结合的方法，在陶盒一类的器盖和器身上镌刻水波纹、弦纹和篦纹相结合的花纹图案，而且工艺娴熟，线条简洁明快，结构严谨均衡，造型生动别致。另一种装饰新工艺是出现了泥塑形式。这种形式最初只是在陶器肩部塑捏上对称的弧形耳，以便绑绳提携。战国时期的陶器上开始出现立体的兽形泥塑装饰，尽管其形态还比较粗拙，但它毕竟是一种新的装饰工艺。总之，先秦时期，广西瓯骆地区的陶器装饰在主导上已成为人们一种审美的需要，突破了原初以实用功能为主要目的的装饰意义，从而使广西瓯骆民族的装饰艺术及工艺水平迈上了新的台阶。

　　最后是烧制技术的革新。陶器是土坯经过高温焙烧后形成的。火候的高低，决定着陶器质量的优劣。而火候的高低，又有赖于焙烧设施的结构及焙烧方法。对此，广西瓯骆及其先民曾经历一个不断摸索、不断完善、从简单到复杂的过程。新石器时代早期，由于陶制技术尚处于初始阶段，不仅陶器的制作方法简单原始，而且焙烧的方法也很原始，通常只是将陶坯叠放在柴堆上，点燃后以明火焙烧。这种用明火直接烧烤的方法，由于四面畅通，无法形成温室，余温散发快，因而火候很低；且二氧化碳四处飘出不能还复，所以烧成的陶器均呈红褐色和灰褐色。南宁市郊豹子头遗址出土的陶器经测定只有680℃，造成陶质松软易碎。新石器时代晚期至春秋战国时期，广西瓯骆工匠发明了陶窑焙烧技术，在象州县发现有战国时期的窑址。陶窑结构先是马蹄式，后来发展演变成龙窑式。陶窑设有窑壁、窑床、窑箅、火口等部分。将陶坯叠放于窑床上，窑顶除留有出烟口外，其余部分密封，从火口放入柴草，火焰从箅孔升入窑室，达到焙烧陶坯的目的。采用窑式焙烧，不仅每次烧制的陶器数量多，更主要的是由于窑室的密封，能充分利用热量，陶坯的受热面均匀，二氧化碳得以还原，能有效地提高烧成温度。正因为如此，这一时期的陶器多呈灰色（系二氧化碳还原于陶器的结果），火候普遍达到 1000℃～1100℃，使得陶质坚硬，有的叩之有金属声，接近瓷器水平。

由于制陶工艺的进步，春秋战国的陶器不仅质量优于前期，而且器物种类也明显增多，除了前期所见的釜、罐、钵类外，新增加的器形有罍、瓮、尊、瓿、杯、三足盒、平底盒等，其釜、罐、钵类器物的形制也较别致。因而，春秋战国时期的制陶工艺是承前启后的重要发展时期，基本奠定了战国以后广西瓯骆制陶业的格局；同时又是瓷器的萌芽期，高岭土的发现与运用以及龙窑的出现，为后来制陶业的进一步发展以及瓷器的产生创造了条件。

第五章

从"徼外"走向统一

——秦至南越国时期广西统一开发期

广西地处我国五岭以南,与中原大地为巍峨横亘的五岭所阻隔。因此,先秦时期,岭南与中原内地虽然已有接触和往来,岭南出产的特产珍物已向商周王朝贡献,商周王朝也赐赠岭南越人各种青铜礼器,但古史家们仍称岭南为"徼外"之地,意为中原王朝势力管辖范围之外的边夷之地。公元前221年,秦始皇在统一中国、建立强大的秦封建王朝之后,开始统一中原周边地区的战争。公元前218年,秦始皇调遣50万大军,由大将任嚣统领,发动了统一岭南的战争,经过"三年不得解甲弛弩"的艰苦征战,于公元214年统一了岭南,并在岭南推行封建制的郡县制,设置南海、桂林、象郡三郡,郡下设县,委任中原官吏治之,包括今广西在内的广大岭南地区开始纳入了中原封建王朝的统一管辖之下。秦始皇统一岭南后,采取了一系列统治和开发岭南的措施,包括实行重农政策、开凿灵渠、修筑新道、留兵戍守、徙民南迁、"与越杂处"等,开启了在国家力量主导下对广西的统一开发。秦末汉初,爆发了陈胜吴广领导的农民大起义,中原陷入战乱,秦旧将龙川县令赵佗乘机据关自守,派兵占据南海、桂林、象郡,统一岭南,建立南越国地方政权。赵佗建立南越国后,为了保持岭南社会的稳定和经济的发展,采取了"和辑百越"的民族政策,积极输入先进生产工具和生产技术,大力发展农业、手工业和商业等措施,推进了广西的开发和社会、经济、文化的发展。

第一节 秦瓯之战

公元前221年，秦始皇先后平定了韩、赵、魏、楚、燕、齐六国，完成了对中原的统一，建立起中国第一个封建王朝。随着秦朝政权日趋巩固和强大，经过了近三年时间的筹划和准备，秦始皇开始调兵遣将，发动统一周边地区的战争。始皇二十八年（前219），在完成了对长江中下游及东南部的东瓯（今江浙一带）、闽越（今福建）的统一后，秦集中50万大军，由统帅尉屠睢统领，开始了统一岭南的战争。秦始皇把大军分成五路，分别部署在通往岭南的今湖南至江西的五岭北缘。据《淮南子·人间训》记载："秦始皇二十八年（前219），使尉屠睢发卒五十万为五军，一军塞镡城之岭（今越城岭），一军守九疑之塞（今萌渚岭），一军处番禺之都（今骑田岭），一军守南野之界（今大庾岭），一军结余干之水（今江西省余干水上游）"，完成了对岭南的战略包围，意欲一举攻占岭南。按照秦军的部署和进攻计划，"塞镡城之岭"之军担任从今广西北部的兴安县边境的越城岭向南突进的任务，由此直下桂江；"守九疑之塞"之军是从湖南省江华境内的萌渚岭向南挺进，由此到达广西的贺县一带；"处番禺之都"之军的任务是越过骑田岭进入广东省的西北部，沿连江南下，向番禺推进；"守南野之界"之军的任务是从江西和广东两省交界的大庾岭进入广东北部地区；"结余干之水"之军的任务是集结在江西省上犹江（即余干之水）一带，作为后援部队，同时也为防止闽越余部前来支援。秦始皇为统一岭南而投入如此众多的兵力，并且对进攻的路线及其战略战术作了周密的部署，兵分五路，形成从东面和北面夹击之势，企图在漫长的战线上以迅雷不及掩耳之势，对岭南越人发起凌厉的攻击，以便将其各个击破，达到一举攻克的目的。

在秦始皇看来，仅用短短的五年时间，便把分布于中原地区强大的韩、赵、魏、楚、燕、齐六国一举击破，统一了中原；经过了三年时间的休养生息，秦始皇调集的50万精锐之师进攻越人聚居的岭南地区，应该是易如反掌。因此，在完成进攻岭南的军队部署之后，由统帅尉屠睢统领的"塞镡城"之军，率先越过越城岭，进入今广西北部（今广西兴安一带)。当时居住在这一带的是百越族群的西瓯部族。当尉屠睢率领的这一路军进入西瓯居地之后，遭到西瓯部族的奋勇抗击，于是爆发了历史上著名的以弱抗强的"秦瓯之战"。

战国末年，生活在今广西北部的西瓯人属百越族团中的一支强大部族，其分布范围相当于今广西红水河以北的广大地区，包括今广西北部、东北部、东南部及中部地区，人口众多，部落林立，以稻作农业生产为主，其社会发展已进入部落联盟的古国或方国时代，拥有统帅和号令部落联盟的酋帅和分散于各地的武装。当屠睢率领的数万秦军进入其领地后，便凭借着优势兵力和精良装备，向西瓯部落发起凌厉进攻。面对秦军的进攻，尚处于分散状态的西瓯部落猝不及防，来不及集结进行有效抵抗，就被秦军打懵溃散了，西瓯酋帅译吁宋也在这场遭遇战中阵亡。面对强大的秦军，失去首领的西瓯部众纷纷退入山林间，重新集结起来，推举出新的首领，发挥其熟悉地形、擅长爬山穿林、涉水荡舟和近战、夜战的特长，充分利用当地山高林密、河多谷深的有利地形，运用现代人所称的游击战术，化整为零，以山林或夜色为掩护，四处伺机骚扰或袭击秦军，切断秦军的后勤补给线，使得"监禄无以转饷"，给长驱直入的秦军以沉重打击。由于秦军将士皆来自北方平原寒冷地区，面对着茂密的山林、峰峦叠嶂的山岭、纵横交错的河流和炎热潮湿的气候，秦军既不适应山林作战，更难适应南方多雨潮湿、瘴气浓重、毒虫横飞的自然环境，使得大部队无法在山林峡谷中展开，欲攻击西瓯人却难见其踪影，被迫停止进攻，收缩战线，退出山林，集结于河谷平旷地带，修筑城堡，安营扎寨，固守待援，陷入了进退维谷、被动挨打、疲惫不堪的困境。而化整为零的一股股西瓯小分队却异常活跃，四处对秦军驻地及其后勤供应线发起夜袭和攻击，"大破"秦军，使之损兵折将，伤亡惨重，这是西瓯部落成功地应用灵活战术，开创了我国历史上以少胜多、以弱胜强的典型战例。正如《淮南子·人间训》所记述的："越人皆入丛薄中，与禽兽处，莫肯为秦虏。相置桀骏以为将，而夜攻秦人，大破之，杀尉屠睢，伏尸流血数十万。乃发谪戍以备之。"《汉书·严助传》载淮南王上书武帝时云："臣闻越非有城郭邑里也，处溪谷之间，篁竹之中，习于水斗，便于用舟，地深昧而多水险，中国之人不知其势阻而入其地，虽百不当其一。"正是西瓯部族成功地运用了游击战术，使秦军造成重大伤亡，其统帅屠睢也在西瓯人的袭击中毙命。西瓯人紧紧拖住秦军，使之陷入"旷日持久，粮食绝乏"，"三年不得解甲弛弩"，"宿兵无用之地，进而不得退"的困境。西瓯部落的顽强抗击，有效地阻滞了秦军的进攻步伐，延缓了秦始皇统一岭南的计划。面对着西瓯部落的游击战，秦军被迫收缩战线，退守据点，扼守要道，防止西瓯人的袭击，减少损失，固守待援。秦瓯战争转入了漫长的相持阶段。

由于秦军进攻岭南受阻，秦始皇重新进行部署，急令监御史禄组织力量在今兴安县北面的漓江和湖南的湘江之间，开凿一条沟通两江水道相通的运河，这就是历史上著名的灵渠。灵渠的成功开凿，把长江与珠江连接贯通，打通了内地通往岭南的水上运输通道，使得中原内地的大批援兵和军用物资得以源源不断地运抵前线，解决了秦军"粮食绝乏"和兵员的补充问题。与此同时，秦始皇又派遣任嚣和赵佗等将领率领援兵与先期固守城堡的秦军相会合，重新组织对西瓯人的进攻。由于秦军装备精良，训练有素，实战经验丰富，攻击凌厉，加上援兵的到来，战斗力大增，尽管西瓯部族仍然奋勇抵抗，终因寡不敌众，被秦军击败，坚持达五六年之久的秦瓯之战终告结束。秦军击败西瓯部族后，挥师南下，其他几路军也乘势进入岭南，相互会合，很快就统一了包括今广西、广东及越南的岭南地区，于始皇三十二年末或三十三年初（前214）完成了统一岭南大业。

从客观来看，秦始皇对岭南的统一，是一项有利于祖国统一和岭南经济文化发展的进步事业。从此以后，岭南越族成为中华民族的一员，岭南地区亦成为统一的国家版图中重要组成部分，处于中央王朝的统辖之下，有利于岭南与内地的经济交往和文化交流，使其地的社会经济和文化开始进入一个新的发展时期。

第二节 秦朝对岭南的统治政策与开发措施

秦始皇在调兵征战岭南的过程中和统一岭南之后，采取了一系列经营与开发岭南的政策和开发措施，包括开凿灵渠、设置郡县、留兵戍守、修筑通道、徙民"与越杂处"等，促进了广西的开发和社会经济文化的发展。

一 开凿灵渠

灵渠是秦始皇派兵征战岭南过程中，为解决运送兵员及军用物资而命史禄组织人力开凿的一条沟通漓江和湘江交通的运河。其名称因年代不同而有多种称谓：初时称秦凿渠、陡河；因漓江上游为零水，故称为零渠；又因其沟通湘桂两江的水路交通，故又称湘桂运河；因其位于广西兴安县境，又称兴安运河；唐代以后始称灵渠。它位于广西东北部兴安县城东南面，距离桂林市66千米。灵渠全长34千米，主要包括南渠、北渠、大小天平石堤、铧嘴、陡（斗）门、堰坝（大小泄水天平）、秦堤等配套工程，从水利工程技术史来看，灵渠修凿的设计匠心独运，布局缜密，构造巧妙，合理实用，是我国继都江堰之后又一伟大水利工程，是中华民族富有创造精神和聪明才智的又一历史见证。

兴安位于今广西北境，地势为南北高、中间低和东半部南高北低，西半部北高南低，故民间有"兴安高万丈，水向两头流"的谚语。其地形特点，决定了水系的布局。兴安境内有两条河流：一条是发源于猫儿山南麓的六洞河（又称华江），沿着向南倾斜的地势南流，至司门前汇合黄柏江、川江，称大溶江，至大溶江附近汇入灵江，称为漓江，西南流经桂林，经梧州汇入西江，经珠江口注入南海。另一条是发源于海洋山北麓的海洋河，沿着向北倾斜的地势北流，至兴安县城附近，称湘江，东北流经洞庭湖汇入长江。两河在兴安境内相距最近处约2千米，而且地势较低平。两河虽近在咫尺，却属异源的两大水系，六洞河属珠江水系，海洋河则属长江（湘江）水系，两河错向而过。过去，岭南与中原内地的交通主要依靠穿越五岭之间开凿的山间通道。秦军在统一岭南过程中屠睢率领的一路大军正是翻越镡城岭进入今广西北部的。当其进攻受到西瓯部落采用化整为零的游击战术而伤亡惨重、进退维谷之时，后续的援兵和给养无法及时运抵，战争已呈胶着对峙状态。为了扭转被动局面，秦始皇当机立断，急命负责后勤给养运送且擅长水利工程的史禄主持在今广西兴安县城附近的始安河和海洋河之间，修凿一条运河，以沟通漓江与湘江水系，打通从湘江至漓江的水上运输线，以便向前线运送援兵和粮饷，确保统一岭南战争的胜利。

史禄接受主持开凿运河的任务后，立即带领人员前往实地对地形地貌、河流分布及其流向进行勘察。经过细致勘察之后，决定在今兴安县境的海洋河（湘江上游）的上游和漓江的上游之间的低地，利用两条河的支流（即湘江支流双女井溪、漓江支流始安水）的最近处，即在今兴安县城东南约2千米的分水塘修筑堤坝，在低处开凿人工运河，并疏浚和改造漓江的支流（即定安水），把湘江之水引向西流，即南渠。从分水塘至灵河口，全长约39千米，渠宽10~14米，最宽处达45米。北渠自分水塘向北流，蜿蜒于湘江冲积平原，至洲子上村附近再入湘江，全长约4千米，渠宽13~15米。两渠均可行船。结构最为合理巧妙的是铧嘴和大小天平工程。铧嘴位于大小天平的前端，前锐后钝，形如犁铧，故而得名。铧嘴高约6米，长74米，宽23.4米，全部使用巨石叠砌而成。铧嘴位置偏向海洋河左岸，锐端所指方向与海洋河主流线方向正好相对，把海洋河水一分为二，一支顺南渠入漓江，另一支经北渠流归湘江，即所谓的"三分入漓，七分入湘"。大小天平位于铧嘴尾端，呈"人"字形，与铧嘴相接。大天平长380米，小天平长120米，全部用大块石灰岩砌成。与湘江水相接的石堤堤顶，均用巨石铺砌，石与石之间用铁钉铆扣，至今仍紧密牢固。采用"人"字形天平结构，使堤坝与水流方向呈斜交，有效地提高了堤坝的泄洪作用，减弱洪水对堤坝的压力，完全符合力学原理。大小天平石堤既是拦河坝，又是滚水坝，其作用一是提高湘江水位，减少南渠越过分水岭的开凿工程量；二是拦河蓄水，在枯水期可拦截全部江水入渠，使南北渠能够保持船只航行所需的水量；三是天平堤坝略低于湘江两岸，洪水可以越顶而过，流入湘江故道，便于排泄洪水，避免水患，同时又能保持南北渠内水量均衡，涨而不溢，枯而不竭，天平之名，即由此而来。

灵渠的开凿，其起因是由秦始皇征战岭南的援兵和物资运送需要而起，但其作用和影响则十分深远。首先，灵渠的成功开凿，将湘江和漓江水道相连接，沟通了岭南珠江与内地长江的交通，打通了中原内地进入岭南的水路通道，船只通过灵渠可往返于内地和岭南，使各种军用物资顺畅、源源不断地运抵前线,保证了夺取岭南战争的胜利。其次,灵渠的开凿,使湘江和漓江水道成为中原与岭南人员及物质交往的便捷通道,对促进岭南地区的开发和两地经济交往以及文化交流发挥着重要作用。再次,灵渠在勘察、设计和开凿过程中,具有布局合理、设计巧妙、结构严密、功能优良的特点,加上后人的不断整修与完善,使灵渠集航运交通、水利灌溉、防洪排涝为一体,对促进当地经济社会的发展发挥着重要作用。

二　推行封建郡县制

先秦时期,今广西为百越族群西瓯、骆越等原住民族居住地,其社会仍处于自主发展时期。

商周时期,中原内地已进入文明社会,出现了国家、城堡、文字(甲骨文和金文)和农业与手工业、商业的分工;青铜文化发展到了鼎盛时期。到了春秋战国时期,中原内地已进入铁器时代,社会生产力已经有了很大提高,社会经济文化进入了空前繁荣时期。地处岭南的今广西地区,其社会也有了较大发展,稻作农业已成为西瓯、骆越社会的主要经济部门,包括今广西在内的岭南地区与中原内地已有了较为频繁的经济交往和文化交流。据史载,早在传说中的尧舜时期,其势力曾涉及岭南。据《墨子·节用》篇记载:"古者尧治天下,南抚交趾。"《尚书·尧典》云:"申命羲叔,宅南交,曰明都。"《大戴礼记·少间篇》亦云:"虞舜以天下德嗣尧,……南抚交趾。"以上史籍中所说的"交趾""南交",皆泛指今岭南地区。《史记·五帝本纪》则更明确说:舜命禹"定九州,各以其职来贡,不失厥宜。方五千里,至于荒服。南抚交阯"。岭南地区的特产或珍宝珠玑、玳瑁、象齿、文犀、翠羽、菌鹤、短狗等,时常贡献商周王朝①,商周王朝则回赠卣、匜、鼎、簋、罍、钲等青铜礼器。到了春秋战国时期,广西地区的广西瓯骆人已掌握了青铜铸造技术,开始铸造和使用青铜器,形成了具有鲜明地方民族特色的青铜文化,其社会已从前期的氏族部落或古国进入了方国时代。广西地区曾形成或出

---

① 《逸周书·王会解》。

现过苍梧、桂国、损子、产里、盘古、西瓯、骆越等方国。这是广西地区广西瓯骆社会自主发展的结果。由于广西属丘陵山区，当交通较为便利、地势肥沃的平原河谷一带已发展进入方国时代时，而广大山区则仍处在原始氏族部落阶段，各地群山之间平峒中部落林立，据险而守，各治生业，互不统属，生产工具简陋，耕作方式粗放，各部落之间为争夺土地、资源和人口而时常发生冲突或战争。

秦始皇统一岭南后，把岭南按照中原地区的封建政治体制和行政建置，推行郡县制，设置了南海、桂林、象郡三郡；郡之下设县，派遣中原官吏担任郡县官职。关于秦始皇在岭南地区建置的桂林、象郡、南海三郡的有关情况，史载简略，各郡所辖的四至范围以及郡下所设置的县况，史书阙载。据后人考证，桂林郡治所在布山（今广西贵港市），其郡所辖区域主要在广西境内，四至为东起今广东肇庆，与南海郡西界犬牙交错；西抵今广西田东右江以北；北至今广西兴安县以南；南面濒临南海，其地包括今桂林地区中部和南部、柳州地区、河池地区东部、百色地区东北部、南宁地区中部和北部、玉林地区北部、梧州地区西北部以及广东西部。

象郡的治所在今越南北部[①]，其辖地包括今越南中部和北部以及广西西部和广东西部的部分地区，云南东部，贵州西南部，其四至是：东自广东湛江、海康，与桂林郡和南海郡相接；西至今越南长山山脉以东，与句町国襟连；北起今广西右江一线，与桂林郡西边相接；南抵今越南富安省南境。

南海郡治所在番禺（今广州市），其辖地主要在今广东境内。其四至：东及南面滨南海；最西抵今广西贺县，与桂林郡东界相交错；北自今韶关、南雄、乐昌，与长沙郡、九江郡和闽中郡接壤。

秦时岭南三郡之下设置的县，因史籍阙载，故而不可详知。据后人考证，可以确定的县有八个：番禺县，治境在今广东番禺县、南海县和顺德县一带。龙川县，治境约在今广东龙川县及其以东地区。博罗县，

[①] 据《茂陵书》记载："象郡治临尘"（即今广西崇左市），许多学者沿袭此说。经多方考证，我们认为象郡治所不在临尘而在今越南北部地区。详见覃圣敏《秦代象郡考》，载《历史地理》第三辑，中国地理学会历史地理专业委员会、上海人民出版社，1983。

治境约今广东博罗县一带。揭阳县，治境约在今广东揭阳县及其以东地区。四会县，治境约在今广东四会县（已改为市）。以上诸县统属于南海郡。象郡属县有：临尘县，其治境，《读史方舆纪要》云："临尘废县盖在今象州界。"《清一统志》则说："今太平府崇善县地。"今人多依《清一统志》之说，认为在今广西崇左县（已改为市）境。象林县，治境在今越南境内。桂林郡已知的属县有布山县，治境在今广西贵港市一带。从当时的行政组织制度上说，县以下还设有乡、亭等基层组织，否则无法进行管理。只因史书阙载，故而无法详知。①

秦朝在岭南设置的郡县组织虽然与内地相同，但设置的官吏不完全同于内地。在岭南所设的三郡，秦始皇只是"置南海尉以典之，所谓东南一尉也。"② 而且"南海惟设尉以掌兵，监以察事而无守。"③ 就是说，由南海尉统制岭南三郡，不设郡一级的行政长官——郡守。秦王朝在岭南设置郡县后实行有别于中原和内地的特殊政策，其原因大致有二：一是岭南越人刚刚归附中央封建王朝，其郡县亦刚刚建立，当地越人的势力仍然较为强大，秦朝要巩固刚成立的地方政权，以站稳脚跟，强化军事统治自然被放在首位，况且，"胡北越南，乃秦之所最畏，故南海尉视他尉为尊，非三十六郡之比"。④ 因此对南海诸郡要作特殊处理，以南海尉典主之。二是岭南地属边境，远离中原，其间山重水复，与秦朝中央的联系远比其他郡困难。因此，若不赋予南海尉以较大的独立性和专断权力，让其"专制一方，无须夹以分其权势"，一旦瞬息有变就无以应急。所以，要巩固和加强对岭南地区越人的统治，赋予南海尉以军、政、财的集权和专制一方的权力是非常必要的。

岭南的统一和郡县的设置，标志着包括今广西在内的岭南地区开始从"徼外"走向了统一，开始纳入中央封建王朝统一的管辖范围。秦始皇在岭南推行的封建郡县制，对岭南地区广西瓯骆民族社会的发展产生积极而深远的影响。因为封建制在中国历史上是一种新兴的制度，包括

---

① 余天炽、覃圣敏等：《古南越国史》第三章第二节，广西人民出版社，1988。
② 《晋书》卷15《地理志下》。
③ 顾炎武：《天下郡国利病书》卷97。
④ （清）屈大均：《翁山文抄》卷3。

政治、经济和文化制度，这是社会的革命性进步。封建制的经济基础是封建地主土地所有制，即封建统治阶级占有或掌握土地这一关乎民生的生产资料，对耕种土地的农民通过收取地租、放高利贷或雇用佃户等方式进行经济或超经济剥削。与先秦时期的社会制度相比，是一种历史性的进步，因为在奴隶制度下，奴隶属奴隶主所有，没有人身自由和基本的人权，奴隶主可以任意奴役或宰杀奴隶，其劳动成果全部为奴隶主占有。而相对于奴隶制度而言，封建制是一种进步，农民较之奴隶有了一定的人身自由、生产自由或谋生自由，拥有部分生产资料或其他生活资料，地主对农民比奴隶主对奴隶的剥削相对较轻，对社会生产力有了一定的解放，有利于调动广大农民的劳动生产积极性，有利于社会的发展。秦始皇统一岭南后，按照中原内地的行政建置，设置了南海、桂林、象郡三郡，郡之下设置县一级地方政权机构，这种封建制的郡县地方政权是在西瓯、骆越或南越族群还处在方国或部落时代的社会环境中建立的，而且南海、桂林、象郡三郡的治所是在辽阔的今广东、广西和越南北部地区的越人分布地新建的，是在规模较大、交通较为便利的大聚落基础上设立的郡县的治所。初始建立的郡级行政组织更多的还是象征性的，尚缺乏厚实的封建制经济基础，其影响力和辐射力也不会太大，但它毕竟是一种新兴、先进和新生的地方政权组织，代表着社会发展进步的方向，标志着封建制度在岭南越人地区的推行和建立，对岭南越人社会的发展必将起着引领和促进作用。更为重要的是，随着郡县制的推行，岭南与中原内地将在同一种社会制度下共同前行，有利于培育和提升岭南越人的国家认同意识，并且对后来统一的多民族国家的形成也具有积极而深远的影响。

三　留兵戍守

据《史记·秦始皇本纪》载："三十三年，发诸尝逋亡人、赘婿、贾人略取陆梁地，为桂林、象郡、南海，以适遣戍。"就是说，秦军经过近六年的艰苦征战，付出了重大牺牲，秦始皇重新进行部署，令史禄组织力量开凿灵渠，沟通漓江与湘江的水路交通，大批兵员粮秣通过灵渠运抵前线。得到兵员、武器和粮秣补充的秦军很快就击溃了西瓯人的抵抗，完成了统一岭南大业。

岭南是一个相对独立的地理单元,广西则是一个四面环山、中间低平的盆地型地形。东北面为巍峨横亘的五岭山脉,南面濒临大海,西北面为绵延高耸的云贵高原。自古以来,包括今广西在内的珠江流域一直是越人及其后裔壮侗语诸民族聚居之地。秦始皇调集了50万大军,历时近六年的征战,才统一岭南。而发生在今广西北部地区的"秦瓯之战",使秦始皇及其南征的秦军感受到西瓯部族的顽强、鸷悍和勇敢善战,其战斗力绝不敢低估或藐视。古今中外的无数事实证明,一个民族仅凭武力要征服另一个民族,绝非易事。因此,秦始皇用武力统一岭南并推行封建制的郡县制之后,如何才能在越人广为分布的岭南地区站住脚,巩固新建立的政权,防范越人的反抗,维护社会的稳定,是秦始皇首先要面对和必须解决的问题。于是,作为巩固其在岭南新建立政权的重要措施,秦始皇不仅将原来南征的数十万军队留守岭南,而且还不断增调兵员前来"谪戍以备之"[①],扼守各地的政治、军事重镇、险关要隘和交通枢纽,把各地的越人势力分隔开来,防止其相互串通联合,消解其合力。而岭南虽是越人广为分布之地,但当时岭南尚属地广人稀,越人多散居于群山环绕的谷地和平峒之中,部落林立,各自独立,各治生业,互不统属,各部落之间时常为争夺领地、资源和人口而发生战争。因此,秦军只要扼守住各地的险关要隘,而且不触动其生计利益,不与越人发生直接冲突和激化矛盾,就可以避免其因民族共同的命运或利益而联合起来。秦始皇采取的将南征军队戍守岭南的措施,使秦王朝在岭南建立的地方政权得到有效巩固,并且能在越人聚居的岭南地区站稳了脚跟,保持了岭南社会的稳定。在秦始皇统一岭南后的近六年里,包括广西在内的岭南地区没有发生大的越人反秦斗争,直到秦朝灭亡。

四 徙民南居

民族融合的事实证明,历史上,不同民族之间,只有彼此的相互接触,才能增进了解;只有相互交往,才能消除畛域之见和矛盾隔阂,增

---

① 《淮南子》卷18《人间训》。

加互信。而民族的杂居，是彼此接触与交往乃至融合、增进相互了解和互信的前提条件。上古时期，民族间的接触和交往，一种是相邻或远程跨地域民族之间因商业贸易出现的自发性交往；另一种是政府出于政治、军事或经济开发的需要而进行的移民迁徙形成的民族交往。在我国古代的边政中，屯戍移民的政策初创于秦代，形成于汉代，三国以后历代都在不同程度地沿用和发展。秦朝屯戍移民的边疆地区，主要是北方的河套和南方的岭南地区。《史记·平准书第八》云："徙民以实之，谓之新秦。"

从出土的考古资料和文献记载来看，早在先秦时期，岭南地区与中原内地因商业和政治原因已有了交往，岭南地区产的各种奇珍异宝，曾献给商朝或周王朝。正如《逸周书·王会解》所载："正南瓯、邓、桂国、损子、产里、百濮、九菌，请以珠玑、玳瑁、象齿、文犀、翠羽、菌鹤、短狗为献。"商、周朝廷则以鼎、匜、卣、壶、钟等礼器赐馈岭南的广西瓯骆先民。然而，在广西与湖南及江西之间，五岭横亘，峰峦叠嶂，沟壑险峻，成为阻隔岭南与中原内地交往的天然屏障。秦始皇统一岭南后，为了岭南社会的稳定，巩固新建立的郡县地方政权，维护对岭南地区的统治，一方面"谪戍以备之"，把南征的大批秦军留守岭南各地，防止越人联合起来进行反抗斗争；另一方面，把大批中原人迁徙到岭南各地"与越杂处"。如始皇三十三年（前214），"发诸尝逋亡人、赘婿、贾人略取陆梁地，为桂林、象郡、南海，以适遣戍"。始皇三十四年，"适治狱吏不直者，筑长城及南越地"。始皇三十五年，"益发谪徙边"。① 与此同时，秦始皇还应戍守岭南将士的请求，特批从中原地区征调了15000名未婚的青年妇女，前来岭南"以为士卒衣补"。② 据《史记·淮南衡山列传》载：秦朝末年，南海郡龙川县令赵佗知"中国劳极，止王不来，使人上书，求女无夫家者三万人，以为士卒衣补。秦皇帝可其万五千人"。使远在岭南的中原将士安心戍边。秦王朝所采取的上述措施，有效地巩固了其在岭南建立的地方政权，同时也有利于汉文化在岭

---

① 《史记》卷6《秦始皇本纪》。
② 《史记》卷118《淮南衡山列传》。

南的传播，促进了岭南地区经济文化的发展。特别是南迁"与越杂处"的中原人民，与当地越人相邻而居，共同劳动生产，开展贸易交换，一起开发岭南，使得汉越民族有了接触、交往的机会，有利于增进了解，融通感情，缓解矛盾，消除隔阂，促进和解，进而有利于彼此的相互学习，共同发展生产。同时，南迁的中原人给岭南越人带来了中原文化、先进的生产工具和生产技术，为推动岭南地区的开发和经济的发展，起到了积极的作用。因此，秦王朝对岭南的统治虽然只有七年时间，但由于采取了上述政策和措施，使之在岭南创建的统治政权得到了巩固，保证了岭南社会的稳定和经济的发展，使当地越人的社会经济和文化发生了很大变化。正是这些变化，孕育了后来南越国和两汉时代岭南地区经济文化的大发展。

五　修筑新道

秦始皇统一中国以后，为了巩固新建立的封建政权，维护国家的统一，加强中央对地方的控制，秦始皇一直十分重视道路的修筑，先后修筑了从国都咸阳通往全国各地的道路。始皇二十七年（前220），开始修筑"东穷燕齐，南极吴楚"[①]的驰道。统一岭南、设置三郡以后，始皇三十四年（前213），"适治狱吏不直者，筑长城及南越地"[②]，开始修筑"秦所通越道"[③]。三十五年（前212），又修筑了从咸阳通九原的直道[④]；还修筑或扩建了通西南夷的"五尺道"[⑤]。

岭南与中原内地水陆交通的畅通，关系到秦王朝对岭南的有效统治，是保证岭南与中原内地人员、经济、文化密切交往的重要条件。先秦时期，岭南通往内地或中原地区主要是依靠民间在五岭之上开辟的山间小道，史家称之为"古道"。这些高山古道主要有：从江西南安穿越大庾岭进入广东的南雄一带；从湖南之郴州逾岭进入广东连山一带；自湖南之

[①] 《汉书·贾山传》。
[②] 《史记》卷6《秦始皇本纪》。
[③] 《史记·南越列传》及"索隐"。
[④] 《史记》卷6《秦始皇本纪》。
[⑤] 《史记·西南夷列传》。

道州逾岭进入广西贺州一带；自湖南之全州（今属广西）逾岭进入广西静江一带；自福建逾岭进入广东循、梅州一带。秦始皇派兵进攻岭南时，在今广西北部遭到西瓯人的顽强抗击，致使秦军进攻受阻。为了解决援军和粮秣的运输，确保统一战争的胜利，秦始皇令史禄主持灵渠的勘察、设计和开凿工程，并亲率秦军和民工进行艰苦修凿，终于完成了这一浩大工程，从而沟通了湘江（长江）与漓江（珠江）的水系，打通了中原内地通往岭南的水上交通，不仅确保了统一岭南战争的胜利，而且保证了通过水路从秦都咸阳可以通达长江、湘江进入广西漓江，顺漓江而下可通达广西乃至广东以至南海。因此，自秦代以来，灵渠一直是中原内地通向广西的主要水路交通线。另外，还可从贵州南部的牂牁江（即今南盘江）顺流而下，通过广西的红水河，到达广西腹地，再通过西江，进入广东珠江口，进入南海。这条水上通道，后来一直为汉唐王朝用于运送兵员和各种物资。

秦统一岭南后，为了解决中原内地通往岭南的陆路交通，决定派人在原古旧道的基础上进行扩修。这些古道主要有越城岭古道、九疑山古道、镡城岭古道、大庾岭古道、骑田岭古道、萌渚岭古道、严关古道等。这些古道正是处于五岭南北之间，在当时的历史条件下，是最方便易行的山道，世代居住在岭南的广西瓯骆先民，时常穿越山岭之间，熟悉当地地形，为了便于与内地交往，他们因形就势开辟这些蜿蜒曲折的高山小道，具有便捷、平缓的特点。秦始皇派人对原有的古道进行扩修，具有省时、省工的特点，收到事半功倍的成效。在经过扩修的古道上，逐步形成了一些经济文化交汇点或经济中心和军事重镇。因而，将古道扩筑成新道，符合秦始皇修筑"新道"的目的，加上灵渠和牂牁江的水路交通，形成了中原通往岭南的水路交通和陆路交通网络体系，有利于南北两地人员的交往和各种物资、商品的运送，对于加快广西的开发和经济的发展有着深远的影响。

第三节 南越国赵佗"和辑百越"与重农兴商政策

秦朝末年，陈胜吴广揭竿而起，爆发了声势浩大的农民起义，中原各地的农民纷纷响应。各路豪强乘机武装起来，拥兵自立，逐鹿中原，秦朝政权分崩离析，中原地区陷入混战，人民流离失所，社会动荡不安。此时，适逢秦时派驻岭南南海郡尉（掌管军事大将）任嚣病危，于是把军事大权交给南海郡龙川县令赵佗掌管。为了不使战乱殃及岭南，赵佗凭据岭南僻处南边，其间五岭横亘，地势险要、易守难攻的特点，派重兵守护与中原内地相通的险关要隘，挥兵击并桂林、象郡，很快就统一了岭南，并建立起南越国政权。

赵佗划岭而守，建立南越国政权后，摆在他面前的形势十分严峻，一方面身居岭南的赵佗及其随秦军而来的中原人已失去了秦朝政权强力支持和中原大后方的依托；另一方面，岭南是众多越人聚居地，南越国政权如何才能在越人地区站稳脚跟，保持岭南社会的稳定？为此，赵佗采取了以"和辑百越"和发展生产为核心的政策措施，取得了良好社会效果。

一 "和辑百越"

赵佗是一位颇具谋略的政治家。在其建立南越国后，便着力谋划如何巩固其政权之策，他意识到失去秦王朝依托的情况下，以原戍守岭南的秦军将士和南迁的中原人为基础建立的南越国政权，要在人多势众的越人生活的海洋里站稳脚跟并得到巩固与发展，并非易事，必须得到岭南越人特别是越人上层人物的支持，才能缓和越汉民族因秦始皇发动的统一战争造成的越人仇视心理或对立情绪，弥合其伤痕。因此，在南越国建立伊始，赵佗就把缓和汉越民族关系、争取岭南越人支持放在优先考虑的位置。于是，赵佗因地制宜，制定了以"和辑百越"为核心的一系列民族政策。

（1）团结和利用越人中的上层人物，参加王国的统治集团，为巩固其统治地位效劳。赵佗作为争取越人支持的第一步，就是笼络和吸收当地势力强大、在越人中有影响力和号召力的越人首领到王国政权中来，委以要职，让其参加政权管理，这样就可以使越人首领感受到南越政权与自己利益的一致性，而不至于产生对立或反感；同时又可以通过这些上层首领去影响更多的部众。例如越人大首领吕嘉被赵佗委以王国丞相要职,直接参与南越国政权的政事管理;吕嘉之弟也被封为将军,其宗族中为长吏者 70 余人。此外,还有许多越人上层人物在王国政权中担任军政要职。

(2) 变服易俗,自称"蛮夷大长""以其故俗治"。这是赵佗在南越立国、传袭 5 代 93 年的一条颇为成功的民族政策。赵佗带头遵从越人传统风俗习惯,以示对越人的尊重。因南方气候炎热多雨,当地越人形成错臂左衽、剪发文身、短裙不袴、冠首之服、椎髻箕倨、尊贵铜鼓、习居干栏之俗。这些风俗习惯,是经过长期的生活积累逐渐形成的,蕴含越人深切的民族感情和文化心理,如果赵佗以大汉族自居,歧视越人风俗习惯,必然会引起越人的反感,伤害其民族感情,加深民族隔阂,激化民族矛盾。赵佗深谙此理,所以在建立南越国之后,便采取"顺其俗治,全其部落"的做法,自称"蛮夷大长",带头"椎髻箕倨",变服易俗。史载"高祖使陆贾赐尉他(赵佗)印为南越王。陆生至,尉他魋结箕倨见陆生。"① 在赵佗的号令和影响下,南来的汉官汉民纷纷遵从和仿效,从衣、食、住以及婚丧习俗上改从越人风习,使原来隔阂的民族心理得到缓解,改善了汉、越民族关系。当然,对于越人的一些恶习,赵佗非但不尊重,而且加以制止。如"越人好相攻击"之风,对人民生命财产安全,对维护社会安定,发展生产有很大的危害,赵佗运用了国家机器加以制止,收到了相应的效果。

(3) 提倡"越汉和亲"政策,推动越、汉民族团结和睦关系的发展,这也是南越民族政策的一个核心所在。南越王室带头与越人联姻,如明王婴齐的妻出于越女,生子建德。丞相吕嘉宗族"男尽尚王女,女尽嫁王子兄弟宗室"②,并且还与苍梧王赵光联姻。吕嘉连相三王,"其居国中甚重,粤人信之,多为耳目者,得众心愈于王"③,南越王国密切了与吕嘉之关系,实际上就是密切了与越人之关系。因为吕嘉甚得越人的拥护。南越王国提倡"越汉通婚",实际上从秦始皇统一岭南时就已开始。当时 50 万秦军挺进岭南,有大量官兵留守岭南三郡,这些官兵的婚姻大成问

---

① 《汉书》卷 97《郦生陆贾列传》。
② 《史记·南越列传》。
③ 《汉书》卷 95《西南夷两粤朝鲜传》。

题，所以赵佗曾上书要求派三万尚无成家的妇女南来"以为士卒衣补"。而秦始皇仅同意"可其万五千人"。① 其余大量留守官兵的配偶问题必然通过与当地越人妇女成婚才能解决。由此可见，越、汉和亲早已超出了赵氏王室贵族以外，成为越、汉群众间的普通事情。越汉民族联婚的形成和发展，对越汉民族的团结和睦以及民族的发展，具有非常深远的意义。

（4）推行越人"自治"的政策。自治者，即由越人自己管理内部事务，南越王朝不干预其内部政治、经济、文化制度，"以其故俗治"。南越王国，境内族群众多，各地社会经济发展很不平衡，都有自己的王、侯、将、帅等奴隶主贵族统治。赵佗针对各地的实际情况，采取不同的统治对策。在原桂林郡东部的苍梧成立苍梧王国，派同姓赵光亲自治理，以防受项羽封为衡山王的吴芮对南越的骚扰；对于地处五岭南北通道的西瓯地区，仍以其故俗治，采取郡国并行的地方行政办法，继续确认原有酋帅统辖，并且还在那里封以前西瓯君的后代为西于王，让他自己管理自己的内部事务，实行"自治"。这是相当明智的做法，也是比较成功的民族政策之一。

南越国是在秦末汉初建立起来的地方性政权，其存在的时间虽然仅有90余年，但其推行的民族政策，前脱离不了秦代制度的影响，后又有仿效西汉王朝政策的一面。对广西社会历史的发展，具有极其深远的影响。主要表现在以下方面。

第一，缓和、消除了越汉民族之间的隔阂和矛盾，促进了两个民族的团结与合作。先秦时代，岭南越族人民虽然与中原华夏民族有着一定交往和联系，但因各族之间有着不同的社会经济和文化，因而仍然"是夏则夏，是楚则楚，是越则越"。秦始皇统一六国之后，又发动了统一岭南的战争，加深了民族矛盾与隔阂。

赵佗建立南越王国后实行了上述的民族政策，缓和了越汉民族之间的矛盾，为民族团结合作关系开辟了先河。南越王国在岭南能够存在93年，与越人渠帅和人民的支持分不开。两汉至魏晋南北朝、隋唐的千余

---

① 《史记·淮南衡山列传》。

年间的封建统治者在岭南逐步形成和推行的以其酋长为都督刺史的羁縻政策，使岭南越汉民族团结和睦关系得到进一步发展，社会秩序比较安定，也是与南越王国推行的比较成功的民族政策所带来的影响有密切关系。

第二，促进了岭南社会经济文化的发展。秦始皇统一岭南，迁来了数十万狱吏、贾人、赘婿和力役者。他们中除了少数狱吏外，大多数都是劳动群众。这些人南来"与越杂处"，传播了先进的文化知识和先进的生产技术。后进的民族学习先进的民族，这是历史的必然，因为他们希望自己的经济文化得到更快的发展。但是，"古往今来，各个民族都在某些方面优越于其他民族"。岭南的越族也有一些优秀的传统文化，如加工和处理象牙、玳瑁、珠玑、银铜等手工产品，特别是制造铜鼓的技术，栽种水稻、瓜果、蔬菜等技术，南来的汉人到了新的环境，为了适应新的自然条件和生活习惯，必然得向越人学习。越汉两族人民相互学习、共同提高，共同创造了光辉灿烂的中华民族文化。

第三，为越汉民族融合创造了良好的条件。上述民族政策的实行，使越、汉两族人民组成了许多民族联合的新家庭。在一个共同家庭中，互相学习语言文化，互相尊重风俗习惯，男女双方以至其后代，既通汉语，又懂越语；食、衣、住、行和婚丧礼仪，越、汉并存，经过相当长一段时间的互相学习，互相帮助，形成了一个你中有我，我中有你的新的民族文化。如今广东、广西的白话，就是以汉语为主，夹有不少越语成分在内的汉语；现在仍存在于壮族师公唱经、民歌、故事、账本中的古壮字，就是借用汉字的形音义，结合壮语的音韵特点构成的。婚姻习俗中的"父母之命，媒妁之言"和交聘金、行三牲六礼等仪式，就是从汉族婚俗中吸收过来的。丧葬习俗中的拾骨二次葬，是从汉族行一次大葬的仪式移植过来并加以改造而形成的。四时节日中的春节、春社、秋社、端午、重阳、冬至、除夕等节日，都是从汉族传入的。由于汉族最早迁入的移民大多数居住在岭南东部地区，以后又有不少汉人相继迁入，所以东部地区越族人民比较早地融合到汉族中，但秦汉时期，岭南的越人居多数，迁入的汉人居少数。越、汉通婚的家庭，其子孙后代受越人文化的濡染，数代之后，有的越化，成为越人，其比率会比越人汉化为多，成为壮侗语族中的一分子。这种民族自然融合的现象是历史的一个进步，受到各族人民的拥护。

由于赵佗采取了一系列旨在"和辑百越"的政策措施，取得了良好效果，缓和并密切汉越民族关系，维护了社会的稳定，巩固了南越国政权。正是这些政策措施的推行，在南越国存在的93年里，岭南社会安定，民族关系融洽，其间没有发生过重大的民族冲突和反抗斗争。连汉高祖刘邦也称赞赵佗治理岭南"甚有文理""赖其力，中县人以故不耗减"①。近代民族学家徐松石认为："始皇用兵五十万，而越人挺身拒抗，后来赵佗孑身岭外，鲜动兵革而百越顺从……佗之功不可没也。"② 可以认为，赵佗实行的"和辑百越"政策，开启了我国因地制宜的民族政策和汉越民族和解的先河，对后来历代王朝对边疆少数民族地区的统治政策和汉越民族关系的改善有着重要而深远的影响。

二 重农兴商，发展经济

在缓和、密切汉越民族关系，巩固南越国政权的同时，赵佗还实行重农政策，努力发展生产，促进了岭南地区社会经济文化的发展。因而，南越国时期，是广西经济文化发展的重要时期，农业、手工业、商业都有了较大发展。

赵佗建立南越国政权后，没有一味地闭关锁国，据关自守，而是积极发展与内地（主要是与南越国毗邻的长沙郡边邑）乃至西汉王朝的关系，互通使节，开通边市，引进先进生产工具，推广先进生产技术。

先秦时期，岭南地区越族先民早已进入农耕社会，不断发展稻作农业生产。但是，生产工具则较为简陋，除了部分地区使用铁制工具外，多数地方仍然大量使用各种石制工具，如石斧、石锛、石铲等，生产方式原始粗放，流行采用"砍倒烧荒""火耕水耨"的原始耕作方法。赵佗割据岭南、建立南越之后，奉行秦王朝采取的重农政策，把发展农业生产作为立国兴邦之本。为了改变岭南越人传统落后的生产方式，赵佗

---

① 《汉书·高帝纪》。
② 徐松石：《粤江流域人民史》，上海中华书局，1939，第170页。

大力推广中原地区先进的生产工具和生产技术，通过长沙郡边关博易场，大量引进"金铁、田器、马、牛"[①]等用于田地耕作。据《史记·南越列传》《汉书·两粤传》记载：西汉初年，吕后为了遏制南越国势力的扩张和经济的发展，削弱南越国的实力，曾下令关闭与南越国贸易的关市，"毋予蛮夷外粤金铁、田器、马牛羊，即予，予牡毋予牝。"吕后的这一举动，引起了赵佗的愤怒，于是"发兵攻长沙边邑"，并且与汉朝决裂，自立为南越武王。赵佗之所以对吕后下令关闭边市、禁止向南越输出铁器和耕牛如此愤怒，不惜与西汉王朝诉诸武力，正说明南越地区对上述物品的迫切需要和赵佗对发展农业生产的重视。及至吕后死后，继任的汉文帝主动向南越国承认了吕后时期的错误举措，重新与南越国修好，恢复边邑贸易，准许向南越输出金铁、田器、马、牛、羊，并且互通使节。

南越国时期除了重视发展农业生产外，还重视发展商业贸易。先秦时期，岭南地区越人基本处于自给自足经济时期，商品生产尚较落后，商业贸易还处在较为原始阶段。秦统一中国、建立秦王朝后，在中原地区实行打击抑制商人，把商贾当作罪人一样，发配到边远地方略地戍边。如《史记·秦始皇本纪》云："发诸尝逋亡人、赘婿、贾人，略取陆梁地。"有史学家认为，"始皇开边，专以有市籍者戍之，意者以边境贫瘠，使内地商贾经营其地，或可为兵略之助"[②]。秦始皇把大批商贾发配到岭南，对岭南商业的发展无疑是一个很大的促进，客观上对岭南的商业开发与发展起到了积极的推动作用。

[①] 《汉书·两粤传》。
[②] 王孝通：《中国商业史》，商务印书馆，1936（1998·重印），第49页。

第六章

"以故俗治"求安定

——汉朝至隋朝广西推进开发期

刘邦率兵经过长达四年多的楚汉战争,击败了强劲的敌手项羽,刘邦称帝,建立西汉政权。西汉王朝建立之初,因国力尚弱,又百废待举,汉高祖刘邦奉行休养生息政策,与周边诸势力集团和平相处,积极发展生产。到了汉武帝时期,随着西汉王朝国力的日益强盛,便开始筹划和部署统一周边地区的军事行动。元鼎六年(前111)西汉王朝出动20万大军,讨伐以丞相吕嘉为首的南越国政权,次年冬天平定南越,岭南复归统一。

东汉以后,中原战乱不断,而岭南社会则较为安定,大批中原人为避战乱纷纷南迁,给岭南增加了大批劳动力和文人学士,促进了广西的开发和经济社会的发展。

第一节 汉朝至隋朝对广西的统治政策

一 众建郡县,分而治之

汉武帝时,随着西汉王朝国力的上升,便开始筹划和部署统一边疆地区的军事行动。元鼎六年(前111)西汉王朝出动20万大军,讨伐以丞相吕嘉为首的南越国政权,次年冬天平定南越。为了加强对岭南越人的统治与管理,汉武帝将秦始皇设置的三郡析为九郡,郡之下增设数县。

据《汉书·两粤传》载：南越平定后，汉武帝"遂以其地为儋耳、珠崖、南海、苍梧、郁林、合浦、交阯、九真、日南九郡"。九郡中，涉及广西地区的主要有苍梧、郁林、合浦三郡。

郁林郡，驻布山县，今广西贵港市。领县12：布山，与郡同驻；安广，驻今广西横县西北；阿林，驻今广西桂平县（已改为市）东南油麻；广郁，驻今广西巴马瑶族自治县西北；中留，驻今广西武宣县西南；桂林，驻今广西象州县东南上古城；潭中，驻今广西柳州市东南；临尘，驻今广西崇左县；定周，驻今广西宜山县（已改为宜州市）；增城，驻今广西隆安县东；领方，驻今广西宾阳县西南古城；雍鸡，驻今广西龙州县北。郁林郡12县，分布在今广西柳江、黔江以西地带。

苍梧郡，驻广信县，今广西梧州市。领县10：广信，与郡同驻；谢沐，驻今湖南江永县西南；高要，驻今广东肇庆市；封阳，驻今广西贺县南部信都；临贺，驻今广西贺县南部贺街；端谿，驻今广东德庆县；冯乘，驻今广西富川县东北；富川，驻今广西钟山县；荔浦，驻今广西荔浦县西荔水北；猛陵，驻今广西苍梧县西孟陵。苍梧郡10县，分布在今广西东部与广东西部连接地带。

合浦郡，驻合浦县，今广西合浦县东北旧州。领县5：徐闻，驻今广东徐闻县南；高凉，驻今广东阳江县（已改为市）北；合浦，与郡同驻；临允，驻今广东新兴县南新兴江东；朱卢，地望无考，当在上述四县相连接地带。合浦郡5县，地跨今广西东南部和广东西南部。

此外，交阯郡驻赢陵县，今越南河内市西北，所领10县均分布在红河三角洲。交阯郡北部与郁林郡南部交接之处与今中越边界广西段相接近而又不完全一致，其附近地带所分布的是骆越部落。

西汉将全国划分为十三个监察区，称为十三刺史部，上述岭南诸郡同属交阯刺史部。

另一些百越部落分布在云南高原东南边缘右江上游流域，他们是今滇东南和桂西北壮族先民的一部分。先秦时期，这部分越人组成了一个较大的部落——句町，其地域包括今云南广南、富宁2县及广西百色地区大部分县市在内。句町部落是夜郎部落联盟集体中的成员之一。

东汉时期基本上沿袭了西汉时期的建置，只有局部调整，值得注意的是西汉十三刺史部逐渐由监察区演化为郡之上的一级行政区，名称也变了，交趾刺史部改名为交州，初驻广信，后驻番禺。

总之，随着中央王朝政权的日益巩固和国力的强盛，对越人聚居的岭南地区的统治日渐加强，行政机构的设置也日愈严密。同时还有一系列相配套的因地制宜的统治政策和治理措施。

二 "以其故俗治"的民族政策

汉武帝统一岭南后，借鉴和仿效南越国时期赵佗治理岭南"甚有文理"的成功经验，一方面从内地派遣汉族官吏前往充当太守和县令，在部分原来生产发展水平较高的地方建立郡县据点，从政治建制上加强对岭南越人地区的统治，以保持中央王朝对岭南的统属与管理。另一方面，鉴于岭南地区越族人口众多，分布广阔，民情复杂，社会发展不平衡，传统的氏族或部落势力强大，"凡交阯（刺史部）所统，虽置郡县，而言语各异，重译乃通。……长幼无别"①，中央王朝的统治力量鞭长莫及，朝廷从内地派遣的官吏，难以进行直接统治，不得不承认土著民族内部原有的一些奴隶主、部落贵族在本民族中的统治地位，让他们按照旧有的统治方式去统治其本民族人民；从内地派遣来的汉族官吏们的统治，则是通过这些土著的奴隶主、部落贵族来进行。土著统治者在政治上听从郡县官吏们的调遣，经济上则按其原有的方式，以纳贡的形式提供给郡县官吏。这就是"且以其故俗治，毋赋税"的基本内容。汉朝对广西的统治政策和治理措施，可归纳为以下几方面。

（一）实行"以其故俗治"为核心的民族政策

两汉王朝有南越国民族政策的先例，不把汉律强加于广西西瓯、骆越人。汉武帝时，"汉连出兵三岁，诛羌，灭两粤，番禺以西至蜀南者置初郡十七，且以其故俗治，毋赋税。"② 西瓯、骆越有自己的一套法规，"不用天子之法度"③，王朝的"正朔不及其俗"④。直至马援平定岭南时，

---

① 《后汉书》卷86《南蛮西南夷列传》。
② 《汉书》卷24《食货志》。
③ 《汉书》卷64《严助传》。
④ 《汉书》卷64《终军传》。

仍然"条奏越律与汉律驳者十余事，与越人申明旧制以约束之。"① 汉王朝针对西瓯、骆越社会经济文化比较落后的局面，不改变其原有社会经济文化制度，而是仍保持其原有的形态进行统治。

"以其故俗治"还包括允许蛮夷君长复长其民。始元六年（前81），立句町侯毋波为句町王。② 新莽时，虽贬句町王为侯，但仍使其治其民。③ 由此可知，"蛮夷君长"与中央王朝的关系和郡守县令与中央王朝的关系是不同的。"蛮夷君长"是边疆少数民族地区的实际统治者，中央王朝只对其间接治理而已。随后南朝的左郡、左县，唐代的羁縻制，宋、元、明、清的土司制，均由汉代的"以其故俗治"发展而来。

两汉对西瓯、骆越人"以其故俗治"，使其"蛮夷君长复长其民"是由当时具体条件决定的。西瓯、骆越民情风俗殊异，较诸中原社会经济发展水平低，文化落后，如果以汉律来治理他们，必然引起他们的反抗，所以，这一政策对安定西瓯、骆越地区的社会秩序，巩固国家的统一，有深远意义。

（二）迁徙西瓯、骆越于内地，加强对他们的控制

苍梧王赵光在元鼎六年因降汉而被封为随桃（今河南南阳）侯；桂林监居翁在同年降汉而被封为湘成（今河南方城）侯；瓯骆左将黄同，因斩西于王有功在元封元年（前110）被封为下鄜（今河南南阳）侯。④ 随以上三侯被徙于中州的还有一些西瓯、骆越人。《后汉书·臧宫传》载："（建武）十一年（35），将兵至中庐，屯骆越。"当时公孙述与征南大将军岑彭在荆门相持不下，骆越人乘机反汉，臧宫因兵少而不能制止骆越人，遂夜袭骆越，"越人由是遂安"⑤。可见，西汉初，骆越人被徙至今湖北襄阳、南漳一带。至东汉初，这些骆越人不仅部族未散仍由其"渠帅"统领，而且子孙繁衍，势力颇大，以致东汉大将也不得不加力安抚。

---

① 《后汉书》卷24《马援列传》。
② 《汉书》卷7《昭帝纪》。
③ 《汉书》卷99《王莽传》。
④ 《史记》卷20《建元以来侯者年表》。
⑤ 《后汉书》卷18《臧宫传》。

迁徙西瓯、骆越于中州，使西瓯、骆越人受尽颠沛流离之苦，这是汉王朝民族压迫政策的产物，这些徙于中州的瓯、骆人，经过长期与中州人民相处，早已融合于汉族了，但这是一种强迫融合的历史现象。

（三）征发西瓯、骆越"夷兵"，"以夷制夷"

汉昭帝时，发句町兵击益州反叛者，句町侯因其民有功而被封为王。① 延熹五年（162），长沙、零陵等地"蛮"人攻苍梧、南海、交趾等地，度尚"广募杂种诸蛮夷"大破之。② 在西瓯、骆越地区招募的诸蛮夷，当是西瓯、骆越人。汉王朝发西瓯、骆越"夷兵"，多用于攻打其他民族的反汉斗争。汉王朝用"夷兵"，是以后历代王朝用"土兵"的先例。

两汉在推行羁縻政策的同时，又在岭南各郡县据点附近驻军、迁入汉民，以支持郡县统治，增加郡县的直接剥削收入。随着中原汉族移民的增多和靠近郡县据点的部分土著民族的逐渐接受汉文化，壮族先民分布地区郡县的直接统治面不断扩大。汉王朝对广西地区西瓯、骆越的民族政策，上承南越国的民族政策，也有其新的发展，尤其是征发"夷兵"，为后来历代统治者所仿效。

三 三国时期的民族政策

三国时期，吴蜀对壮族先民分布的广西地区的统治政策仍实行羁縻之治。政治上，"县官羁縻，示令威服"，保持土著民族内部原有的社会结构不变，由土著首领率领本部人民听从郡县官吏统治。经济上，满足于贡纳的征收："田户之租赋，裁取供办，贵致远珍名珠、香药、象牙、犀角、玳瑁、珊瑚、琉璃、鹦鹉、翡翠、孔雀、奇物，充备宝玩，不必仰其赋入，以益中国也。"③

四 两晋的民族政策

晋王朝统一岭南后，对广西僚、俚、越等少数民族"羁縻而已，未

---

① 《汉书》卷7《昭帝纪》。
② 《后汉书》卷38《度尚传》。
③ 《三国志》卷53《吴书》8《薛综传》。

能制服其民"①。晋朝采取增置郡县,派遣中原汉族人担任郡县官吏,损害了当地俚、僚上层酋帅及广大人民的政治权益和经济利益,激化了俚、僚酋帅与中央王朝及岭南人民与南下汉人的矛盾,使晋朝在俚、僚地区的统治地位受到威胁。针对这种情况,后来晋朝统治者相应地调整了统治政策。

(一) 设置"平越中郎将",镇抚俚、僚人

晋武帝时,置"平越中郎将",主镇抚岭南"蛮夷"。② 为使平越中郎将的权大威重,其职由广州刺史兼领。阮孚"都督交广宁三州军事、镇南将军、领平越中郎将、广州刺史、假节"。③ 孔汪"为假节、都督交广二州诸军事、征虏将军、平越中郎将、广州刺史"。④ 邓岳更集建武将军、广州刺史、假节、征虏将军、平南将军、督宁州、督交广二州军事、平越中郎将等职于一身。其弟邓逸也以假节、建威将军、广州刺史等职兼平越中郎将。⑤ 嵇含也是平越中郎将、广州刺史、假节三职同任。⑥ 平越中郎将的职能是镇抚岭南,尤其是交州、郁林、桂林等地越人。⑦ 孔汪任平越中郎将时"甚有政绩,为岭表所称"。⑧ 也说明其职主镇岭南诸"蛮"。

(二) 轻徭薄赋

晋王朝的租调制是:"丁男之户,岁输绢三匹,绵三斤,女及次丁男为户者半输",但对边远地区少数民族,租调有所不同,"其诸边郡或三分之二,远者三分之一。……远夷不课田者输义米,户三斛,远者五斗,极远者输算钱,人二十八文"。⑨ 壮族先民当在优惠之列。当遇天灾,还获得减免优待。泰始七年(271),因灾,"诏交阯三郡、南中诸郡,无出今年户调"。⑩ 对不事农事者,则收土特产品,"合浦郡土地磽确,无有田

---

① 《魏书》卷96《列传》第84《僭晋司马叡》。
② 《晋书》卷24《职官志》。
③ 《晋书》卷49《阮籍传附阮孚传》。
④ 《晋书》卷78《孔愉传附孔汪传》。
⑤ 《晋书》卷81《邓岳传》。
⑥ 《晋书》卷89《嵇绍传附嵇含传》。
⑦ 《晋书》卷100《王机传》。
⑧ 《晋书》卷78《孔愉传附孔汪传》。
⑨ 《晋书》卷26《食货志》。
⑩ 《晋书》卷3《武帝纪》。

农，百姓唯以采珠为业……今请上珠三分输二，次者输一，粗者蠲除"。①至于徭役征调，也限于编户入籍的"宾服者"。"广州南岸，周旋六千余里，不宾属者乃五万余户，及桂林不羁之辈，复当万户。至于服从官役，才五千余家"。② 由此可知，壮族先民地区，服徭役者，仅占其总户数的十分之一。

晋朝对壮族先民地区的民族政策，较诸汉代，显著的区别是设置专门管理壮族先民的"平越中郎将"军职，以后历代多效仿之。

五　南朝的民族政策

南朝时，在南北政权的对峙和争夺中，南方诸族的势力得到较大的发展。广西地区的俚人是当时势力最强的族群之一。其他族群如蛮族、僚族等，势力也较强大。因此，如何处理民族问题，是关系到南朝政权存亡的问题。南朝政权从维护其统治利益出发，把解决民族问题放到十分重要的地位，其在广西地区的主要措施如下。

（一）设置左郡、左县

南朝政权在少数民族地区设置特殊政区"左郡""左县"，是因当地"蛮左"之地而名。在壮族先民分布区设置的左县如下：

宋末在始安郡设乐化左县。

齐在始安郡下设有建陵左县。

见于史载的虽仅有两个左县，但广西地区这时期多"夷獠丛居……略无编户"。③ 无左郡、左县之名，而有左郡、左县之实。

左郡、左县的设立，旨在不打乱少数民族原有的组织形式，不干预其内部事务，用当地土酋治理其民。

（二）设置中郎将、督护等职，绥靖壮族先民

南朝袭晋制，也在壮族先民分布区设平越中郎将一职。④ 宋、齐、梁、陈四代的平越中郎将一职均由广州刺史兼领。设置平越中郎将的效

---

① 《晋书》卷57《陶璜传》。
② 《晋书》卷57《陶璜传》。
③ 《南齐书》卷14《州郡志上》。
④ 《宋书》卷40《百官志下》。

果是"绥靖百越,岭外安之"①,"绥怀安辑,被以恩惠,岭表赖之"。②督护一职,始设于刘宋,宋泰始中,"西江督护陈伯绍猎北地",于广西东南地区设置越州。③

南朝在广西地区设的督护有西江督护和南江督护。从刘宋陈伯绍任西江督护始,至陈,历代不绝,陈霸先亦曾任西江督护。④ 南江督护的设置则在梁末以后才不中断。⑤ 西、南二江督护均由郡守兼领,其地位相当重要。

设置西、南二江督护的目的是对"不肯宾服"的"俚獠""专征讨之"。⑥

南朝对广西俚僚分布区的统治政策,一方面是既允许其酋自治其民,不多干涉其内部事务,设置左郡、左县即为此;另一方面,在一定条件下又对壮族先民加以征伐,设置中郎将、督护等职,专事征讨。

六 隋朝的统治政策

隋代统一中国后,结束了混战的局面。隋王朝继承和发展了前朝对广西边疆地区的统治政策。

(一) 任用土酋为官,使其自治其民

自汉代起,历代王朝均有任用当地越人酋帅为官,由自治其民之制,隋朝继承并发展了这一制度。隋初,广西地区的俚帅王仲宣举兵反隋,进逼广州,裴矩巡抚岭南,"绥集者二十余州,又承制署其渠帅为刺史、县令"。⑦ 为镇抚"岭南夷、越数为反乱,征拜(令狐熙)桂州总管十七州军事,许以便宜从事,刺史以下官得承制补授"。⑧ 开皇末年,桂州俚帅反隋,何稠领兵镇压,平息后,对俚人"承制署首领为州县官",俚人

---

① 《宋书》卷53《张茂度传》。
② 《陈书》卷12《沈恪传》。
③ 《宋书》卷14《州郡志上》。
④ 《陈书》卷1《高祖本纪上》。
⑤ 《陈书》卷8《周文育传》。
⑥ 《宋书》卷14《州郡志上》。
⑦ 《隋书》卷67《裴矩传》。
⑧ 《隋书》卷56《令狐熙传》。

"众皆悦服"。① 由此可见，隋朝统治者已吸取了历史的教训，处理民族问题不再动辄以镇压处之，而是采取缓和民族矛盾的政策，任用土民酋帅为官，让他们自己管理自己。隋朝任壮族先民首领为官者甚众，宁长真为宁越太守，其族宁宣为合浦太守，还有裴矩巡抚诸州时，"其苍梧首领陈坦、冈州冯岑翁、梁化邓马头、藤州李略、罗州庞靖……还令统其部落"。②

（二）用"夷兵"制"夷人"

隋王朝自进军岭南始即采用"以夷制夷"政策，一是上面所说的用其酋抚其民；二是用壮族先民去攻打其他民族，或用壮族先民中的一部分去攻打另一部分。刘方经略林邑时，征募钦州壮族先民随行，③ 周法尚平定桂州李光仕乱事，也募壮族先民为兵，④ 等等。

隋朝对壮族先民的政策基调是温和的，这是隋朝民族政策较晋、南朝民族政策进步之处。

第二节　广西边疆的开发与社会经济的发展

自秦始皇统一岭南，设置郡县以后，岭南越人开始处于中原封建王朝的统治之下。为了开发和发展岭南的经济，维护国家的统一和边疆社会的稳定，历代统治者奉行重农政策，采取了一系列有利于发展农业生产的措施，不断将内地人迁移岭南"与越杂处"，传播中原先进的文化和生产技术，输入先进的铁质工具，鼓励垦荒，实行"轻徭薄赋"等政策。经过当地人民的辛勤劳动和南居的汉族人民的共同开发，广西地区的经济有了较快和较大的发展。特别是三国两晋南北朝时期，中原战争纷繁，社会动乱不安，而岭南因地处边塞，社会相对安定，人民得以休养生息，安居乐业，致力于发展生产，从而为本地区社会经济的全面发展创造了良好的社会条件。

---

① 《隋书》卷68《何稠传》。
② 《隋书》卷80《谯国夫人传》。
③ 《隋书》卷53《刘方传》。
④ 《隋书》卷65《周法尚传》。

一　农业

汉武帝统一岭南后，继承秦朝的"以农为本"的重农政策，采取一系列旨在发展农业的措施，包括移民南居、屯兵实边、输入铁器等，积极开发岭南，推动广西社会经济的不断发展。

汉代广西经济的发展，首先是农业的发展。因为农业是社会经济发展的基础，只有农业发展了，社会才会安定，各项手工业才有可能获得发展。社会发展的规律告诉我们，农业生产力的发展，首先是从农业生产工具的发展开始的。也就是说，农业生产的发展，需要有先进的生产工具。有了适合于本地区使用的先进生产工具，才有可能提高生产效率，改进耕作方法，扩大耕种面积，增加粮食收成，促进农业生产的发展，进而促使生产关系的变更。铁器和牛耕的使用、水利灌溉、耕作方法的改进以及优良的稻谷品种的培育与引进等，是这一时期广西社会生产力提高和农业发展的主要标志。

（一）铁制工具的使用与推广

汉代以后，随着岭南与中原内地的关系日趋密切，内地的各种铁器更是源源不断地输入岭南地区，加上当地的封建官吏奉行重农政策，积极从内地引进"金铁田器"；与此同时，当地瓯骆越人也已开始冶铸铁器，使得铁制工具的种类和数量都比前期明显增多，使用铁器的范围亦日趋扩大和普及。从考古发现看，这一时期铁制工具的品种已较齐全，既有用于翻土的锸、铲、犁铧，也有用于松土锄地的锄、耙；有用于砍伐树木的斧、锯、刀、锛，还有用于收割的镰等。在贵港市罗泊湾一号汉墓中出土的《东阳田器志》上，记载有釱和銚两种工具。

汉代至隋代广西地区使用的铁制工具，有一部分是从内地引进的，还有一部分为当地工匠所制作。汉武帝统一岭南后，其地方官吏依然奉行重农政策，积极引进铁制工具。1976年在贵港市罗泊湾一号汉墓出土的《东阳田器志》中有一木牍，木牍上墨书"东阳田器志"五字以及列出用于给死者随葬的农具品种和数量。"田器志"就是墓中陪葬农业生产工具的登记簿。"东阳"是古地名，在今长江下游地区。在瓯骆故地墓葬中出现《东阳田器志》，说明当时广西瓯骆越人对引进内地的农业生产工具和生产技术是十分重视的。

铁制的锸和锄是瓯骆地区常见的一种农业生产工具。这些锸的形制与先秦时期的铁锸基本相同,平面呈"凹"字形,刃部宽弧,两边侈出,扁薄锋利,凹字形銎,以供安装木柄。锸具有多种用途,既可用于翻土、理埂,也可用于开沟、挖坑。但基本用途是起土翻地。刘熙在《释名》中说:"锸,插也,锸地起土也。"这种工具具有使用方便、劳动效率高的特性,远非木石乃至铜器等工具所能比拟。锄的形制为直腰曲柄,也具有多种用途,既可用来挖土开沟和平整土地,也可用于松土和中耕除草。刘熙《释名》云:"锄者,助也,去秽助草也。"桓宽《盐铁论·申韩》亦云:"犀铫利锄,五谷之利而闲草之害也。"说明当时的锄主要还是用于田间管理,除去杂草,松土保墒。类似这样的锸和锄,直到现在桂南地区的壮汉民族仍在使用。

铁制工具在广西地区(特别是桂东北和桂东南地区)的广泛使用,不仅可以从贵港、合浦、梧州、钟山、藤县、贺县、平乐、昭平、荔浦、兴安、灌阳、全州、柳州、永福等地汉代和三国两晋南北朝时期墓葬中出土众多的各种铁制工具得到证明,而且还可以从贵港市罗泊湾一号汉墓中出土的162号木牍上所列的农具种类及数量上窥见其貌。这块木牍的背面墨书有:"插(锸)廿廿(四十)八具一□ 锄一百廿具 銍十五具";其正面书有"□县一十二 锄一百廿插五十三 銍一百一十六。"这是给死者陪葬各种农具数量的清单。因墓早年被盗,无法将木牍上的农具数量与实物相对证,从而无法确定木牍上所登记的农具究竟是实数还是虚数。尽管如此,其数量如此之多,至少可以说明死者生前拥有众多的农具以及当时铁制农具的广泛使用,而且翻土掘沟、中耕锄草乃至伐木开荒、收割等一系列农业生产工具已配置成套,应有尽有。铁器在农业生产中的普遍使用,有效地提高了劳动生产效率,并且为不断改进耕种方法,深耕细作,开垦荒地,扩大耕种面积,提高农作物产量创造了条件。

(二) 牛耕的使用与推广

牛耕的发明和推广,是古代农业生产方式的一次重大变革,大大提高了生产效率,既减轻了人的劳动强度,又能深耕细作,故而引起了农业耕作中的一系列技术革新，在农业发展史上占有十分重要的一页。中原地区的牛耕在春秋战国时期已开始出现。广西地区的牛耕出现较晚，大约在汉代才开始出现。西汉前期，吕后下令关闭与南越国贸易的边市，禁止向岭南输出"金铁、田器、马、牛、羊"①，引起赵佗的强烈不满，立即发兵攻击长沙郡边邑，以泄其愤。由此可知岭南对上述物品的急切需要，其中的马和牛，很可能是作为耕畜使用。除了史籍的记载外，还有考古证明，贺县莲塘东汉墓发现的两件铁铧，更证实当时瓯骆地区已使用牛与犁耕。从史籍记载来看，东汉建武年间（25～56），任延任九真太守时，看到当地人"俗烧草种田""不知牛耕"的落后状况，于是"乃令铸作田器，教之垦辟"，推广铁器牛耕，使其地"田畴岁岁开广，百姓充裕"。② 从中原到九真，瓯骆聚居的郁林地区是必经之地，如果当时瓯骆地区没有牛耕的话，很难想象能在比此更边远的九真郡地推广牛耕。③

三国时期，今广西属孙吴政权所辖。吴主孙权为了富国强兵，重视发展农业经济，大力提倡和推广牛耕。两晋时期，牛耕得到更进一步的发展。咸宁元年（275）杜预上疏，力主在南方推广牛耕。晋武帝下诏曰："孳育之物，不宜减散。"于是推广牛耕。"分种三万五千头，以付二州（兖、豫）将吏士卒，使及春耕。……其所留好种万头，可即令右典牧都尉官属养之。人多畜少，可并佃牧地，明其考课。此又三魏近甸，岁当复入万斛谷，牛又当调习，动可驾用，皆今日之可全者也。"④ 西晋时设牧场养牛，并将耕牛大批调往南方，推动了牛耕的传播和普及。梧州倒水东晋南朝墓出土过一种陶制耙田模型。水田四周筑有田埂，中间纵横一条田埂，将水田分隔成两块。每块田里有一牛一人，牛在前面牵引，人在后面跟进。牛鼻穿环，牛后有耙，耙有一排六齿，耙过的田留下耙齿痕迹。水田的一角有排水设施，以调节田里蓄水深浅，保证耕种

---

① 《史记》卷113《南越列传》。
② 《后汉书》卷76《任延传》。
③ 傅荣寿等：《广西粮食生产史》，广西民族出版社，1992，第22页。
④ 《晋书》卷26《食货志》。

时的适当水量。① 由此可以看出当时瓯骆地区牛耕的概况。

广西地区自进入农耕时代以后，一直以种植水稻为主。种植水稻自然离不开水，适当地引水灌溉，是保证稻禾正常生长的基本条件之一。随着稻作农业的发展，水利问题自然引起人们的高度重视。瓯骆地区江河纵横，雨量充沛，水源丰富，在农业发展的初期，耕种的面积尚小，而且多在临近水源的山谷田峒里开垦"麓田"，稍加凿引疏流，便可引水灌溉。秦汉以后，随着人口的不断增加以及中央封建王朝对岭南的开发，耕地面积也不断增加，开渠引水灌溉也就成为发展农业生产的一项重要措施；铁器的推广使用，也为兴修水利创造了条件。据史籍记载，瓯骆地区大规模地兴修水利始于秦代。秦王朝在统一岭南的过程中，令史禄组织人力在桂北兴安开凿了著名的水利工程——灵渠，沟通了长江和珠江两大水系，不仅解决了当时军需粮秣的运输问题，保证了统一岭南战争的胜利，而且也为后世留下了一条重要的水利灌溉工程，对沿渠两岸的开发与农田灌溉起了很大的作用。汉代，对农田水利也很重视。东汉建武年间（25~56），伏波将军马援率兵南征交趾，经过瓯骆地区时，致力于"治城廓，穿渠灌溉，以利其民"。② 除了开沟引河湖之水自流灌田以外，民间还在田头地角凿井汲水灌田，从贵港、合浦、梧州、钟山等地的汉墓中，经常发现有陶制的水井模型，从一个侧面反映了当时的农田灌溉情况。农田水利的修建，对保障和提高农作物的产量有着重大作用。

在重视发展水利灌溉事业的同时，还不断改进耕种方法，有效地提高了粮食产量。

（三）积肥施肥

农谚云：有收无收在于水，收多收少在于肥。肥料的积制和合理使用是农业生产发展到一定阶段的产物，也是提高农作物，特别是粮食作物的一项重要措施。到了汉代，瓯骆人已懂得修建厕所和圈栏，以积蓄人畜的粪便，并将之储存沤制，以提高其肥效，而后给农作物施肥。在贵港、合浦、荔浦、梧州、钟山、昭平等地的汉墓中，出土了许多陶屋

---

① 李乃贤：《谈谈广西倒水出土的耙田模型》，《农业考古》1982年第2期。
② 《后汉书》卷24《马援列传》。

模型和陶猪圈模型,其中多设有粪池,由此可以看到当时人们积肥的概况。如合浦县望牛岭一号汉墓出土的陶屋是干栏式建筑,分上下两层,上层住人,下层圈养牲畜。陶屋平面呈曲尺形,单间,有一扇门向内半掩,门后地板上穿有方孔,构成住家的厕所。楼下是猪圈,用矮墙将曲尺形内侧露天的方块围起来,墙根开设一圆形小窦。可供猪出入。猪圈内有猪5头,躯体都较肥硕。将猪圈养,不但可以使猪易于肥大,而且还可以积蓄其粪尿。在住房内设计厕所,厕所与猪圈上下相通,人的粪便从楼上方孔直落猪圈,达到积肥的目的。[①]

晋代,瓯骆地区已在晚稻田间种植绿肥。《齐民要术》引《广记》曰:"苕草,色青黄,紫华。稻下种之,蔓延殷盛,可以美田,叶可食。"

人工积肥,特别是积蓄人畜粪便沤制的农家肥以及在田间种植绿肥以肥田,这是农业生产技术的又一重大进步。使用这些有机肥施于稻田,可以改变板结的土壤结构,有效地促进农作物根系的发育,为之提供足够的养分,促使稻禾的分蘖和谷粒的饱满,达到增产的目的。

(四)培育选留和引进良种

广西古代居民在长期的生产实践中,逐步积累了丰富的经验。到了西汉时期,这一地区的各个江河流域的河谷平原地带,都已得到不同程度的开发,普遍种植了水稻,而且已懂得培育、选择和引进适合于本地区种植的优良品种。这是瓯骆农业生产技术的又一进步,对促进稻谷的优质高产具有重要意义。1976年在贵港市罗泊湾一号汉墓中发现有稻谷壳和书写有稻谷品种名称的木牍,[②] 其中一块木牍上写有"仓种",另两块木牍上分别写有"客秈一石"和"客秈"等字。所谓"仓种"是一种经过选择预留下来的粮食种子。"秈",是一种早熟的稻种,它具有分蘖性强,耐热耐强光的特点,适合于南方炎热的气候。另据《农政全书》注云:秈稻"其粒细长而白,味甘香,九月而熟,是谓稻之上品。"在"秈"字前冠以"客"字,表明它不是本地稻种,而是从外地引进的一种

---

① 《广西合浦西汉木椁墓》,《考古》1972年第5期。
② 广西壮族自治区文物工作队:《广西贵县罗泊湾一号汉墓发掘简报》,《文物》1978年第9期。

优良品种。由此可知,当时桂东南除了栽培本地的稻谷品种之外,还有从外地引进的良种。良种的选择,可以适应各种不同的种植环境,可以增加复种指数或单位面积产量。

晋人郭义恭《广志》记载了西晋时期水稻的品种已有 13 种:"虎掌稻、紫芒稻、赤芒稻、白米稻;南方有蝉鸣稻,七月熟;有盖下白稻(正月种,五月获,获讫,其茎根复生,九月熟)、青芋稻(六月熟)、累子稻、白汉稻(七月熟)。此三稻,大而且长,米半寸,出益州。粳,有乌粳、黑禾广、青凿白夏之名。"

(五)栽种方法

水稻的栽培,经历了点播、撒播到育秧移栽的发展过程,标志着栽培技术的不断进步。从考古发现来看,大约到了东汉时期,岭南越人已经采用了育秧移栽技术。广东佛山东汉墓出土一件陶制水田模型,其中有一方田里的秧苗似算子,一组一排,整齐有序,表现了当时的插秧场面,说明岭南越人在汉代已掌握移栽技术。通过集中育秧,进行早期管理,然后分秧移栽,可以促进单株分蘖,提高产量。这种育秧移栽技术,对后世稻作农业的发展有着深远的影响。直到现代,岭南各地仍然采用这种方法。

另外,广西瓯骆及其后裔俚僚人还根据当地温热多雨的气候条件,充分利用地力,种植两熟或三熟稻。"南方地气暑热,一岁田三熟:冬种春熟,春种夏熟,秋种冬熟。"① 东晋人俞益期在《与韩伯康书》中谈到九真、郁林一带,"名白田,种白谷,七月火作,十月登熟;名赤田,种赤谷,十二月作,四月登熟。所谓两熟之稻也。"

汉代以来,广西地区的农业生产已经形成以种植水稻为主,兼种粟、豆、薏、芋以及各种蔬菜瓜果等旱地作物的格局。所有这些农作物的遗迹,在各地的墓葬中均有发现。②

(六)粮食产量及储藏

汉代至隋朝时期瓯骆地区的耕地面积和粮食产量究竟有多少?因年

---

① (唐)徐坚:《初学记》卷 8 引。
② 傅荣寿等:《广西粮食生产史》,广西民族出版社,1992,第 26 页。

代久远，史籍亦缺乏记载，故已无法确知。但我们可根据当时的人口和参考中原地区的亩产量来推定。秦汉时期中原地区的粮食单位面积产量还比较低，"百亩之收不过百石"①，折合现在亩制和衡制，大约是亩产140市斤左右。据《汉书·地理志》记载，西汉后期在今广西境内有户籍的人口大约是40多万人，未上户籍的山区居民和南征留成的军队人数还不知其数，按照西汉末年成书的《氾胜之书》记载的数据来折算，当时平均每人年消费粮食大约480市斤。也就是说，要耕种三四亩地才能养活一个人。如果考虑到水稻的单位面积产量通常要比中原的小麦亩产略高的话，那么要供给这块土地上的几十万人口的粮食就要种植二三百万亩稻田。可见当时瓯骆地区开垦的土地面积已很大，现今桂林、梧州、玉林地区平地的大部分，柳州地区的一部分和南宁、百色、河池地区的河谷平地，都已得到了不同程度的开发。

　　水稻及其他农作物的生产对大自然有着很大的依赖性，旱和涝都会直接影响着收成的好坏，严重时还会造成颗粒无收。好年防荒年，瓯骆人民为了妥善储存收成后的粮食和留下第二年播种的谷种，以保证正常的生活与生产的需要，特别注意对粮食的储藏。在瓯骆故地的贵港、合浦、梧州、钟山、兴安等地的汉墓中，出土了许多滑石、陶制或铜制的粮仓和粮囷模型。这些仓或囷虽形制不同，但属于干栏式建筑，下有立柱，底层架空，上层或呈圆形，或呈长方形，四面密封，只在前面开设一小门，悬山顶。如合浦县望牛岭西汉晚期墓出土的铜仓模型，悬山式垄瓦顶，左、右、后三面密封，前面中间开设一门，门前设有避阳遮雨的回廊，廊前设有栏杆。仓底下立8根圆柱，将仓体托离地面。② 粮囷为圆形，如梧州云盖山东汉墓出土的一件用滑石雕凿而成的粮囷模型，囷体呈圆筒形，顶盖呈斗笠形，囷体一侧设有一小门，门侧有长方形小孔，是插封门横杠的栓眼。基座为四方形，其底下有4根棱形立柱将囷体顶离地面。③

　　瓯骆地区发现的粮仓和粮囷模型，是当地流行的居民建造的实在建

---

① 《汉书》卷24《食货志》。
② 《广西合浦西汉木椁墓》，载《考古》1972年第5期。
③ 广西壮族自治区文物管理委员会：《广西出土文物》，文物出版社，1978，第13页。

筑形式的真实反映。这类建筑是瓯骆人民根据当地自然环境而创造的一种具有鲜明地方民族风格的建筑形式。他们从干栏式居住建筑的经验出发，将储藏粮食的仓囷也建成干栏式，以桩柱将仓体托离地面，这种做法显然是为适应岭南多雨潮湿的气候条件，防止储存的粮食受潮和水的侵蚀而霉变。由于仓体离地悬空，且用木板构成，具有干燥通风的特征，有利于粮食长久保存。此外，瓯骆人将仓体构成密封式，同样是为了有效地保存粮食，防止鼠、蚁对粮食的损害。瓯骆地区出土的仓囷不仅数量多，而且形制独特，工艺精致，功能优良，说明当时的粮食储备数量是相当可观的，从一个侧面反映了当时瓯骆地区农业的发展情况。

二 手工业

汉至隋时期，广西地区已较广泛地使用了铁质工具，农业生产有了较大发展，从而促进了本地区封建制或奴隶制生产关系的发展，并加速和扩大了瓯骆地区的社会大分工，即农业与手工业的分工。奴隶主或封建主凭借其占有的生产资料，建立各种手工业作坊，组织人力开展各项手工业生产。中原汉族人的不断南移和先进生产技术的传入，也促进了瓯骆地区手工业的发展。因此，这一时期的手工业无论在生产门类、生产品种、生产规模以及制作技术等方面，都有了长足的发展与进步。

这一时期的手工业，主要有金属冶铸业、陶瓷制造业、纺织业、漆器业、造船业、竹木器制造业、玉石制造业等项。

（一）金属冶铸业

广西地区的金属冶铸业主要有青铜冶铸和铁器冶铸两大类，其中又以青铜冶铸业最为突出，特别是汉代的青铜器皿和南朝至隋代的铜鼓铸造工艺最为精致，而且富有卓越的成就，其青铜文化亦发展到了繁荣时期。

1. 青铜冶铸业

广西地区铜、锡等矿藏丰富，燃料资源充足，具有发展青铜冶铸业的有利条件。自从春秋战国时期瓯骆人开始学会冶铸青铜器以后，逐步积累了经验，冶铸技术亦不断提高。汉至隋代，随着中原人民的不断南迁以及先进生产技术的传入，加上当地民族工匠生产经验的不断积累以及生产组织的日趋严密，进一步促进了瓯骆地区矿产的开发和冶铸业的发展，生产规模有了进一步的扩大，产品的种类和数量明显增多，工艺也更为复杂精致，并且多具有鲜明的地方民族风格。

这一时期的青铜器在梧州、玉林、钦州、桂林、柳州、河池、南宁、百色以及云南文山等地区均有发现。其分布的点和面均比前期增多且广泛，其中又以桂东南和桂东北的梧州、苍梧、藤县、贵港、合浦、贺县、钟山、平乐、昭平、兴安、荔浦、北流、灵山、桂平等地出土青铜器的数量最多，器形包括生活用器、生产工具、兵器、乐器、明器、装饰器、车马器等，产品多达七八十种。其中除了一部分器物系中原内地传入外，有相当一部分是瓯骆工匠或仿中原器形，或自己设计铸造的器物。如盘口鼎、筒、桶、羊角钮钟、案、扁茎短剑、凤灯、盘、仓、棺、铜鼓等，不仅造型独特，而且工艺精湛，具有鲜明的地方民族特色。由此可以看出当时广西地区青铜铸造手工业的发展水平及其青铜文化的面貌。最富有代表性、最能反映当时冶铸水平的器物，主要有以下几种。

竹节铜筒：贵港市罗泊湾一号汉墓出土。通高41.3厘米，底径13厘米。筒体呈节形，平底，有盖儿，近口沿外侧有一对对称的衔环的铺首，内连有一链状提梁。器身还有用黑漆绘画的人物、禽兽、花木、山岭相组合的图像。[①] 铜筒的形制与现代壮族农民外出劳动携带的盛粥竹筒极为相似。这类器物的出现，应与瓯骆地区多产竹、喜用竹器有关。

铜桶：贵港市罗泊湾一号汉墓出土。通高27.1厘米，口径26.2厘米，底径22.6厘米，出土时尚有木盖儿。桶体呈圆柱形，上大下小，口沿外侧有一对相套的半环耳。桶身饰细凸的栉纹、勾连回纹和同心圆圈等组合纹带。腹上部篆刻有"布"字[②]，腹中部篆刻"十三斤"三字。这种铜桶形制独特，为内地所少见。其形极似现在岭南少数民族使用的小木桶，很可能是当时工匠们按照当地人经常使用的木桶而设计铸造的。

铜案：贵港市罗泊湾一号汉墓出土。是切割一面石寨山型的铜鼓面，

---

① 广西壮族自治区文物工作队：《广西贵县罗泊湾一号墓发掘简报》，《文物》1978年第9期。
② "布"字当是"布山县"的省文，布山即今贵港市，汉代郁林郡治所。

然后另铸 3 个马蹄形足等距离地镶焊在倒置的鼓面边沿,即形成一件类似桌案的器物。① 类似这样的器物,在其他地方尚未见到。

铜凤鸟灯:合浦县望牛岭汉墓出土。一共两件,通高 32~33 厘米,长 41~42 厘米。灯作凤鸟形,背部有一圆形灯盘,用以盛置灯油和灯芯;凤昂首后转,嘴衔喇叭形灯罩,颈部由套管衔接,可以拆开和转动,用作调节灯光和吸纳灯烟。灯罩与颈部及身腔相通,肥硕的体内形成空腔,尾部设有一小圆孔(肛门),可使灯烟从设于凤嘴的灯罩通过颈管和体腔,而后从尾部的小圆孔排出,烟灰可积纳于体腔内,防止污染。凤尾呈扇形垂地,与两足构成鼎立之势,以保持灯体的稳定。② 器身遍刻有细密的羽状纹。凤灯设计巧妙,结构合理,造型优美,形象生动,堪称瓯骆青铜文化中的珍品。将灯设计铸造成凤鸟形,应是骆越先民崇拜鸟的遗风。

鎏金铜棺:西林县普驮汉墓出土。长约 2 米,宽 66 厘米,高 89 厘米,厚 2 厘米,重一千多公斤。方匣形,通体镶嵌纤细的鎏金花纹图案。③

铜仓:在合浦县望牛岭西汉墓、梧州市云盖山东汉墓均有出土。系仿当地"干栏"式粮仓建筑而铸造的专为死人陪葬的一种模型明器。造型别致,结构合理,工艺精巧,具有鲜明的地方民族特色。

铜鼓:汉至隋代,是广西地区铜鼓文化的繁荣昌盛时期。其青铜铸造业亦逐步转移和体现在铜鼓的铸造上来。自 20 世纪 50 年代以来,广西各地文物部门发现和收藏的铜鼓已有 560 多面(云南省文山壮族苗族自治州亦发现和收藏 100 多面)占全国各地文化部门收藏铜鼓总数(1460 面)的近一半,民间收藏的数量更多,说明瓯骆地区是铜鼓的主要铸造地,也是发现铜鼓最多的地区。其中有相当一部分铜鼓是汉至隋代这一时期铸造的。这一时期的铜鼓不仅个体硕大厚重,纹饰繁复华丽,而且工艺精巧别致。正如史书所言:"俚獠铸铜为鼓,鼓唯高大为贵,面阔丈余。"④ 又云:"自岭以南二十余郡……诸獠皆然,并铸铜为大鼓。"⑤ 考

---

① 广西壮族自治区文物工作队:《广西贵县罗泊湾一号墓发掘简报》,《文物》1978 年第 9 期。
② 广西博物馆:《广西合浦西汉木椁墓》,《考古》1975 年第 5 期。
③ 铜棺出土后,因保管不善已毁坏无存。
④ (晋)裴渊:《广州记》。
⑤ 《隋书》卷 31《地理志》。

古发现的实物与文献记载是相符的，如北流县石科乡发现的一面"北流型"铜鼓，面径达165厘米，残高67.5厘米，重300公斤，是迄今我国乃至世界上发现的最大的一面铜鼓，被誉为铜鼓之王。这面大铜鼓的通体还饰有细密工整的云雷纹和弦纹。这一时期瓯骆及其后裔乌浒、俚僚人铸造的铜鼓的特点是鼓面大于鼓身，鼓面边沿镶焊有立体塑像装饰，如蹲蛙、累蹲蛙、骑士、牛拉橇、鸟等。重量多在50~100公斤，造型优美凝重，工艺匠心独具，上下浑然一体，音质宏浑悦耳，令人赞叹不已。

关于青铜器的铸造工艺，除了采用传统的全范式铸造法、内模外范铸造法之外，还可能采用了新的蜡铸法，如铸造凤鸟灯如此复杂精致、纹饰如此纤细繁缛，器壁又如此之薄，以及铸造像铜鼓这样庞大、器壁薄而均匀、纹饰又如此规整繁复的器物，不使用蜡铸法是很难取得理想的效果的。同时还发明了焊接法，如铜鼓面上的立体装饰、鼓耳以及铜桶上的双重耳等，都是分铸后再焊接于主器上的。现在所见的这些焊接处，虽经长期使用且掩埋在地下1000多年，却仍完好无损，可见当时焊接技术及焊接材料的优良与精湛。就是采用前期的传统铸造方法，其工艺也要比原先复杂精致得多。如铸造一面200~300公斤重的大铜鼓，各道工序都要求有极高而娴熟的技术，并且还需要有精确的运算和多方面的知识与经验。首先是制作和塑造其模范，因铜鼓体积大，且花纹图案纤细繁缛，其内模自然也很庞大，料泥用量亦多，而且要求掺和材料适中，塑形要准确无误，否则就会干裂和变形。庞大的内模制作完成后，再在模面上刻或印上所要装饰的花纹图案。此道工序不仅要布局得当，需要有娴熟的精雕细刻的技艺，而且还要求具有较高的构图与绘画技巧。特别是铜鼓上的一道道圆形晕圈，在当时尚未有圆规类器具的条件下，已能将一道道巨大的圆形晕圈画得准确无误，令人叹为观止。难度更大的还在于将内模翻成外范，既要使鼓壁薄而匀称，又要使刻于模面的纹饰清晰地映现于铜鼓上，其外范究竟如何制作？研究者只是推想，并未能明察其详。其次，还要保证铸造出来的铜鼓具有音质洪亮悦耳的效果，这就要求工匠们具有丰富的化学（即金属成分的合理配制）知识和乐感经验。再次，要铸造如此庞大的铜鼓，必须要有大量的铜液，需要有相当规模的铸造作坊和相当数量精通技术的工匠以及严密的组织与分工。

第六章 "以故俗治"求安定

正是为了适应生产力的发展,奴隶主或封建主的手工业作坊便应运而生了。

青铜铸造是一项综合性的系统工程,它需要一系列相配套的工程及其相应的设备与技术,包括采矿、碎矿、冶炼、合金、铸造以及建造炼炉、鼓风设备,等等。在瓯骆故地的北流县铜石岭和桂平县西山,发现有两处规模宏大的汉代采矿炼铜遗址。其中铜石岭遗址已做了清理和发掘,基本弄清了它们的面貌。

铜石岭位于北流县民安乡上良村后的圭江河畔。1960年广西地质队进行地矿普查时,在铜石岭的东北麓发现了七个古矿井,他们对其中三个矿井进行了清理。矿井深20多米,井中遗留有许多木质支架和一些锈蚀的铁质工具。在地表土层中发现有许多孔雀石(铜矿石)。经钻探,在钻孔中发现孔雀石富集团块,并见有辉铜矿,矿石含铜4.8%。[①]

炼铜遗址位于铜石岭东面的岭坡上。炉渣分布范围很大,南北长约1000米,东西宽约40米,堆积厚度一般为10~20厘米,最厚处50厘米。20世纪70年代,考古工作者曾对铜石岭遗址进行过两次发掘,开掘探沟6条,发掘面积200平方米,发现炼炉14座,灰坑9个,排水沟2条,还发现一批陶风管、铜渣、铜锭、铜矿石、木炭、陶器等遗物。其炼炉为竖形炉,上部已残,高度不明,底部呈圆弧形,直径40~50厘米。炉壁使用黏土、石英砂和稻禾秆壳等材料掺和制成,厚10厘米。因受高温烤烧,炉内壁呈灰黑色,外壁略呈红褐色,一侧设有宽10~15厘米的流口。风管呈圆管状,质料与炉壁基本相同,内径3~3.5厘米,外径5厘米左右,有的呈弯折状,末端较细,表面黏附有酱色琉璃状晶体,应是插入炉中与铜液接触所致。[②] 铜石岭遗址中发现的竖形炉是一种结构简单的炉型,冶炼方法简单,易于操作,即把经过打碎筛选的矿石与木炭分层交错放入炉内,插入风管,而后进行鼓风熔炼。当炉内温度达到1000℃左右,矿石便逐步溶化成铜液。广西冶金研究所曾对铜石岭遗址的遗物进行金相分析,铜锭的含铜量为98.68%、含铅0.142%、含砷

[①] 第六地质队:《广西北流民安铜石岭矿点普查报告》1962年(内部资料)。
[②] 广西文物工作队:《广西北流铜石岭汉代冶铜遗址的试掘》,《考古》1985年第5期。

0.23%、含锑0.685%；炉渣含铜0.65%，含铅1.58%。说明当时的工匠已熟练地掌握了冶铜的提纯技术，其冶炼技术亦达到了很高水平。

铜石岭遗址出土的木炭，经北京大学考古系碳—14实验室测定，结果表明其树轮校正年代为距今1910±90年，时代属西汉晚期至东汉初期。遗址出土的陶片有不少是汉代常见的方格纹、水波纹；有的陶瓷片年代稍晚，有的属南朝时期，还有一件白陶双耳罐与钦州隋墓出土的同类器物相似。说明该遗址从西汉晚期至隋代是冶铜的兴盛时期，而且往后还一直被沿用。这是因为其冶炼遗址所处的地理及自然条件比较优越，旁侧有可通桂东南乃至广东的圭江，岭上有遍野的林木可作冶炼的燃料，人们可就地采矿，就地冶炼或就地铸造。联系到东汉至隋代，这一时期正是瓯骆铜鼓文化的鼎盛时期，北流则是大型铜鼓的主要产地，300公斤重的"铜鼓之王"也发现于北流。说明当时铸造青铜器的铜、锡等金属是由本地区冶炼的。

这一时期广西地区青铜铸造业的发展成就，还表现在工匠们已能根据所铸器物的功用而配制不同比例的合金成分。青铜器主要是由铜、锡合金铸成。器物的用途不同，其合金比例亦不尽相同。如《周礼·考工记》云："六分其金（即铜，下同）而锡居其一，谓之钟鼎之齐（即配剂）；五分其金而锡居一，谓之斧斤之齐；四分其金而锡居一，谓之大刃之齐；五分其金而锡居二，谓之杀矢之齐；金锡各半，谓之鉴燧之齐。"广西地区出土的青铜器经抽样作金相分析，所含金属成分分别为：

斧　含铜55.2%　铅17.5%　锡15.7%　铁4.4%

壶　含铜57.2%　铅19.3%　锡16.1%　铁2.4%

镞　含铜95.6%　铅3.4%　锌1%

铜鼓　含铜66.96%～83.42%　铅3.2%～23%　锡4.84%～14.94%

在上述金属合金中，除了铁和锌属自然附带成分外，其余均为人工配剂。特别是在青铜器中加入一定比例的铅，可使浇铸时铜液流畅，减少气孔；铸造成器后，具有质地坚韧，耐于蚀磨和敲击等特性。可见瓯骆工匠已熟练地掌握了合金技术。

前些年，广西的铜鼓研究专家与南宁市铸造厂的工程技术人员曾联合进行研究和多次试验，试图复制铸造古代的铜鼓，越南的科学家亦曾进行过铜鼓的复制铸造工作,但结果是:虽能复其形而不能复其音。先民们铸造铜鼓的技艺之精妙,由此可见一斑。

2. 铸铁业

汉至隋代,广西地区的铁器冶铸业无论是生产规模还是生产技术以至冶铸的铁器品种和数量,都比前期有了明显的发展与进步。从考古发现看,铁器已是这一时期墓葬中的常见之物,除了前述的生产工具外,还有各种兵器及其他生活日用器。两汉之际,广西地区的铁器冶铸业已具有一定规模。汉武帝元狩四年(前119)宣布盐铁实行官营政策,分别在产盐和产铁的地方设置盐官和铁官。全国共设铁官49处,分别隶属于40个郡。东汉时设铁官34处,每处铁官下设一个至几个作业点,广西地区也设有作业点。冶炼业由国家统一经营。

从出土的铁器来看,这一时期制造铁器的方法主要是铸造法和锻打法两种。其产品又有生铁和熟铁之分,而且已开始出现不同含碳量的钢。铸造法主要用于制作各种炊器和生产工具类,如釜、锅、犁等,其工艺流程与铸造青铜器大体相同,经过制范、浇铸、修饰等工序。锻打法主要是用于制作各种刃部锋利的工具,如兵器类的剑、矛、刀,生产工具类的斧、凿、锛、锄、锤、削刀、锯以及剪刀、镊等。其工艺技术比较复杂,一般要经过锻打、柔化、掺碳、淬火等工序,工匠们须具有丰富的经验和娴熟的技术。事实说明,广西古代工匠使用热处理工艺控制产品的结构和改变其性能的技术,已达到很高的水平。如贵港市郊罗泊湾一号汉墓出土两件完整无锈的长剑(长130.2厘米),系使用熟铁锻打成薄片,掺碳后叠合再锻打成形,然后再行淬火。故其剑刃部是属淬火高碳钢,杂质少,组织均匀,几乎达到现代优质钢的水准。正因为如此,这两柄剑在地下的泥水里淹埋了二千多年,出土时仍乌黑闪亮,无丝毫锈蚀,锋利如新。从一个侧面反映了当时铁器制作工艺已达到很高水平。

铁器制造业的发展离不开铁矿的开采与冶炼。由于铁矿石冶炼的熔点要比铜矿石高(一般要达到1200℃~1400℃)。要提高炉温,就需要改进炉体的结构和鼓风设备。正因为如此,瓯骆地区的冶铁业出现较迟。当地工匠们是在长期冶铸青铜器的实践过程中,逐步积累经验的。经过不断地摸索与实验，才掌握了冶铁技术，开创了广西地区的冶铁业。考古工作者已在广西的岑溪、北流、容县等地发现了多处汉魏时代的冶铁遗址，遗址里遗留有大量的炉渣以及一些冶铁的坩埚。只因炉体已残缺不全，故已无法知道当时的炼炉结构、设备及其冶炼方法。但这些遗址，至少可以肯定，汉魏时代，广西地区已有自己的冶铁作坊，并已开始开采铁矿和冶炼铁，铁器的制造业已发展起来了。

贺县贺诚乡寿峰村与马莲塘乡永庆村交界的芒陈岭发现两座三国时期的小型墓葬，共出土各种随葬品79件，其中锄、锸、耙、镰、刀、削、锯、凿等铁器19件，占随葬品总数的24%。[①]

（二）陶瓷制造业

这一时期瓯骆地区的陶瓷制造业在前期的基础上，又有了新的发展与进步，并且出现了许多新的工艺，具体表现在以下方面。

1. 生产规模进一步扩大，生产品种明显增多

这一时期的陶器主要还是发现于墓葬，也有一些发现于窑址里。东汉时期，陶器已成为主要陪葬之物（魏晋南北朝时期主要用青瓷器随葬），而且数量多，器型丰富，每一墓用于随葬的陶器少的10件左右，多的达30~40件。先秦时期的陶器种类还不足20种，到了东汉已增至50多种，除了日用的饮食器和盛储器外，还新出现了井、灶、屋、仓、牛、猪、狗、鸭及兽类等模型器以及五联罐等。

2. 生产技术进一步提高，陶器质量普遍较为优良，工艺也较为精致

这一时期的制陶方法主要采用轮制，兼用手制和模制。凡是器体为圆形的，都采用轮制，所以器形普遍较为规整、均衡、对称，陶质普遍较为优良。有的则采用手制、轮制和模制三者兼用的方法，其制作工艺也较复杂。如瓮、罐类器物，往往是手制和轮制兼用，即先用泥条圈筑器身，再经慢轮修整成身、颈和口沿，后黏接器底，最后再在器体上拍印和刻画花纹装饰。而瓶、提筒、鼎、盒、壶等带盖儿的器物，则先分

---

① 广西文物工作队：《广西贺县两座东吴墓》，《考古与文物》1984年第4期。

别轮制出器盖儿和器身，然后加上器底及足，经进一步修整才最后成型。至于三足罐、三足盒、小盒、碗、盂、联罐等器体较小的器物，则器身与器底一次轮制完成，有的还捏制器耳、盖钮等器物的附件。轮制的普遍采用和多种技法的兼用，不仅极大地提高了制陶的工效和产品的质量，而且使器物种类亦更加丰富多样。

3. 大量雕塑陶制品的出现，是这一时期制陶工艺发展进步的重要标志

在这一时期的墓葬中（主要是西汉晚期至东汉时期），不仅出土有丰富多样的陶制器皿，而且还有众多的模型明器，如陶屋、陶仓、城堡、灶、井以及各种家畜家禽。这类器物是专门用来给死者陪葬的，制作工艺多较精致，具有很强的立体透视感，如贵港和梧州等地东汉墓出土的陶屋或城堡，房屋建筑均为楼阁式，实际就是当时一组建筑单元的微缩，房屋内全部镂空，屋檐、脊棱、门窗、回廊、围墙、厨房、猪圈乃至正在炊煮的厨师和觅食的小猪等，都雕塑得栩栩如生，充分表现了工匠们娴熟的雕塑技艺。

4. 花纹装饰手法的多样化和纹饰的多姿多彩

两汉时期不仅是瓯骆地区制陶业的兴盛发展时期，而且也是装饰方法和纹饰形式空前丰富繁荣的时期。从考古发现来看，这一时期陶器纹饰的施制方法，有模印、拍印、施压、刻画、镂孔、附加、彩绘等7种。按其工艺种类的不同，大致可归纳为印纹、旋纹、刻画纹、附加堆纹、镂孔、彩绘等6类。具体纹样，则有数十种之多，每一种之中还可以细分出多种式样，例如几何形印纹就有124个不同结构的图案纹样。它们是采用一种以方格纹作地纹，然后在其上刻以各种几何图形小戳印的陶拍，当器坯未干时在器表逐段拍印出来。它们以每个戳印作为一个构图单位，由主、地纹相互配衬，线条纤细流畅，构图工整别致，繁而有序，与先秦时期的"几何印纹陶"迥然不同，成为汉代陶器装饰的一个显著特点。另一种装饰新工艺是在陶器上施以彩绘，画工们用黄、黑、白、红等4色颜料在泥质陶器体上描绘卷云纹、水波纹和弦纹等纹样。这些纹饰的题材多取材于自然，经过画师们的艺术再现，使之更加美观华丽，富于变化，极大地丰富了陶器的装饰内容，反映了这一时期陶器装饰工艺的

新发展和人们审美情趣的升华。

5. 出现了青瓷器

瓷器是以高岭土为原料,器壁内外施釉,经密封式窑床焙烧而成,它具有胎质灰白细腻、釉质晶莹、透水性差、质地坚硬、美观耐用的特点。瓯骆地区的青瓷器萌芽于战国至西汉,出现于东汉,成熟和发展于南朝至隋代,是这一时期墓葬中主要的陪葬品。其器形主要有各式罐、钵、碗、盘、壶、杯、盂等生活日用器,且皆为轮制,外施豆青色釉,器形规整,工艺精致,釉质晶莹,而且多呈冰裂状,其制作工艺及瓷器质量可与内地同时期的瓷器媲美。

6. 窑址的增多和窑床结构的进步

陶器品种和产量的增加和陶器质量的提高,都与烧制的窑床结构和烧制技术密切相关。目前在瓯骆故地的象州县运江、梧州市富民坊、苍梧县大坡圩、藤县古龙乡等地发现多处汉代的窑址,在北流县白马乡还发现有魏晋时期的陶窑。其窑体多呈马蹄形,而象州县运江发现的窑床为龙窑。其中以梧州富民坊发现的汉代窑床和北流县白马乡发现的魏晋陶窑保存得较为完整。富民坊窑遗址位于梧州市西北面的桂江西岸,范围包括竹石头山南坡至伏尸山的四周,面积约一万平方米。窑室平面呈马蹄形,自外及里,分为窑门、火膛、窑床、烟囱四部分;窑壁平直,船篷形拱顶;烟囱设于窑室后壁中间,呈方孔形;放置陶坯的窑床进深235厘米、宽108~130厘米,且自后向前倾斜度为10度。这种窑室的体积虽然较小,但窑壁较高,可增加烧制陶器的容量,而且密封性能好,可控制二氧化碳的还原度,能有效地提高窑室温度,并提高陶器的火候与质量。从出土陶器的形制和纹饰特征判定,富民坊窑遗址的时代为西汉晚期。其分布范围如此之大,说明当时生产规模的宏大。

白马窑遗址位于北流县白马乡西面的架排山和黄坡头一带。其窑室多依坡而筑,即挖掘山坡构成窑室,其平面略呈马蹄形,纵剖面略呈馒头状,窑体分为窑口、火膛、窑床、窑壁、烟囱5个部分。窑口高35厘米,宽45厘米;火膛在窑口内侧;窑床深190厘米,宽104~107厘米,高90~97厘米;顶部呈船篷形,后壁分设3个烟囱,更能有效地提高窑室内的温度,故所烧制的陶器皆为灰胎硬陶,火候甚高。

此外,烧砖和瓦的出现,也是这一时期制陶业发展进步的标志之一,并且对于改变本地区的传统建筑材料以及建筑业、人民住宅建筑结构的发展,具有重要的意义。

这一时期广西地区的陶瓷烧制业的生产经营情况,大抵与青铜及铁器冶铸业一样,分为地方官府和民间私营两种形式。上述规模宏大的窑址,很可能是由地方官府经营的作坊,其作坊内部已有较为严格的分工,如专门为死者陪葬使用的各种雕塑式的模型明器,以及众多形制规整、造型美观的仿青铜礼器的陶器、砖瓦和贵港市汉墓出土的"圭禾后(司)"印文的陶器、南朝墓葬出土的精美青瓷器等,应是当地郡县市井官府陶瓷作坊所生产。而其他一些生活日用器皿,如贺县铺门金钟汉墓出土的一些器体上刻印有"左""右"等陶文,应是民间私营作坊的产品。因此,瓯骆地区制陶业的长足发展,固然是生产技术发展所促进,但也与地方官府和民间私营两种制陶业互相促进有很大的关系。目前瓯骆地区所发现的规模大的窑址,都位于江河之畔,这与制陶用水方便,也与产品外运便利有关。

(三) 纺织业

广西地区的纺织业,最早是就地取材,从天然植物中提取细长纤维作为原料,用以纺线织网织布。从考古发现和零星的文献记载可知,秦汉至隋代这一时期里,瓯骆地区的纺织业有了较快较大的发展,其技术水平已逐步赶上先进的中原乃至江浙地区。《汉书·地理志》云:南粤"处近海,多犀、象、瑇瑁、珠玑、银、铜、果、布之凑,中国往商贾者多取富焉。"其中所说的"布",后人考证是为葛布。张心泰《粤游小记》说:"粤中多产葛,惟郁林州者知名最久。齐武帝佐客乐曲,被管弦,乘龙舟游江中,令榜人皆着郁林布……即今之郁林葛也。"可见汉代以后,葛布已与犀、象、珠玑齐名,饮誉中原。《汉书》又说:南粤"男子耕农,种禾稻苎麻,女子桑蚕织绩。"[1] 说明当时瓯骆人已开始养蚕并出现了丝织品。

---

[1] 《汉书》卷28(下)《地理志》。

除了葛布和丝织品外，晋代还有用芭蕉纤维织成的蕉布。"一名芭蕉……其茎解散如丝，以灰炼之，可纺织为绨绤，谓之蕉葛，交广俱有之。"①

在广西的汉代墓葬中，曾出土过一些纺织品残片。如贵港市罗泊湾一号墓出土有丝绸、麻布、织锦、漆纱帽等残片；同墓出土的一件木牍《从器志》上也列有不少纺织品的名称，计有缯、苎、布、紬、线、絮、丝等。这些纺织品，按其质料可分为丝织品和麻织品两大类。

丝织品类：罗泊湾一号墓中的《从器志》提到和岭南出土的这类纺织品有缯、锦、线絮、丝、丝绸等。从前引《汉书·地理志》所云南粤"女子桑蚕织绩"来看，汉时瓯骆地区已出现丝织品无疑。另外，在罗泊湾一号墓中还发现漆纱帽的残片。其帽是一种涂上生漆的帽子，是用很细的麻线织成带方孔的纱布制成。类似完整的漆纱冠，湖南长沙马王堆3号汉墓曾有出土。罗泊湾所出土的残片，比马王堆3号墓出土的略为粗疏，应是本地制作。

麻织品类：罗泊湾《从器志》所记和实际出土的这类纺织品，有布、麻布和纱衣残片等。其纱衣残片经广西轻工业局绢纺工业研究所鉴定，认为是平纹组织的麻织物，经纬密度为每平方厘米经线41缕，纬线31缕，其纺织技术已达到很高的水平。②

此外，汉代瓯骆地区的纺织品还有棉织品。岭南地区盛产木棉，"其树高大，其实如酒杯，皮薄，中有如丝棉者，色正白。"③ 木棉树"高数丈，树类梧桐，叶类桃而稍大，花色深红类山茶，春夏花开满树。花谢，结子大如酒杯，絮吐于口，茸如细氄，旧云海南蛮人织以为布。"④

关于当时的纺织工具，在瓯骆地区也有发现，包括纺纱工具、织布工具两大类。

纺纱工具类：发现较多的是石或陶制的纺轮。其形如圆饼或算盘珠，中间穿有一小圆孔，在孔内插入一根小木杆（即拈杆），即成纺博（或称

---

① （晋）嵇含：《南方草木状》，上海古籍出版社，1993，第2页。
② 余天炽等：《古南越国史》，广西人民出版社，1988，第164页。
③ （汉）杨孚：《异物志》，吴永章辑佚校注，广东人民出版社，2010，第166页。
④ （清）陈元龙：《格致镜原》卷64引张七泽《梧浔杂佩》。

纺轮）。这种纺博早在新石器时代已开始出现，并一直沿用下来。在贵港、合浦、梧州、平乐等地的汉代贵族墓葬中，多发现有这种纺轮，说明这类原始的纺纱工具在当时仍很流行。根据民族学的材料，轻重大小不同的纺轮，用于纺捻粗细不同的纱线，即小纺轮用于纺细线，大纺轮用于纺粗线。瓯骆地区发现的纺轮，一般为中小型，应是用于纺细线。

除了纺轮之外，从罗泊湾汉墓中出土的麻布残片，经纬线细密均匀，这是纺轮无法胜任的，应是由纺车所纺。在同一墓葬中正好发现有纺车的木构件。有一种一头大一头小的圆木棍，应是纺车上的辐条。这些辐条长33厘米，直径0.5~1.5厘米，两端均设有榫，粗端榫可安装在车轴上，细端榫可套合木轮的木框。细端有两个小孔，粗端也穿有一小孔。通过这些小孔用粗线将相对应的辐条连接起来，就形成纺车的轮子。另外，还发现有一些带把儿的木锥，很可能是纺车上连接纱锭的轴。纺车的出现，既提高了纺纱的工效，也提高纱线的质量，使之细而匀称。

织布工具：在贵港市罗泊湾一号汉墓的椁室内，发现了一批实用的织机部件和模型织机的部件，计有打纬刀、卷布轴、经轴、梭、引经杆、分经杆、马头、挑经刀、提综杆等。① 由于该墓早年被盗，织机已散乱，故无法复原。但从其部件来看，罗泊湾汉墓出土的应属斜织机。② 这是一种比原始的踞织机更为先进的织布机，它代表了当时瓯骆地区织布机的发展水平。

（四）漆器制造业

广西地区漆器业开始于何时，文献无证。广东肇庆战国墓曾发现过一些漆器残迹，③ 透露了岭南制作和使用漆器的信息。

广西地区大量发现漆器是在西汉时期的墓葬中。在贵港市罗泊湾一号墓中出土各种漆器800件（片）；在罗泊湾二号墓和贺县金钟汉墓也出土大批漆器。④ 器形有耳杯、盘、案、奁、盒、豆、盆、桶、梳篦盒、剑

---

① 广西壮族自治区博物馆：《广西贵县罗泊湾汉墓》，文物出版社，1988。
② 余天炽等：《古南越国史》，广西人民出版社，1988，第152页。
③ 徐恒彬：《南越族先秦史初探》，《百越民族史论集》，广西人民出版社，1986。
④ 广西壮族自治区博物馆：《广西贵县罗泊湾汉墓》，文物出版社，1988；《广西贺县金钟一号汉墓》，《考古》1986年第3期。

鞘、刀鞘、矛柄、伞顶轴、拐杖与其他器物附件等。耳杯和盘类漆器的底部烙印有"布山""市府草"或针刻有"胡""厨""杯""士"等字样。烙印文字是在素木胎上烙印戳记而后上漆，是漆器制作过程中打上的戳记，故多是制造地的地名或制漆器的官署。如罗泊湾汉墓中出土漆器上所烙印的"布山"和"市府草"等字，表示这些器物为布山市府所造。① 针刻文字是在漆器制成后刻上的，往往是漆器的买主、用主自己刻写作为记号或纪念。

　　漆器是一种包括多种工艺和多道工序的精细工艺品。制造一件漆器，需要多人分工合作，各尽其长，方能完成。其间要经过胎工（素工）、初漆工（髹工）、细漆工（上工）、绘画工、铭刻工（雕工）、清理工（清工）等道工序，最后由工师（造工）检查完成，再送监造官吏验收，合乎质量才算完成，真可谓"一杯卷用百人之力"。瓯骆地区制造的漆器，其上虽然未见明确烙刻制漆工匠和监造人名的题字，但从其能生产如此众多的漆器来看，如果没有一支人数众多又各怀其技的制漆工匠队伍以及专门的"市府"作坊（地方官营）和严格的组织分工是不可能做到的。除了普通的漆器种类以外，还有铜扣器、鎏金铜扣器和舒玉纻器。

　　楚国是漆器制造业最发达的地区。瓯骆地区出土的漆器种类、形制与绘画风格等，都与楚地发现的相似。岭南与楚地相邻，其地的制漆业应是在楚地制漆业的影响下发展起来的。瓯骆地区的漆器的胎骨质地主要有木胎和夹纻胎两种，其中以木胎居多。其制作方法有三：一是研制木胎，即利用一木块或木板通过刨、削、剜、凿等做法制出器形，如方盒、耳杯、案、扁壶等器物属之；二是旋木胎，即取一块大小适当的木板或木块，先旋出外部轮廓，然后将器内部分剜凿出来，豆、盘、盆类器物属之；三是卷木胎，是用薄木片卷成器身，接合处用木钉钉接，奁类器物属之。这类器物表面光滑平整，不见接缝痕迹，可能是在胎骨上加裱麻布，然后上漆。夹纻胎器物偶见之，其制造方法是先以木或泥制成器形，作为内胎，然后以麻布或缯帛若干层附贴于内胎上，待麻布或缯帛晾干后即去掉内胎，再在"脱胎"后与原来器形的轮廓完全一致而

---

① 布山，汉元鼎年间置县，为郁林郡治所，在今贵港市。

在稍大一些的麻布或缯帛上涂漆彩绘纹饰成器。有一些器物为了使其牢固,还要以金属件扣于漆器的口缘,由此亦增加了漆器的美感,但工艺技术要求更高。

漆器多绘有细腻流畅的花纹装饰。花纹除了平涂外,还比较多地使用线条勾勒,有些器物上的纹饰同时用几种线条勾勒,使画面更加生动活泼,华贵不凡。几何类型花纹线条纤细飘逸,写实性动物图案则简洁明快。如所绘的波浪纹,一波三折,曲折委婉,带流水的韵律;卷云纹更是洒脱飘逸,简明流畅;动物图像中的犀牛,着笔不多,却把犀牛特有的形态表现得活灵活现,反映了漆画工匠娴熟的绘画技巧和精湛的艺术造诣,达到了用漆如墨的境地。

漆器具有精巧、美观、耐用的特性,故既是一种精美的工艺品,又有很高的使用价值。所以,它一经出现,就为世人所喜爱,并且很快就发展成为一种新的用器。但由于漆器制作工艺复杂,原料稀少,所以价格必然昂贵,非一般平民百姓所能享用。

(五) 竹木器制造业

广西盛产竹类,因而以竹篾编织竹器的历史也很悠久。在平乐银山岭战国墓中,就发现有专用于破削竹篾的青铜刀或铁质刀、削类工具,表明在先秦时期瓯骆地区早已出现了竹篾编织。秦汉时期,这类工具明显增多,反映了竹编业的发展。但由于埋藏在泥水中的竹篾器不易保存,所以我们已无法确知当时竹篾编织的品种,但从目前所能见到的出土竹笥和竹席两个品种来看,其破削篾片的技术和编织水平是很高的。1976年发掘罗泊湾一号汉墓时,曾发现一些残竹笥和裹尸的残竹席,竹笥的竹篾宽约0.5厘米,而厚只有1毫米;竹席的竹篾宽约4毫米,厚仅1毫米。二者都作"人"字形编织法,质地与工艺并不亚于现代的竹席。由于岭南遍地都盛产竹,材料易得且易于加工,故民间的竹器业必定很普遍。

广西地区山林遍野,木材丰富,有利于发展木器业。在秦汉时期的墓葬中,出土有众多的斧、锛、凿、曲柄铲、锄头、锉刀、锯、刮刀等成套的铁质木工工具。这些工具的出现及其广泛使用,极大地促进了木器加工制造业的发展。这一时期的木材加工及木器制造,不仅是相对独立于其他行业而存在,而且还渗透于社会各个行业之中,无论是造船、建筑、纺织、漆器制造、农业等,无一不直接或间接与木器加工制造有关,无一不需要其介入。尤其在砍伐、锯板、凿铆、刨光等工序中普遍使用了铁制工具,不仅极大地提高了工效,而且可以使工匠们的技术得以充分发挥。在这一时期墓葬里发现的木制随葬品,除了形体硕大,结构紧密的木棺和木椁之外,还有木船、木车、剑、枢、楣、梳、篦、俑、马、兽、六博棋盘、拐杖、伞轴、木牍等,其制作工艺多较精巧,它们从一个侧面反映了当时的木器制作水平。

(六) 玉石制造业

自金属工具逐渐取代石质生产工具以后,玉器制造业也逐步发展起来,并逐渐成为替统治阶级或富有者提供装饰玩赏用品及礼器的专门行业。玉石晶润而有光泽,有硬玉和软玉之分。硬玉是一种辉石矿物,主要成分为硅酸钠及硅酸铝,硬度约为7;软玉是一种角闪石矿物,主要成分为硅酸钙,硬度为6～6.5。两汉时期是瓯骆玉石制造业发展的兴盛时期。在这一时期的墓葬中,出土有数量众多、品种丰富多样的玉器,器形包括玉璧、玉环、玦、璜、佩饰、玉鱼、玉角、玉猴、鼻塞、琀、杯、灯、管、珠、带钩、剑具、琢珌、印章等20余种。① 这些玉器造型优美,剔透玲珑、镂刻精细,工艺水平极高。如罗泊湾一号汉墓出土的玉杯,造型优美,制作精致,工艺水平堪称上乘,是汉玉中的珍品。

广西地区出土的玉器,主要见于规模较大的贵族墓葬里,而一般的小型墓则比较少见。说明当时的玉器尚属珍贵之物,而普通平民百姓尚无法问津。据此看来,当时的玉器制造业主要还是由地方官府所垄断。

除了玉器之外,广西地区还盛行滑石器的制造。岭南地区有着丰富的滑石矿藏,在今桂东南和桂东北地区均有分布,尤以桂林一带为最。滑石矿通常是由富含镁的岩石变质而成,主要成分为硅酸镁,硬度为1。因其矿石质地细嫩,色泽晶润如玉,且硬度低,易于雕琢,人们习用以"琢为器用",故成为两汉至南朝墓葬中常见之物,器形有鼎、壶、钫、甑、璧、暖炉、砚台、俑、猪、钵、勺、柱础等。这些器物多仿制于日

---

① 余天炽等:《古南越国史》,广西人民出版社,1988,第153页。

用的陶器、铜器或玉器,而且多数为非实用器,但其形体凝重,造型优美,表面光洁,做工精细,刀法娴熟,形象逼真,反映当时民间工匠的雕刻技艺已达到很高的水平。

从广西地区出土的玉石器的种类、数量及工艺水平来看,其玉石制造业应已成为一种相对独立的手工行业。铁制工具的广泛使用,为玉石制造业的发展创造了有利的条件。因为玉质矿石质地坚硬,从开采、切割、凿刻到镂孔,必须要有比之更加坚硬锐利的工具,同时还要有娴熟的雕刻技术和深厚的艺术功底。瓯骆地区出土的各种玉石器,造型别致,通体圆润,均衡对称,雕刻精细,刀法明快,磨制光滑,形象生动,充分反映了这一时期玉石制造业的发展盛况及其精湛的工艺水平。

除了上述的手工生产行业及其成就之外,广西地区还有造船业、建筑业、酿造业、煮盐业、金银冶铸业、玻璃器皿的制造等,而且都取得了一定的成就,丰富了广西地区手工业的门类,展示了这一时期手工业的发展成就,是广西社会安定、经济繁荣发展的一个缩影。

三 商业与交通

秦始皇统一岭南,打破了岭南长期封闭的局面,特别是灵渠的开凿和各条"新道"的相继开通,客观上有利于扩大岭南与内地及周边地区的联系交往。历经南越国赵佗政权以及西汉王朝的经营,包括广西在内的岭南社会经济有较快较大的全面发展,同时也促进了其地商业的发展。广西地区的瓯骆人积极与中原各地开展通商活动,向中原各地输出海盐、水果、葛布和珠玑、玳瑁、翠羽、犀角、象齿等土特产品,而后转由中原输入"金铁田器"和马畜等生产资料,以补岭南发展农业生产在工具上之不足。贵港罗泊湾一号汉墓出土的《东阳田器志》木牍书有"入锸卅"的字。表明该木牍所记之农具为江苏所产,而后通过交换进入岭南。同墓出土一件《从器志》的木牍背面书有"中土瓴卅"和"中土食物五笥"等字。"中土"即中州,就是今日的中原地区,表明该木牍所记之陶器和食物均为中州地区所产。又同墓出土一件木简记有"客籼米一石"等字,另一件木简也书"客籼口"等字样,按"客"

与土相对,是外来之意。"客籼米"系指从外地传入的籼稻。贵港罗泊湾一号汉墓出土木牍、木简所记的铁农具、陶器、食物、客籼等物,当是通过商业渠道流入岭南的。另据《史记·西南夷列传》载,汉使"唐蒙风指晓南越,南越食蒙蜀枸酱,蒙问所从来,曰:'道西北牂柯'"。表明唐蒙在番禺吃到的枸酱也是通过商业渠道从牂柯江经广西运抵番禺的。这也说明,汉时岭南壮族先民不仅与中原地区通商,与远居西南腹地的巴蜀地区也有商业往来。那些南来北往、东去西来的商人,进行商品交流,互通余缺,对社会生产的发展和人民生活的提高,无疑是有益的。

与此同时,广西地区还积极发展本地区内互通有无的贸易交换活动。这一时期发现的冶铜遗址、冶铁遗址和制陶遗址,均位于江河之畔,主要原因应是便于外运。瓯骆地区墓葬中出土的青铜器、铁器、陶器、瓷器以及玉石器等,形制和纹饰风格基本相同,应是由专门的作坊制造出来,而后通过贸易交换活动,才到使用者手中。它从一个侧面反映了本地区商品贸易的活跃与发展。

但总的来看,广西地区的商业贸易多属乡间的小型交换活动,以满足自给自足的小农经济的需要,专事商贾者较少,大宗土特产品的外销和外地商品的输入,主要为外来的汉人商贾所为。

交通运输业是社会生产和建设事业发展的先行行业。社会生产和商业贸易的发展离不开畅通的交通运输。广西地区南濒北部湾,面向东南亚,背靠大西南,境内江河纵横,具有发展交通运输的有利条件。汉至隋代时期,广西地区的交通运输以水路交通为主,陆路交通次之。秦征岭南,已先修凿灵渠以通粮草;汉武帝平南越,需先备足载运水师的楼船和戈船。其水路交通可分为内陆交通与海外交通两个方面。

内陆交通主要也是靠内河交通。这又可分为两个方面:一方面在瓯骆故地境内,水路交通可谓四通八达,即以自西而东流经今广西中部的郁江—浔江为干线,往北通过桂江、红水河和柳江可通达桂北各县;往西通过右江可通达桂西各县,其间,溯驮娘江可达西林县,溯西洋江可达云南广南县;往西南通过左江除到达左江地区各县外,还可溯左江之源的平而江进入今越南北部的谅山地区;往南通过北流江转南流江可通达桂东南和桂南各县，并自合浦出海到达东南亚各国。另一方面与毗邻地区的交通，一是通过桂江—灵渠向北入湖南湘江到达中原各省，此为古代瓯骆故地出入中原的主要交通孔道，有其特殊的政治、经济、文化和军事上的意义；二是通过浔江—西江东下广州，再由广州到达海外，三国至两晋时期，此一航道盛极一时；三是通过古称牂牁江的红水河进入贵州的古夜郎地。《史记·西南夷列传》云："夜郎者，临牂牁江，江广百余步，足以行船。南越以财物役属夜郎……窃闻夜郎所有精兵，可得十余万，浮船牂牁江，出其不意，此制越一奇也。"《汉书·西南夷两粤朝鲜传》也说：汉"元鼎五年（前112）秋……使驰义侯因巴蜀罪人，发夜郎兵，下牂牁江，咸会番禺"；四是通过柳江—都柳江进入贵州东南部的从江、榕江和三都等县。

在"陆事寡而水事众"①的岭南地区，陆路交通不如水路发达，主要有五岭道的开通。所谓"五岭道"，就是秦始皇统一岭南时秦军所走的5条道路。但这五岭古道，由于汉高祖的"别异蛮夷，隔绝器物"②和南越国赵佗因对汉王朝之愤怒而"发兵守要害处"③，五岭道一度被堵塞。汉武帝平南越后，五岭道虽获重开，但由于种种原因，交通运输仍未如常。截至后汉建初八年（83），郑弘大司农考虑到南北交通，如绕经东南沿海之"东冶，汛海而至，风波艰阻，沉溺相系"；为了安全和便捷，郑弘奏请"开零陵，桂阳峤道"，于是五岭道"夷通，至今遂为常道"。④

第三节　合浦港——海上丝绸之路的开拓

汉武帝平定南越国后，析秦置之三郡为九郡，原管辖今广西大部地区的桂林郡，分置为郁林、苍梧、合浦三郡。合浦具有得天独厚的区位优势，四周地形平坦，南面临江濒海，南流江贯流县境注入北部湾。合浦港扼北部湾顶的中枢位置，西邻钦州、防城及越南北部，东接广东的

---

① 《淮南子·原道训》。
② 《史记》卷113《南越尉佗列传》。
③ 《史记》卷113《南越尉佗列传》。
④ 《后汉书》卷33《郑弘传》。

廉江、海康、徐闻，东南侧有海南岛，过琼州海峡可抵湛江、广州、香港。通过北部湾可达今马来半岛、缅甸、印度、斯里兰卡等地，是广西开拓和发展海外贸易的重要港口。自汉武帝设置合浦郡并成为郡一级的治所后，这里便成为岭南西部地区的政治、经济、文化中心，合浦港也成为汉代中国南方对外交通的重要港口。大量货物从合浦港运往海外，海外的大量货物运抵合浦港销往内地，成为著名的海上丝绸之路最早始发港。

汉代以来，广西利用合浦港便捷的海上交通优势，积极开拓海外贸易。据史籍记载，汉时岭南的番禺（今广州）虽是华南大都会，但还不是对外贸易港口；当时的对外贸易港口是徐闻和合浦。所以《汉书·地理志》说：汉武帝时"自日南障塞，徐闻、合浦船行可五月，有都元国；又船行四月，有邑卢没国；又船行可二十余日，有谌离国；步行可十余日，有夫甘都卢国。自夫甘都卢国船行可二月余，有黄支国，民俗略与珠厓相类。其州广大，户口多，多异物，自武帝以来皆献见。有译长，属黄门，与应募者俱入海，市明珠、璧流离、奇石异物，赍黄金杂缯而往。所至国皆禀食耦，为蛮夷贾船，转致送之。亦利交易，剽杀人。又苦逢风波溺死，不者数年来还。大珠至围二寸以下。平帝元始中，王莽辅政，欲耀威德，厚遗黄支王，令遣使献生犀牛。自黄支船行可八月，到皮宗；船行可二月，到日南、象林界云。黄支之南，有已程不国，汉之译使自此还矣。"据考证，都元国在马来半岛东岸即今泰国南部的北大年府①，邑卢没国在缅甸萨尔温江入海处，谌离国在缅甸孟加拉湾沿岸，夫甘都卢国即缅甸的蒲甘城，黄支国就是印度的建志补罗②，已程不国即今之斯里兰卡③。当时的海外贸易，输出的主要商品是黄金和杂缯，输入的货物主要是明珠、璧流离、奇石、异物等奢侈品。广西地区汉代墓葬曾出土有玻璃、硬玉、玛瑙、水晶等物，其中仅玻璃（璧琉璃）一项就

---

① 周连宽等：《汉代我国与东南亚国家的海上交通和贸易关系》，《文史》第9辑，中华书局，1980。
② 郭沫若主编《中国史稿》第二册，人民出版社，1963，第177页。
③ 中国历史博物馆中外关系资料组：《中国通史陈列》，1979，第13页。

有1965颗①。广西贵港、梧州、合浦汉墓也出土有玻璃、琥珀、玛瑙、硬玉等物。② 汉墓出土之玻璃即《汉书》所提之"壁流离"。而今，《汉书》所载之输入商品已在广西地区的汉代墓葬出土文物中找到。说明汉时的海外贸易主要为官营，所以输入的珍奇商品，均为少数统治者所占用，死后也随葬于其坟墓中。

这段记载是我国汉代航海船舶在合浦起锚，经南海，穿越马六甲海峡，在印度洋上航行，通使通商、贸易往来的真实记录。

据《后汉书》载，"元和元年（84），日南徼外蛮夷究不事人邑豪献生犀、白雉"。这是外国商人由日南经合浦向汉朝廷进行官方贸易和交往的例证。《后汉书·大秦传》也记载："大秦与安息，天竺交市海中，利有十倍……其王常欲通使于汉，而安息欲以汉缯彩与之交市，故遮阂不得自达。"可见当时的安息和罗马、印度已在海上进行丝绸贸易，因"利有十倍"，安息就想垄断中国丝绸的贸易，以便从中渔利，所以阻挠罗马和中国的直接往来，故遮阂不得自达。在班固所撰的《汉书·地理志》中就记载了一条合浦通往印度洋的航路。

这是史籍中关于中国至印度洋之间海上航路最早的官方记载。从记载中可知，当时我国在南洋的航海活动已有朝廷遣"黄门"（即皇帝的近侍内臣太监）执掌，并招募富有远洋航行经验的民间海员和一些商人一起出航，这进一步佐证了秦以前北部湾一带已有民间航海活动的记载。汉船在异域航行途中，"所至国皆禀食为耦"，受到热情接待，还时有外国航海者或使节参加进来，结伴而行，或者还可能有外国海船沿途护送、导航，"蛮夷贾船，转致送之"。汉代的这条印度洋航路，是当时世界上最长的远洋航路之一。

汉代合浦地区与海外贸易是相当繁忙的。汉武帝平南越后，海外贸易得到进一步发展。汉朝廷"欲耀威德"。经常派出使者和商人带着大量的黄金和丝绸等到海外从事贸易，一些民间商人也从物产丰富的四川运蜀锦等商品到合浦、交趾一带交换玳瑁、琥珀、珍珠、琉璃等，而外国

---

① 广西博物馆：《秦汉考古》（华南部分参考资料），1975，第64页。
② 广西博物馆：《秦汉考古》（华南部分参考资料），1975，第64页。

商人一方面仰慕中国的物质和文化，另一方面为博取汉皇帝的厚赐也纷纷组团前来，外国使者和商人从海上直抵合浦港，或从合浦直达长安和中原地区，或直接在合浦以璧琉璃、琥珀、玛瑙、奇石异物和中国商人交换丝绸、陶瓷、珍珠、茶叶等物。当时，凡是东南亚和西方各国的使者和商人，从海道而来的大都抵合浦。《廉州府志》记载："武帝（汉武帝）威德远播，薄海从风，外洋各国夷商，无不梯山航海，源源而来，现在辐辏肩摩，实为海疆第一繁庶之地。"可见汉代合浦港对外贸易繁忙的盛况是空前的。合浦港作为我国海上丝绸之路最早的始发港，它曾经架起了我国在海上通往世界的桥梁，在我国古代海上交通和对外贸易史上写下了光辉灿烂的一页。

第七章

"以夷治夷"谋稳定

——唐宋时期广西创新开发期

第一节 羁縻制度的起源和确立

羁縻制是秦汉至宋中央封建王朝对边疆少数民族地区进行统治所实行的一种特殊的政治制度。羁縻制有其产生和发展的过程。开始时，它还比较松散，只不过是对边疆少数民族略加管束，笼络各民族酋首、渠帅，使之不生异心、不与中央王朝和地方政权对抗，不求深治。后来，随着边疆地区少数民族社会的发展与变化，中央王朝统治势力的逐步深入和加强，对边疆少数民族地区的政策措施也日趋完善，羁縻制也逐渐完备或强化，至唐代时便形成了颇为完备的治理边疆民族地区的一种政治制度，并广为推行实施。羁縻制度的出现和推行，对边疆少数民族地区的社会、政治、经济、军事、文化，以及民族地区同中央王朝的关系，我国统一的多民族国家形成、发展与巩固，都产生了深远的影响，并对后世治理民族地区也都起过借鉴的作用。

一 羁縻制度的起源

我国自秦汉以来就逐渐形成了统一的多民族的国家。在这个统一的多民族国家里，由于受到诸因素的制约，各民族的政治、经济、文化的发展一直是不平衡的。一般说来，少数民族聚居区多地处边疆，山川阻隔，交通闭塞，开发较晚，故其社会发展水平较低，民族、宗教、语言、习俗以及历史渊源等关系又极为复杂或特殊，当中原封建王朝的统治势力逐步发展到边疆民族地区时，首先面对的是少数民族文化的差异，风俗的独特，地形的复杂，交通的闭塞，经济的落后和社会组织的内聚，不可能用对中原汉族地区那一套统治方式进行统治。因此，历代中央王朝对边疆少数民族地区的统治，也就不得不采取和中原地区不同的方式。同时，由于中央王朝的国力还不能完全达到或深入边疆少数民族地区，难以直接管辖，不得不任用民族首领为官作吏，授以官职爵号，通过他们对民族地区进行间接统治。这种做法史称"羁縻之治"，或称为"羁縻制度"。实质上它是中央王朝推行"以夷制夷"政策的产物，至宋元时发展成为更加制度化的土司制度。

何谓"羁縻"？《史记》云："盖闻天子之于夷狄也，其义羁縻勿绝而已。"何谓"羁縻勿绝"？《索隐》引《汉官仪》解释说："羁，马络头也；縻，牛繮也。《汉官仪》云，'马云羁，牛云縻'，言制四夷如牛马之受羁縻也。"① 换言之，利用少数民族首领对民族地区进行统治，臣服于王朝，这种方式，在汉代便称为"羁縻"。具体言之，就是中央王朝的统治者将少数民族中的人民群众比作牛和马，充当马笼头和牛缰绳的是少数民族的首领分子，而抓住马笼头和牛缰绳不让马和牛跑掉的人则是中央王朝的统治者。由此可知，羁縻之治的实质或主要内容是：封建王朝对边疆少数民族地区进行统治，是通过朝廷封授少数民族首领一个职官称号，仍由他们世袭其地，世统其民，朝廷不过问或干涉其内部事务；允许保留其原来的社会、政治形态，生活方式和风俗习惯，只要求表示臣服归属，并且象征性地收缴一些赋税贡纳，以示臣属关系。

秦代，开始在民族地区设"道"这一行政单位进行统辖。何谓"道"？东汉卫宏《汉旧仪》说："内郡为县，三边为道。"《史记·孝文帝本纪》《后汉书·百官志五》说："县有蛮夷曰道"，"凡县主蛮夷曰道。公主所食汤沐曰（国）（邑），县万户以上为令，不满为长。侯国为相，皆秦制也。"简言之，秦代设在民族地区的县就称为"道"，通过对民族首领封以"臣邦君长""臣邦君公""蛮夷邑君侯王"等官职，对民

---

① 《史记》卷117《司马相如列传·索隐》，中华书局，1959。

第七章 "以夷治夷"谋稳定

族地区进行间接统治。由于秦朝历史短暂，只存在 15 年时间，故其治理周边民族地区的政策和措施，都还相当粗略，史籍记载也很缺乏。

汉承秦制。但由于两汉时期王朝所管辖的民族地区大为拓展，所统治的时间又长达 400 多年，随着统治经验的不断积累，其治理民族地区的政策措施，又在秦的基础上有所发展。两汉时，在民族地区除继续设"道"以外，还设置了"属国""初郡"等行政单位进行统辖。据《汉书·地理志》载：西汉平帝（1~5）时，全国共有"道三十二"；东汉时，在此基础上又有所损益，如蜀郡的汶江道、绵虒道均为新置之道。①两汉的"道"，也和秦制一样相当于县级行政单位。

"初郡"，也称"边郡"。汉王朝对于初郡，不强求实行内地郡县一样的体制，而是从边疆少数民族地区社会发展特点出发，实行特殊的政策。例如，这类郡县多以原部落联盟的范围为区划；既任命太守、县令、长吏掌治郡县，又任命当地土酋为王、侯、邑长，实行土流两重统治，流官治其土，土官治其民。初郡制度后来为三国两晋广为承袭沿用。

两汉时，在边疆少数民族地区更为广泛推行"蛮夷君长"的统治制度，对归附的少数民族首领授以各种职名官号，如在南方先后封了滇王、夜郎王、哀牢王、邛笮王、句町侯、卧漏侯、破虏旁邑侯、大汉都尉、归汉里君、奉通邑君等，允许受封的民族首领"以其故俗治"，即允许仍按原来各民族内部原有的政治结构，管理各自原来管理的地方和人民，隶属于汉中央王朝。利用少数民族首领对少数民族地区的统治，这种方式在汉代称为"羁縻"。

南朝时期，在南方少数民族地区普遍设置"左郡""左县"。左郡、左县的得名，来自"蛮左"。蛮左是南朝统治者对少数民族的统称。在蛮左地区设置的郡县就称为左郡、左县。此外，南朝政府还在僚族和俚族聚居的地方分别设置"僚郡"和"俚郡"，如岩渠僚郡（领岩渠、平州和汉初三县）、越巂僚郡、沈黎僚郡（领蚕陵一县）、甘花僚郡、始平僚郡、吴春俚郡（属越州，今广西钦州和广东省雷州半岛一带）和建陵左县（在今广西荔浦县一带）。左郡、左县以原有部族或部落联盟的范围为

---

① 《后汉书·志第二十三·郡国五》，中华书局，1965。

郡县区划，规模一般较小，保留少数民族内部原有的经济形态和社会结构，任命其民族酋首、渠帅为太守、县令；按户征收轻微的赋税，由土长统一缴纳："一户输谷数斛，其余无杂调……无徭役，强者又不供官税。"① 总之，南朝政府不打乱少数民族原有的社会经济结构，不过多干预少数民族的内部事务，左郡、左县、僚郡、俚郡是南朝政府管辖下享有较大民族自治权的特殊的郡县。它们的设立，在中国历代封建王朝对周边民族的治理中，有着重要的意义和作用。它上承秦汉时期"道"，下启唐宋时期的"羁縻府州"，最后演变成明清时期的"土府""土州""土县"。

以上便是羁縻制度的起源和发展过程的大体情况。它是中国情况极为特殊的产物，是少数民族社会历史发展的必然，影响久远。

二 羁縻制度的确立

唐朝在边疆少数民族地区普遍设置羁縻府、州、县，是秦汉以来封建王朝对边疆少数民族地区统治方式的延续，使羁縻制度更加完善和制度化。

自唐太宗于贞观三年（629）把威胁唐王朝生存最为严重的东突厥荡平之后，对归附的"西北诸蕃及蛮夷"，"即其部落列置州县，其大者为都督府。"② 以羁縻府州这种边疆行政制度，取代了秦汉以来土流并治的"边郡""初郡"制，"以蛮治蛮"的色彩更为浓烈了。

唐代在广西设置以壮族首领为都督、刺史之制，始于唐高祖李渊立国之初。"（武德）四年（621），（冯）盎以南越之众降，高祖以其地为罗、春、白、崖、儋、林等八州，仍授盎上柱国、高罗总管，封吴国公，寻改封越国公。拜其子智戴为春州刺史，智彧东合州刺史，徙封盎耿国公。"③ 武德初年，宁长真以宁越、郁林之地降唐，"高祖授长真钦州都督。宁宣亦遣使请降，未报而卒，以其子纯为廉州刺史，族人道明为南

---

① 《宋书》卷97《夷蛮传》，中华书局，1974。
② 《新唐书》卷43《地理志七》（下），中华书局，1975。
③ 《旧唐书》卷113《冯盎传》，中华书局，1975。

越州刺史"。① 这是唐朝在岭南地区设置以土酋为都督、刺史的羁縻州制的最早记载。但那是属"天下初定,权置州郡"②的性质,未成为一代定制,羁縻州制正式确定为治理民族地区的一种地方行政制度,并广为推行,则是在唐贞观年间(627~649)。《新唐书·地理志七下》"羁縻州"条说:"唐兴,初未暇于四夷,自太宗平突厥,西北诸蕃及蛮夷稍稍内属,即其部落列置州县,其大者为都督府,以其首领为都督、刺史,皆得世袭。虽贡赋版籍,多不上户部,然声教所暨,皆边州都督、都护所领,著于令式。"这是羁縻州制的形成过程及主要内容的集中概括。截至开元年间(713~741),唐王朝在西北、东北、西南等周边民族地区建立的羁縻府州共856处,其中羁縻府94处,羁縻州762处。南方地区(包括剑南、江南、岭南三道)无羁縻府建制,只有羁縻州,共计304处,其中岭南道92处。那些既辖内地州县,又辖羁縻州的都督府,如岭南道的邕、桂、黔等都督府,不属羁縻府,因而《唐书》不把它们列入羁縻府州的总数之内。据《唐会要》卷70、《新唐书·地理志》记载,唐天宝年间(742~755),全国有"正州三百三十一处,羁縻府州八百五十六处。"正州不及羁縻州数的一半,甚至还不及南方地区404个羁縻州之数。究其原因,是羁縻州的规模较小,领县也少;其领县数只为内地1571县的四分之一左右。

唐王朝在广西实行羁縻制度的基本内容,一为"全其部落",二为"不革其俗",三为轻徭薄赋,四为"以蛮治蛮",取代历朝的流土并治。比较秦汉以来历代而言,前三者基本属继承性,而后者则可谓唐时边疆民族治理思想的重大发展,在羁縻州县重用土酋自治,是羁縻制的核心,是唐代较之历代王朝在政治上更为开明进步的重大表现,是唐王朝对民族问题较少民族偏见在政策上的重大表现。通过羁縻制度的施行,唐王朝把壮族先民地区统一在中国版图内,在保留壮族先民内部原有的政治、经济结构不变的情况下,又从政治、经济、文化诸方面给以影响。对于社会发展落后于内地的广西少数民族来说,这种统一对其社会发展在一

---

① 《新唐书》卷222(下)《南蛮南平僚传》,中华书局,1975。
② 《新唐书》卷37《地理志一》,中华书局,1975。

定的历史阶段是有利的。而其对边疆的稳定，对边疆民族凝聚力的增强，进而对国家的稳定作用则日益明显。

三 羁縻制度在广西的推行

唐武德四年（621），唐王朝派李靖等进军广西，当地壮族土酋纷纷归附，唐王朝在顺利地统一了广西之后，对该地区采取了特殊的治理政策，在东部与全国各地一样，设置了正州、县；在壮族聚居的西部则上承南朝以降的左郡、左县、僚郡、俚郡，并将其发展为羁縻州县制，先后共设羁縻州57个，羁縻县48个。正如范成大在《桂海虞衡志·志蛮》中所云："自唐以来内附，分析其种落，大者为州，小者为县，又小者为洞"，"推其雄长者为首领，籍其民为壮丁。其人物犷悍，风俗荒怪，不可尽以中国教法绳治，姑羁縻之而已。"

唐王朝在广西壮族聚居地设置的羁縻州县，据《新唐书·地理志》载：江南道黔州都督府11州；岭南道桂州都督府7州，邕州都督府26州，安南都护府8州；剑南道戎州都督府4州，另有思唐州，共计57州，县48。兹列举如下：

明州、福州（均在今广西南丹县境）、峨州（今广西天峨县境）、琳州（今广西宜州市怀远镇一带）、鸢州（今广西南丹县境）、那州（今广西河池市长老乡、南丹县大厂镇一带）、添州（今广西百色市境）、延州、双城州（均在今广西南丹县境）、抚水州（今广西环江县北）、姜州（今址不详），以上11州隶江南道黔州都督府。

纡州（今广西忻城县果遂乡一带）、归思州（今广西忻城县东南）、思顺州（今广西柳江县西南）、蕃州（今广西宜州市南）、温泉州（今广西宜州市三岔、洛东以西，矮山以东一带）、述昆州（今广西宜州市北牙乡一带）、格州（今广西三江县境），以上7州属桂州都督府。

椴州、归顺州（今址均不详）、思刚州（今广西来宾县迁江镇一带）、侯州、归诚州、伦州（今址均不详）、石西州（今广西凭祥市境）、思恩州（今广西平果县旧城乡一带）、思同州（今广西扶绥县西北）、思明州（今广西宁明县东）、万形州（今广西大新县北）、万承州（今广西大新县东北）、上思州（今广西上思县南）、谈州、思琅州（今属越南）、波州（今广西大新县西南）、员州（今址不详）、功饶州（今广西田东县东）、万德州（今广西平果县境）、左州（今广西崇左县东北）、思诚州（今广西大新县西南）、鱼曷州、归乐州（今广西百色市）、青州、得州（今址均不详）、七源州（今属越南），以上诸州隶邕州都督府。

归化州（今广西柳江县北）、思农州（今广西罗城县）、西原州（今广西扶绥县西南）、龙州（今广西龙州县东北）、思陵州（今广西宁明县南）、禄州（今广西宁明县西南）、金龙州（今广西龙州县境）、安德州（今广西靖西县西北），以上8州隶安南都护府。

英州、声州、勤州、傍州（4州在今云南文山、广南、丘北、砚山、西畴、麻栗坡、富宁一带）。以上4州隶剑南道戎州都督府。

思唐州（今广西平南县西北）在开元二十四年（736）前也是羁縻州。

从壮族聚居区羁縻州的设置情况来看，主要集中在今广西西部地区，尤其是西南和西北地区。最东的羁縻州是思刚州和格州。

羁縻州领县如下：

琳州领多梅、古阳、多奉（均在今广西宜州市怀远镇一带）3县。抚水州领抚水、古劳、多蓬、京水（均在今广西环江县北）4县。纡州领东区、吉陵、宾安、南山、都邦、纡质（均在今广西忻城县果遂乡一带）6县。思顺州领罗遵、履博、都恩、吉南、许水（均在今广西柳江县西南）5县。蕃州领蕃水、都伊、思寮（均在今广西宜州市南）3县。温泉州领温泉、洛富（均在今广西宜州市三岔、洛东以西，矮山以东一带）2县。述昆州领夷蒙、夷水、古桂、临山、都陇（均在今广西宜州市北牙乡一带）5县。棍州领正平、富平、龙源、思恩、饶勉、武招、都象、歌良（今址均不详）8县。思明州领显川（今广西宁明县东）1县。归化州领归朝、洛都、落回、落巍（均在今广西柳江县北）4县。思农州领武郎、武容、武全（今址均不详）3县。西原州领思和、古林、罗淡（均在今广西扶绥县西南）3县。禄州在唐中宗时曾领单乐县，后废。先后共领48县。

唐王朝在壮族聚居地，以"其部落"所居住的地方立羁縻州，因而羁縻州数目多、疆域小。唐代壮族聚居地先后立正州64个，同时并立的最多仅46个；而在仅占壮族聚居地约三分之一的地区同时置有羁縻州57

个。地小人口少而州多，其规模自然较小。表现为领县少，57个羁縻州中有44个没有领县；有些州无治所或极简陋，往往寄治山谷。

凡有唐一代壮族聚居地的羁縻州县均为新置。设置羁縻州县的地区，或为新开辟之地，或其酋纳土内附因而置之，故"以其故俗治"，宽以待之。因而，对羁縻州县的调整亦稀。绝大多数羁縻州县设置的具体年代均不详明，唯有3州例外：明州，贞观中置；归顺州，唐置羁縻归淳州，元和年间（806~820）初，更为羁縻归顺州；安德州，贞元十二年（796）置。

五代时期，壮族先民所处地区，北部属楚国，南部属南汉。南汉乾和六年（948），南汉王刘晟派吴珣等击败楚兵，吞并北部，广西地区悉属南汉。

宋承唐制，进而发展和完善之，在建置、任免、职责、领地等方面的管理更为严格，羁縻制度也更为严密。范成大云："自唐以来内附，分析其种落，大者为州，小者为县，又小者为洞"，州、县、洞50余所，"推其雄长者为首领，籍其民为壮丁。其人物犷悍，风俗荒怪，不可尽以中国教法绳治，姑羁縻之而已。"宋代广西地区设置的羁縻州县洞分布地域与唐朝的羁縻州县大致相同，州县名称大部分是沿袭下来的。这些羁縻州县洞，分封俚僚首领为知州、知县、知洞等官，给印记，地位世袭，知州得"养印田"，权州以下得"荫免田"，民"计口给田"，土官并拥有自己的武装。根据《宋史·地理志》记载：邕州"羁縻州四十四，县五，洞十一"；融州"羁縻州一"；庆远府"羁縻州十，军一，监二"。

羁縻制度是唐宋时代中央封建王朝在借鉴汉代"以其故俗治"的基础上，在边疆少数民族地区推行的一种政治制度，并有了进一步发展和完善。羁縻制度的推行，一方面是中央封建王朝在统一边疆少数民族地区之后，因其地方偏远，交通闭塞，民情复杂，风俗殊异，统治力量鞭长莫及，于是在保持政治上统属的前提下，任用当地少数民族首领为官，由其世领其地，世统其民，中央王朝及其地方政权不加干预，有利于保持边疆地区社会的稳定和国家的统一。另一方面，中央王朝采取了一系列发展生产、传播中原文化的措施，促进了广西经济文化的发展。

第二节 军民屯田与移民垦荒制的开创

唐宋时期，广西地区主要居民仍然是壮侗语族诸民族及其先民。中原汉族的迁入不断增多，特别是从唐朝初年到南宋末年的 661 年间，广西地区的农民起义斗争此伏彼起，唐宋王朝不断派遣重兵前来镇压。每一次农民起义被镇压后，中央王朝都要留下军队戍守。由于战争、自然灾害等原因而迁移广西的中原汉族有增无减。而这一时期，瑶、苗民族也开始从原居住的湖南洞庭湖一带进入今广西北部山区。当地的原住居民主要居住在山岭之间临近水源的平旷肥沃之地；南迁的中原人则集中居住在交通便利的郡、县治所及其周边地区。据史籍记载，唐朝开元元年（713），岭南道有 153844 户，人口 634642 人，比隋末人口有所增加，比汉元始二年增长 1.37 倍，占当时全国人口总数的 1.03%。宋元丰三年（1080），广西登记入籍的人口有 242109 户，人口 1055587 人，比唐天宝元年增加近一倍。南宋时期，广南西路由于社会安定，百姓安居乐业，经济持续发展，人口也有较大增长，绍兴三十二年（1162），登记入籍的户数为 481926，人口 1325296 人，比元丰三年增加 27%；南宋晚期的嘉定十六年（1223），户数增至 520652 户，人口也相应增加，是此前人口最多的时期。[①] 从总体而言，当时的人口数与广西的总面积相比，仍然属地广人稀之地，开发的空间和潜力巨大。

唐宋王朝为了加强对广西地区的统治与开发，防范当地少数民族的反抗斗争，一方面增加道、州、府、县、洞等地方政权机构的设置，从中原内地迁徙移民到广西进行开发。另一方面，派遣军队驻守广西，防范和镇压当地少数民族的反抗斗争；到广西任职的汉族官吏和眷属也日趋增多。如此一来，驻军和官吏的粮食供给问题日益突出。唐宋王朝为了开发广西，解决戍边军队和官府的粮食供给问题，减轻农民负担，开始实行军民屯田制，要求驻守广西的军队就地屯田，开垦荒坡，种植粮

---

① 潘美权：《广西历代人口发展概况初探》，《广西民族研究》1987 年第 4 期。

食，且耕且守，史称"军屯"。同时不断将中原人迁移广西进行开垦。唐初，桂州驻军常仰赖于湖南衡州、永州一带经由湘江经灵渠漕运粮食保证给养。唐王朝在岭南西道之容、桂、邕三管经略使①，全面实施屯田制度。唐中宗景龙年间（707～710），桂州都督王晙招募大批兵民在漓江上建坝修筑"灵陂"，引江水灌溉，把旱地改为水田，共开田数千顷（1顷=100亩），生产粮食，以补充军粮，减轻了当地农民负担，受到当地群众的称赞，并勒石刻碑颂之，称赞王晙："筑城务农，利益已广，隐括绥辑，复业者多。"② 德宗贞元二年（786），皇族宗亲李去思任容州刺史期间，招募兵丁4000余人，开屯田500余顷。唐宪宗元和初年（806），韦丹任容州刺史，在其辖境内筑城"周十三里，屯田二千余所"，每所屯田30～50顷，约占当时全国开屯田总数的四十分之一，这是较大规模的屯田。《旧唐书·职官志》卷43记有："凡边防城守，转运不给，则设屯田以益军储。"除了军队屯田外，还实行募民屯田和罪犯屯田。为了进一步开发土地，增加粮食，唐王朝还采取在兵屯之所不及、交通不便的边远地区划定范围，招募民户从事垦殖，派遣官吏进行管理。一些地方官吏纷纷效仿政府做法，组织民众开垦荒地，使得屯田范围和规模不断扩大。此外，唐朝政府还把荒地分划给农民耕种，并且借给耕牛、农具等，以示鼓励和扶植。待到有收获时，再向农民征收粮食收成的一半作为田租。当时广西地区除了种植水稻外，政府还教民种植茶叶和麦类，补充军需官用。③ 由于采取屯田措施，广西地区的耕地面积迅速扩大，粮食总产量有了较大幅度增加，有效地解决了戍兵和官府的粮食供给问题，如桂管戍兵1000人，邕管戍兵1700人，容管戍兵1100人，都能"衣粮税本管自给"。④ 唐代实行的屯田制度，促进了广西的开发，提高了今广西地区的农业生产水平，并且为宋代巩固和扩大屯田规模奠定了良好基础。

---

① 唐咸通三年（862），分岭南道为东、西两道。广西属岭南西道，下设邕（治所在今南宁市）、容（治所在今容县）、桂（治所在今桂林市）三管经略使。
② 《旧唐书》卷93《王晙传》。
③ 《广西大百科全书·历史》（上），中国大百科全书出版社，2008，第232页。
④ 《旧唐书》卷41《地理四》。

第七章 "以夷治夷"谋稳定

宋承唐制,继续推行屯田制和奖励开垦政策。宋初,宋太祖采取奖励垦殖政策,对"垦辟荒田者,止输旧租;县令佐能招来劝课,致户口增羡,野无旷土者,议赏。诸州各随风土所宜,量地广狭,土壤瘠桷不宜种艺者,不须责课。"① 同时规定:凡"开垦荒田者,并令只纳旧租,永不通检。"② 所耕土地作为农民的"永业",可免除三年租税,三年以外输十之三。③

宋朝一方面继续实行军队屯田,另一方面采取移民屯田措施,使大量荒地得到开垦。北宋中期,广南西路提点刑狱兼屯田员外郎李师中鼓励农民开垦荒地,并建议朝廷将新开垦的土地由各地方官设置地籍,永不收税,开垦达20顷者为田正,可免其科役。此建议虽然没有得到批准,但反映了地方官员重视农田垦辟的事实。故至北宋末年,仅桂州一地,"垦田约万四十二顷,丁二十一万六千百一十五。"④ 南宋宝祐六年(1258),许多地方民众因畏惧官府增加赋税不敢开垦耕种,广南西路经略安抚使兼转运使李曾伯上奏宋理宗:"广西多荒田,民惧增赋不耕,乞许耕者复三年租,后两年减其租之半,守令劝垦辟多者赏之",得到宋理宗的准许。静江(治今桂林市)屯田由此开始,至景定三年(1262),屯田之制取得了良好成效,于是,宋朝廷便诏令邕(今南宁)、钦(今钦州)、宜(今宜州)、融(今融安县)、柳(今柳州)、象(今象州)、浔(今桂平)等州官吏在其辖区全面推行屯田制。至此,从前期的以军屯为主发展为军民屯垦并进,进而发展为全面推行移民屯垦的局面,加上唐宋王朝实行鼓励垦荒,减免赋税政策,调动了广大农民和军队的垦荒积极性,使得大片荒地得到了开发垦种,加上种植技术的改进和优良稻谷品种的培育,粮食收成大幅度增加,不仅解决了驻军、官吏的粮食供给和广大农民的生活问题,而且出现了剩余,大批粮食运销广东、临安(今杭州)等地。唐宋时期屯田制的开创与经验,为后来的元、明、清朝所继承和推行。

---

① 《宋史·食货志》。
② 《宋大诏令集》卷182《劝栽植开垦诏》。
③ 《宋大诏令集》卷192《募民耕旷土诏》。
④ 《宋史》第422《林勋传》。

第三节　运河的开通与航运的发展

唐宋时期，是广西水利交通发展的重要时期，也是水利交通大开发时期。一方面广西江河纵横，溪水众多，水系发达。然而，因受地形影响，各条江河多顺地势而流，在主要依靠水路交通运输的古代，两河之间，往往并行而流，举目可及，但若从水道而达，则需绕道数十里，或数日尚难抵达。而许多江河，皆自然形成，穿流于高山峡谷之间，天长日久，河道宽窄不一，时有堵塞，影响了交通的顺畅。另一方面，许多河流，河道深切，高岸嶙峋，水流湍急，无法引水灌溉农田，世居两岸的各族民众，往往望水兴叹，严重影响了广西交通的发展和经济的开发。如果在两河之间开凿运河，打通两河，使之交汇，则可大大缩短行程，有利于交通运输和水利灌溉，促进当地的开发和经济的发展。秦始皇征伐岭南时开凿的灵渠，沟通了湘江（长江）与漓江（珠江）的水上交通，虽然当时秦始皇开凿灵渠是出于军事目的，但具有水利灌溉之利，其作用和意义重大而深远，为后来各代开凿运河和修浚河道、开发水利资源和交通运输提供了成功范例。

唐宋王朝为了加强对广西的统治，把开凿运河、疏浚河道、修筑水利，发展交通，推动广西经济的发展作为一项重要的开发措施，开展了一系列水道修疏和运河开凿工程。如唐贞观年间的开凿疏浚牂牁河道工程。贞观十三年（639），渝州（今重庆）人侯宏仁主持开辟了牂牁道。这条水道自西赵（今贵州贞丰）流入广西，经添州（今百色）右江至横山（今田东）抵达邕州（今南宁），顺流而下可抵达西江乃至广东珠江口入南海，沟通了云南、贵州、广西、广东四省的水上交通，是当时广西西北部一条重要水道，宋代时云南、贵州的大批马匹多是从这条水道运送广西，转运内地和临安一带，供宋朝备战之急需，故有"买马路"之称。

唐长寿元年（692），开凿修建了相思埭运河（又名临桂运河，俗称桂柳运河）。此条运河位于广西临桂境内的良丰与大湾之间，全长16千米。开凿时，修筑陡门18座，在良丰与大湾之间建有一处分水塘，以东称东陡，水向东流入良丰江；以西称西陡，水向西流，入相思江。在分水塘修筑相思埭，首建节制闸门于北源入口处，以控制北源入口水量之需要，接着辟通清水塘航槽，于清水塘东西边缘建东闸门和西闸门，以控制清水塘水源之流向。在西闸门外，扩建疏浚原皇河河道，直至江岸与相思江衔接；然后开辟自后门头横斜至良丰河之莫家低洼潮湿地区9千米。由于皇河是相思江的支流，分水建筑物控制分别东西流之后，永不相会，故名"相思埭"。后经清雍正、乾隆时期的两次修整，将陡门增加到22个。相思埭修通后，使桂江与柳江的水运距离缩短了50.90千米，同时便利了军队"粮食戈甲"的运输，还沟通了云南、贵州水运航线，使得滇黔土特产品水运经融江、柳江过相思埭，通过灵渠抵达中原内地，既有利于广西与滇、黔和中原地区的商贸运输，又有利于广西与滇、黔和中原地区的经济文化交流，同时相思埭还起到平衡河水、调节流量的泄洪作用，当良丰河水涨时，河水可通过相思埭泄入相思江，同时可以灌溉两岸农田，达到了水资源的综合利用，兼顾了航运与水利的多方面效益。相思埭运河是广西古代规模最大、工程最艰巨的人工运河之一，运河所经过的地方，多为裸露的石灰岩地貌，开凿工程极为困难。在当时科学技术尚不发达、开凿工具尚较简陋的情况下，将运河凿通，且设计巧妙，结构合理，是唐朝开发广西的重要成果，对促进广西交通运输的发展和经济文化交流，具有积极的作用和深远的影响，充分显示了古代劳动人民的聪明智慧和创造力。

　　唐代开凿的另一条重要水道工程是今防城境内的潭蓬运河。潭蓬运河，俗称天威遥。位于今防城市江山半岛横嵩和潭蓬两村之间，长2千米。江山半岛自北向南呈葫芦状伸向北部湾，东面是防城，西濒珍珠湾。唐代时由廉州（今合浦）驶向交趾（今越南）及东南亚诸国的船只均需绕行此半岛行驶，十分不便。汉代伏波将军马援率兵南征入安南（今越南）时，意欲在半岛最窄处葫芦颈开凿运河，但由于在葫芦颈中间横亘的山坳——"仙人坳"坚石较多，开挖工程巨大，工程被迫中止。唐咸通九年（868），安南节度使高骈招募当地的俚僚民众，将天威遥开凿修通，使之成为广西与安南交通的捷径。因运河所经之地岩石坚硬，工程艰巨，时人称非神仙不能为。待工程竣工后，当地群众称赞为

"天威遥"或"仙人垅"。至今在运河南壁仍留有摩崖石刻"咸通九年三月十三日下手"之字。天威遥运河修凿通航后，从防城港至珍珠港的往来船只，无须再绕过江山半岛而直驶越南，航程缩短了40多千米，而且避开了江山半岛南端白龙尾之汹涌风浪的冲击，保证了航行安全。天威遥运河的修凿，对于广西与交趾的经济和文化交流，发挥了重要作用。北宋时期，安南（今越南）地方势力崛起，时常派兵袭扰广西南境，宋朝与安南关系恶化，天威遥运河逐渐废弃。后因年久不用，河道壅塞，到了民国年间，该运河湮没。

此外，唐宋时期还组织人力对灵渠、南流江等河流进行过疏浚整治，发挥其航行和水利灌溉的作用。唐景龙年间（707～710），桂州都督王晙主持修堤，堰江水以屯田；又招募士兵和民众进行耕种，使得该水利工程灌田数千顷，促进了当地农业生产的发展。北宋崇宁年间（1102～1106），王祖道在灵陂的基础上，开凿"朝宗渠"，后经范成大、方信儒等"鸠工增缮"，使得桂林一湖、一滪、三塘（阳塘、壕塘、揭帝塘）的天然六水相互串联起来，形成桂林环城水系。21世纪初修成的桂林两江四湖环保工程中引漓江水的渠道，就是在宗渠和灵渠的基础上修建的。

唐代时，对秦朝开凿的灵渠进行了疏浚。自秦开凿灵渠以后，灵渠在航运、农田灌溉和排洪方面发挥了重要作用。但因年久失修，构件残破，部分河段淤积堰塞，舟楫不通，影响其作用的发挥。唐宝历元年（825），桂管观察使李渤对灵渠"重为疏引，仍增旧迹，以利舟行。遂铧其堤以扼旁流，陡其门以级直注"。这次维修，对灵渠在技术上作了较大改进。铧堤和陡门的设置，改变了灵渠的面貌，延长了航运时间，保证了行船安全，但施工质量存在问题。据《桂州重修灵渠记》记载：咸通九年（868），桂州（今桂林）刺史鱼孟威再次组织对灵渠整修疏浚。鱼孟威吸取李渤修整的教训，特别注意施工质量，吸收众多当地民工参加，总结当地治水经验，将"其铧堤悉用巨石堆积，延至四十里，切禁其杂束筱也"。其陡门悉用坚木排竖，增至十八座，整个修治工程历经十年终告完成。通过唐代的两次维修，基本奠定了灵渠的结构和功能。此后，宋元明清各朝都对灵渠进行过修补和疏浚，以确保其重要的交通运输作用。

第七章 "以夷治夷"谋稳定

唐代疏浚河道的另一重要工程是南流江。南流江南起广西合浦县廉州，经浦北、博白县北境到玉林茂林及北流勾漏一带，是广西南部一条重要河流，自古以来是一条联结桂东南的漕货交通命脉，自南到北沿途有党江、石湾、张黄、江口、博白、船埠等主要港埠。干流通航里程224千米，30吨货船可以溯抵船埠港。唐懿宗咸通三年（862），杨俊受安南都护、静海节度使高骈指令主持疏通南流江工程，重点是凿除马门滩河段内礁石，并拓宽汉代马援凿通以来的主航道，使之适应更大船只运载粮盐和货物军需。马门滩是南流江通航的关键，位于博白县（唐称白州，隶属容州都督府）顿谷镇马门村和合江镇新郑村南流江河段，河水自北向南跌落，暗礁密布，水势湍急，行船至此往往因触礁搁浅。汉代时，马援率军经此，见航船困难，遂令军士开凿江底主航道礁石，剩下二巨石仍立于主航道外侧，故称马门滩。杨俊接受任务后，立即组织工匠民工对沿途200多千米河段各埠进行系统整治，重点是凿通和扩大马门滩主航道，对河道上的暗礁进行了较为彻底的清理，进一步拓宽了主航道，使得上下船只可同时通过马门滩。经过这次疏浚整治，增强了南流江上段的通航能力，对广西东南地区航运交通的顺畅，促进广西东南地区经济的发展，具有积极作用。①

第四节 博易场的开辟与商业的发展

广西是壮族及其先民世代居住之地。壮族是一个稻作农耕民族，自古以来壮族一直以种植水稻为主，自给自足的自然经济一直占主要地位，商业经济发展较为迟缓。秦始皇统一岭南后，把中原商贾当作罪犯发配到岭南谪戍。到了汉代，这些发配到岭南的商贾相继重操旧业，对岭南生产的土特产品和水果进行收购，与从中原来的商贩进行交换，换取中原生产的器具等销售给广西越人，开启了广西商业贸易之先。到了唐宋时期，随着广西经济的发展，商业贸易也逐步发展起来，并且从州或府城镇逐步向乡村发展，民间贸易开始活跃起来，各地城镇附近和交通要

---

① 《广西大百科全书·历史》（上），中国大百科全书出版社，2008，第233~235页。

道相继出现了以商品交易为主要功能的圩集。广西圩市又被称为僚市、蛮市，意为以僚人、蛮人（唐宋时期史称广西原住民族为僚人、南蛮）为主的集市。乡间圩市是定期的农村集市贸易中心，既是当地民众进行物产交换的场所，也是广西与云南、贵州等地以及越南进行贸易的场所。大约每隔5日或3日有集市一次，附近村民拿着自家生产的物品，到集市上换取自己需要的生活或生产用品，如食盐、铁制工具、竹木器类或马牛羊等牲畜进行交易。唐代广西著名圩市有阳朔、横山（今广西田东）、石溪口（今广西南宁）等。

  宋代时，中央王朝和地方政府重视发展贸易经济，并实行比较开放的政策，广西各地的圩市明显增多，桂西边远地区也出现了圩市。在与交趾邻接的地方还设有两处边民的贸易点，圩市交易更加活跃。因广西与交趾接壤，西与自杞、罗殿、大理等国相邻或相近，相互间有贸易往来。为了促进贸易发展，宋朝在广西边境设立互市场所，管理博买事务。为了确保贸易活动的正常有序开展，宋朝在广西边境设立博买事务机构，专门负责博易场的贸易活动。其贸易事务由广南西路经略安抚司委托地方官员主持，在交易过程中尽定额、定价、疏导和保卫职责。除了官方贸易外，也允许群体个人的零星互换以及富商大贾的大宗交易。进行大宗交易前，交趾方面的商人必先送来公文申报；南宋各地商人也要领得证明文帖如关子、关引之类，才能进入博易场。交易之后，博买务官员按千文纳3%的税率向南宋商人征税。为此，宋朝分别在广西设立邕州永平寨、横山寨、钦州三大博易场。

  邕州永平寨博易场。在今宁明县境内，是广西与交趾（今越南）通商的重要贸易场所，设于邕州左江永平寨所在的羁縻西平州，有一条小路与交趾相隔。宋方南面有交趾驿，交趾北面有宣和亭，两地之间就是永平寨博易场。博易场由永平知寨官主管。交趾人每天身背肩挑马驮，运来名香、犀角、象牙、金银、食盐等货物与宋朝商人博易绫罗、锦、布及各种工艺品。来博易场交易的交趾人大都是山居洞落群众，他们从陆路而来，行涉艰难，所带交易的大都是体小量轻的贵重物品。部分驮来的盐又粗又重。博易场交易规定，盐只能换取邕州武缘县（今武鸣县）所产的狭幅布。

钦州博易场。位于钦州城外钦江东岸大路街驿,是广西与交趾(今越南)通商的重要贸易场所。宋神宗元丰二年(1079),朝廷批准广南西路经略使曾布在"钦、廉宜各创驿,安泊交人,就驿置博易场"。① 前往交易的多是交趾(越南)商人。先由交趾派遣使臣到钦州与宋方官员商谈所需博易的货物种类、品种、数额、品质,议定对价,然后双方返回把需要博易的货物发运到钦州博易场。其他外商则需先在边境永安州取得文书,持帖进入博易场进行交易。前来贸易者,民间性贸易称为"小纲";交趾国遣使臣代表国家贸易,称为"大纲"。博易的货物是两国宫廷或官家所需的货物,交趾商人带来的货物主要有金银、铜钱、沉香、光香、熟香、生香、珍珠、象牙、犀角等珍奇产品,换取广西或其他地方运来的丝绸、布匹、蜀锦、瓷器和各种手工艺品。来自四川的商人把蜀锦、丝绸运来博易场,换取各种香料,每年往返一次。每次交易"动辄数千缗",大约1000文货价征税30文。

横山寨博易场。位于今广西田东县城,是南宋与西南地区的自杞、罗殿、大理等国贸易的主要场所,由南宋官方主办。博易场先是以马匹交易为主,后来兼有各种土特产品和百货。1127年,时任提举左右两江峒丁公事的安平州(治今广西大新雷平)僚人李木或深知北方辽兵长驱直入,宋王朝被迫南迁临安,源自蒙古草原的战马已被隔断。于是派人前往云南特磨道、自杞、罗殿、大理等地勘察马情,了解到大理盛产良马,并劝说他们牵马到横山寨贸易。建炎三年(1129),宋高宗命李木或主事马市贸易,并且在邕州置牧马养务。绍兴元年(1131),邕州市易马事务由广西经略安抚司管理,后又在邕州设置提举广南西路买马司掌管其事。马匹交易由原初的1500匹增至后来的3500匹。宋廷为了广买马匹,以满足前线战事之急需,给右江各羁縻州洞首领都封上招马官的衔头。博易场内用来与大理、自杞、罗殿等交易马匹的货物是金、锦、绸、豹皮等。横山寨博易场以马匹交易开路,随后西南地区的自杞、大理等国的麝香、长鸣鸡、披毡、云南刀及各种药物、百货也不断入场交易。南宋商人则携带锦、缯、豹皮及各种日用品进行贸易。双方交易完毕,

---

① 郭声波点校《宋会要辑稿·蕃夷道释》,四川大学出版社,2010。

官方根据税率（当时称为"抽解"）征收税钱。宝祐元年（1253）蒙古军队攻占云南和大理，横山寨博易场逐渐衰落。

此外，还有一处位于今广西北部的三江侗族自治县老堡寨的博易场，称王口博易场。元丰八年（1085）后，今贵州东南、湖南西南、广西北部各羁縻州县首领归附于宋，宋朝廷为了解决其生计，在王口寨驻兵的同时，开设博易场，以大米和其他用品换取当地百姓的木板和山货，以保持当地社会的安定。因王口寨位居都柳江和浔江交汇处，是广西北部地区的水路交通枢纽，下可通融江。迄于明清时期，这里既是军事重镇，也是当地山货聚集的贸易场所，对促进当地商业贸易的发展和土特产品的交换流通，具有积极的作用。

第五节 生产技术的改进和广西经济的新发展

唐代是我国封建经济空前繁荣的时期，随着唐宋王朝不断加强对岭南的开发，广西地区的农业、手工业、商业诸方面的发展也达到一个新水平。但东部与西部的发展很不平衡，在广西东部，随着封建化进程的加快，农业、手工业、交通、商业都有较大发展。唐至宋代，广西地区已普遍使用铁制工具和牛耕，特别是曲辕犁的推广使用；种植农作物的品种、耕地面积均较前代增多；出现稻麦两熟制；产量增多，农业经济较前代有较大发展。农业的发展，推动了手工业的发展，唐宋时期广西地区的居民纺织的各种布、开采的各种矿产及其加工制品，已被唐宋王朝指定为贡品，这在广西历史上是史无前例的，表明广西地区手工业的发展已达到较高水平。

一 农业

唐朝建立后，继承秦朝以来实行的重农政策，劝课农桑，把发展农业作为立国之本。诚如唐太宗所说："国以民为本，人以食为命，若禾黍不登，则兆庶非国家所有。"[①] 朝廷重视农业技术的推广和传播，把推广

---

① 《贞观政要》卷8《务农》。

农业技术的好坏作为考核各级官吏的一个重要内容。如唐武则天在文明元年（684）《戒励风俗》中说："田畴垦辟，家有余粮，所由官人，宜加考弟，功状优异者，别加升擢。"宋朝皇帝不仅要求各地方官重视推广先进的农业技术，而且还身体力行。北宋大中祥符四年（1011），宋真宗看到江淮、两浙因旱水稻生长不好，就派人到占城国"取占城稻三万斛，分给三路为种，择民田高仰者莳之，盖旱稻也"①。朝廷还将种植方法，用告示方式传授于民。宋真宗在玉宸殿亲自种植占城稻，与大臣们共同观察其生长情况，稻熟收割后，"又遣内侍持于朝堂，示百官"。唐朝统一岭南后，采取了一系列措施，进一步促进了广西地区农业生产的发展。由于朝廷的重视，派往岭南的官吏也比较注意改善农业生产条件，推广农业技术。如唐景龙末年，王晙任桂州都督，奏罢屯兵，兴修水利，拦河筑坝，引水灌溉，开屯田数千顷，募民耕种。元和初，韦丹任容州刺史，"教民耕织，止游惰，兴学校"，筑城"周十三里，屯田二十四所，教种茶、麦，仁化大行"。②广西地区"多重农桑，勤于稼穑"，以致"高山绝壁，耒耜亦满"。澄州（今上林）等地，有所谓"粮粒丰储，纵有十年无收，彝从人无菜色"之称。③

唐代对农业生产技术的传播和推广尤为重视，武则天时，对传播和推广农业生产技术有突出成绩的官员，均予以升擢。柳宗元在《龙城录》中记述了《老叟讲明种艺之言》，谈到他在贬谪柳州的途中，碰到一位老农在教授一位少年耕作技艺，老农说："深耕概种，时耘时耔；却牛马践履，去螟螣之戕害，勤以朝夕，滋于粪土，而有秋之利，盖富有年矣。"可见，当时的农业生产，从牛耕犁地，深耕密植，到中耕耘耔，增施肥料，防治病虫害等，都有一套较为科学的技术。④

（一）生产工具的改进

农业生产发展的事实说明，生产方式的变革，首先从生产工具开始。唐代广西地区使用的农业生产工具，与隋以前各代相比，不仅工具

---

① （明）杨士奇等：《历代名臣奏议·赵汝愚奏》卷247。
② 《新唐书·韦丹传》。
③ 广西民族研究所编《广西少数民族地区石刻碑文集》，广西人民出版社，1982，第1页。
④ 傅荣寿：《广西粮食生产史》，广西民族出版社，1992，第35页。

种类增多，而且犁、耙等工具有了新的改进，功能更为优良，耕作效率更高。

曲辕犁：广西地区自从汉代使用犁耕以来，一直沿用着，并且从原来的广西东部、东南部逐步向中部和西南部推行。到了唐代有了重大改进，即由原来的直辕犁改变为曲辕犁。陆龟蒙《耒耜经》记载了唐代晚期江东农村曲辕犁结构，共由11个部件组成，即犁镵（铧）、犁壁、犁底、压镵、策额、犁箭、犁辕、犁梢、犁秤、犁建、犁盘。其中除了犁镵和犁壁为铁制以外，其余均为木制。犁身全长4米，比现在的犁要长许多，其犁辕呈弯曲状，"前如桯而樛"，末端设有能转动的犁盘，可用绳索套在牛肩上，牵引时犁可自由摆动和改变方向，从而克服了汉魏以来直辕犁耕至田边地角时回转不便的缺陷，更适合江南面积较为狭小的田地中使用，故被称为曲辕犁。曲辕犁还有一个优点是装有犁秤，可调节犁箭上下，从而达到调节牵引点高低、控制犁地深浅的目的。"所以进退曰秤，进则箭下，入土也深，退则箭上，入土也浅。以其上下类激射，故曰箭。以其浅深类可否，故曰秤，秤之上而衡之者曰建。建，楗也，所以捉其辕与秤，无是，则二物跃而出箭，不能止横于辕之前"。曲辕犁的另一个优点是犁铧之上另装有犁壁，二者不成连续曲面，既便于碎土，又便于形成窜垄，把丛生在土块表面的杂草埋在土中，"以绝其根本"。曲辕犁操作起来比长直辕犁简便轻巧，能适应各种土壤和不同田块的耕作要求，既提高耕作效率，又提高耕地质量。至此，我国耕犁发展到了相当完善的地步，曲辕犁也成为我国耕犁的主流。[①] 至宋元时期，曲辕犁在原有的基础上使犁辕更缩短、弯曲，并减少策额、压镵等部件，从而更适应南方耕作。正如王祯《农书·垦耕篇》说："南方水田泥耕，其田高下阔狭不等，一犁一牛挽之，作止回旋，惟人所便。"在唐王朝重农政策的影响下，广西地方官员积极引进中原地区性能优越的农业生产工具，于是，新式的曲辕犁很快在广西各地推广使用，有效提高了生产效率。

踏犁：翻土耕作工具。唐宋时期广西盛行的翻土农具还有踏犁。踏

---

① 陈文华：《中国农业考古图录》，江西科学技术出版社，1994，第219页。

犁是一种新的耕作农具，是从古代的耒耜衍化而来的。唐代称为"长镵"。王祯《农书》说："长镵，踏田器也。比之犁，镵颇狭，制为长柄……柄长三尺余，后偃而曲，上有横木如拐，以两手按之，用足踏其镵柄后跟，其锋入土，乃捩柄以起土发也。在园圃区田，皆可代耕，比于锸属则省力，得土又多。古谓之'蹠铧'，今谓之'踏犁'，亦耒耜之遗制也。"上有横把，下有踏脚，下端装有金属犁铧，使用时用脚将犁铧踏入土中，向后扳压犁柄，将土翻起，不用畜力牵引，使用灵活方便，耕作效率颇高，尤其适合广西山地耕作。农田耕作中，小块稻田和犁耕难以转弯到达的田角，一般都用踏犁翻土，工效较高。南宋周去非《岭外代答·风土门》记载了广西踏犁的结构和使用方法："静江民颇力于田。其耕也，先施人工踏犁，乃以牛平之。踏犁形如匙，长六尺许，末施横木一尺余，此两手所捉处也。犁柄之中，于其左边施短柄焉，此左脚所踏处也。踏可耕三尺，则释左脚，而以两手翻泥，谓之一进。迤逦而前，泥垄悉成行列，不异牛耕。"踏犁可达到较高工效，"吾尝料之，踏犁五日，可当牛犁一日，又不若牛犁之深于土。问之，乃惜牛耳。……若夫无牛之处，则踏犁之法胡可废也。又，广人荆棘费锄之地，三人二踏犁夹掘一穴，方可五尺，宿木莽巨根，无不翻举，甚易为功，此法不可以不存"。

广西在宋代已流行使用踏犁，原因有二：其一是政府的大力推广。据史载，北宋政府曾两次推广踏犁，一次是"淳化五年（994）三月，以宋、亳、陈、颍州民无牛畜者自挽犁而耕，委本处铸造，以赐人户……尧叟还奏，踏犁之用可代牛耕之功半，比锸耕之功则倍"。① 不久，陈尧叟到广西任广南西路转运使，推广使用踏犁。其二是广西牛力不足。北宋时第二次推广踏犁是"景德二年（1005），正月，内出踏犁贰付河北转运，令询于民间，如可用，则官造给之。时以河朔戎寇之后，耕具颇阙，牛多疫死。淮楚间民踏犁，凡四五人力可比牛一具，故有是命"。② 也就是说，两次推广踏犁大抵是因为牛死太多，役力不足。而静江（今桂林）

---

① 《宋史》卷284《列传》43《陈尧佐传》。
② 《宋会要辑稿·食货一》。

地区大量使用踏犁的另一个重要原因也是牛力不足。根据周去非的实地了解，"踏犁五日可当牛犁一日，又不若牛犁之深于土，问之，乃惜牛耳"。而惜牛之原因又在于养牛方法不当，造成牛力不足。"牛自深广来，不耐苦作，桂人养之不得其道，任其放牧，未尝喂饲，夏则放之水中，冬则藏之岩穴，初无栏屋以御风雨。今浙人养牛，冬月密闭其栏，重藁以藉之，暖日可爱，则牵出就日，去秽加新，又日取新草于山，惟恐其一不饭也。浙牛所以勤苦而永年者，非特天产之良，人为之助亦多矣。南中养牛若此，安得而长用之哉"。①

耙：专用于耙碎土块、疏松土地、除去杂草、碾平田面的工具。《耒耜经》云："耕而后有爬（耙），渠疏之义也，散土发去芟者焉。"广西地区在南朝时已开始用耙耙田，到唐代则普遍使用。

秧马：插秧工具。据学者研究，宋代广西已使用秧马。秧马最早见于湖北武昌地区，苏东坡谪居黄州，作过详细考察，后来写了《秧马歌》，宣传秧马，并向广东、浙江等地推广。此后他被贬谪海南，往返都经过广西稻作地区，如那时广西还没有推行的话，他也是会宣传推广的。②苏东坡在他的《秧马歌》序中说，他过去在武昌，见农夫皆骑秧马，"以榆枣为腹，欲其滑；以楸梧为背，欲其轻。腹如小舟，昂其首尾。背如覆瓦，以便两髀雀跃于泥中，系束藁其首以缚秧"。用这种秧马，"日行千畦，较之伛偻而作者，劳佚相绝矣"，工效很高。

这一时期在广西各地使用的农业生产工具还有翻土、松土、掘沟的铁制锸、铲、锄，中耕的耘爪、礳、铚、艾，收割的镰等。③

（二）农田灌溉

水利灌溉是确保农业生产获得稳产高产的重要保障。唐宋时期，从朝廷到地方官员，都比较重视修筑河渠、堤坝或蓄水坡塘。

修疏灵渠：广西著名的水利工程——灵渠，因魏晋南北朝期间经历300多年的地方割据和频繁的战乱，对灵渠的修治与利用，时兴时废，灵

---

① （宋）周去非：《岭外代答·风土门》。
② 傅荣寿等：《广西粮食生产史》，广西民族出版社，1992，第35页。
③ 参见覃乃昌《壮族经济史》，广西人民出版社，2011，第320页。

渠已是"陡防尽坏,江河且溃,渠道遂浅,潺潺不绝如带"。唐宝历初年(825),桂州观察史李渤,决心打通灵渠。据唐·鱼孟威《桂州重修灵渠记》记载:李渤对灵渠"重为疏引,仍增归旧迹,以利行舟,遂铧其堤以扼旁流,陡其门以级直注"。咸通九年(868)鱼孟威任命部属刘君再修灵渠,鱼孟威总结了李渤修灵渠的经验教训,十分重视工程质量,"其铧堤,悉用钜石堆积,延至四十里"。这次疏浚费时近一年,用工53000多个,修整后的灵渠比较坚固,可通行"百斛大舸"。根据水利工作者研究,唐朝重修灵渠主要是为了军事需要,同时也着眼于利用渠水灌溉农田,因此对灵渠的修治也日益多样化。如堰坝,是拦河蓄水,引水入沟道灌田的设施。堰坝约有两种:一是用石块砌成半圆形,与砌陡门相似。但这种堰坝没有引水沟,用法是关堰时把渠堵住,提高水位,以便用水车车水灌田。二是建在较宽的渠道中,结构多是用巨木做成长方形框架,横放渠道中,两边用长木桩密排深钉,框架里堆砌鹅卵巨石,砌成高约1米的斜面滚水堤坝;有的比较简单,不用大木框架。堰上开有堰门,以便船舶往来。还有一种水利设施叫"水函",或称渠眼、塘孔。这是灵渠岸边上开凿的方孔,围砌石块,形成一个排水涵洞,这种设施是为了避免"水潦啮堤为患",水涨时可供排洪,水退时也可以引水入沟,灌溉农田。堰坝与水函主要是服务于农业,充分利用渠水灌溉稻田。灵渠两岸数千亩稻田,皆为灵渠的恩赐。①

广西自唐代起实施屯田,组织实施屯田的地方官吏都比较重视兴修水利,解决农田灌溉问题。唐景龙末年(710),王晙任桂州都督,组织兵屯,就地开荒耕种,同时兴修水利,在漓江干支流筑堤开渠,疏导江水灌溉土地,改造旱田为水田。据《旧唐书·王晙传》记载,当时"开屯田数千顷,百姓赖之"。贞元十五年(799),韦丹任容管刺史兼经略招讨使,组织屯田24所,每所又辖若干地区,屯田面积较大,并把屯田与兴修水利结合起来。

据学者研究,唐朝中央政府在大和二年(828)三月,曾令京兆府制竹筒水车,散给郑白渠旁的百姓使用,以灌溉水田,这种筒车当时很可

---

① 高言弘主编《广西水利史》,广西人民出版社,1988,第71页。

能被引进岭南地区。唐代出现的这种水力转动筒车,以木制轮子,架设在水流上,大轮子周围缚上若干竹筒或木筒,作为兜水工具。轮子利用水流冲击而转动,水筒随轮子转动提水上升,到一定的高度,倾泻入槽,流进田里,可昼夜翻动取水,给农田灌溉。《全唐文》卷九四八载陈廷章《水轮赋》说:"水能利物,轮乃曲成,升降满农夫之用,低徊随匠氏之程,始奔腾以电散,俄宛转以风生。虽破浪于川湄,善行无迹;既斡流于波面,终夜有声……回环润乎嘉谷,浡至逾于行潦,钩深致远,沿回而可使在山;积少之多,灌输而各由其道。"宋代广西地区竹筒水车得到普遍推广使用。南宋张孝祥在兴安灵渠亲眼看到使用水筒车的情景,于是写诗寄呈张仲钦:"前日出城,苗犹立槁,今日过兴安境上,田水灌溉,郁然弥望,有秋可必,乃知贤者之政,神速如此,辄寄呈交代仲钦密阁。筒车无停轮,木枧着高格,粳秫接新润,草木丐余泽。"① 张孝祥对桂北至湖南一带盛行的这种水车十分感兴趣,认为这种水车比江浙使用的龙骨车更为先进,因此表示回到家乡吴地转教江吴农民。他在《湖湘以竹车激水秔稻如云,书此能仁院壁》的诗中写道:"像龙唤不应,竹龙起行雨。联绵十车辐,伊轧百舟橹。转此大法轮,救汝旱岁苦。横江锁巨石,溅瀑叠城鼓。神机日夜运,甘泽高下普。老农用不知,瞬息了千亩。抱孙带黄犊,但看翠浪舞。余波及井臼,春玉炊酏乳。江吴夸七蹋,足茧腰背偻。此系殊不知,吾归当教汝。"这里他感叹江吴一带脚踏龙骨车"足茧腰背偻",因而表示回到江吴将竹筒水车的技术传授,故有"吾归当教汝"的诗句。可见当时桂北地区使用的灌溉工具已比较先进。元代王祯《农书》也描述了水转筒车:"水激转轮,众筒兜水,次第下倾岸上。所横木槽,谓之天池。以灌稻田,日夜不息,绝胜人力。"筒车省力省时,可以将低处的水提上高岸灌溉,这是水利技术上的一大进步。直到近现代,居住在广西山区的壮、侗民族仍流行在溪河边架设转筒水车汲水灌溉。

宋代广西继续修治灵渠,发挥其航运和农田灌溉功效。同时还修筑

---

① 《张孝祥诗文集》卷5。

了一批大小坡塘，如平乐县陇豪二坂，可灌溉田三十顷。① 怀集建有大坡可灌溉田亩数万顷。② 临桂尧山下的龙池，原有灌溉之利，因年久失修，淤塞严重，宋人张维加以疏通并砌以石堤。临桂的灵坡，宋代也进行了两次大修。宋皇祐年间（1049~1053）邕州司户参军孔宗旦在现在的南宁安吉乡永安村东北铜鼓坡修筑堤坝一座，引水灌田，这座堤坝今仍存在。宋代分别于宋太宗太平兴国元年至九年（976~984）和宋皇祐年间（1049~1054）两次修治灵渠，但史志无详细记载，比较彻底的修治是在宋嘉祐三年（1058），由李师中等人主持。宋人周去非在《岭外代答·灵渠》中记载了他目睹该项工程的具体情况。关于铧嘴，他写道："于上流砂碛中垒石用作铧嘴，锐其前，逆分湘水为两。"关于人工开渠与筑秦堤，周去非写道："依山筑堤为溜渠，巧激十里而至平陆，遂凿渠绕山曲，凡行六十里。"关于天平："自铧嘴分水入渠，循堤而行二里余，有泄水滩，苟无此滩，则春水怒生，势能害堤而水不南；以有滩杀水猛势，故堤不坏，而渠及以溜湘余水，缓达于融，可以为巧矣！"这里的"泄水滩"即大小天平的前身，它的功能是溢洪。周去非第一次记载了灵渠对附近农田的灌溉作用："渠水绕迤兴安县，民田赖之。"

宋乾道年间（1165~1173）广南西路安抚使李浩也曾奉命督修灵渠，"旧有灵渠，通漕运及灌溉，岁久不治，命疏而通之，民赖其利"。③

广西地区水利兴修，农业灌溉方面较前代有所发展。唐长寿元年（692），开凿了漓江和柳江之间的相思埭运河，使两岸的大片农田得以灌溉之利。贞元十四年（798），又在临桂县东南建有回涛堤，以承灌溉。④ 宝历（825~826）初，灵渠的渠道崩坏，舟楫不通，桂管刺史李渤主持重修灵渠铧嘴、陡门和渠堤，保证了水流的顺畅和灌溉的需要。咸通九年（868），桂州防御史鱼孟威再次主持修复灵渠，将陡门增至18处，增强了防洪和灌溉的作用。邕州宣化，郁水常有水患，"州民常苦之"，景

---

① （清）汪森：《粤西文载》卷19，（宋）林促贤：《陇豪二陂水利记》。
② （清）汪森：《粤西文载》卷73，（宋）郑侠：《怀集林府君墓志铭》。
③ 《宋史·李浩传》。
④ 《新唐书》卷43《地理志》，桂州始安郡，临桂下注文。

云年（710~711）中，司马吕仁组织人力引渠分流，不仅"自是无没溺之害，民乃夹水而居"，且以水灌溉田地。①

广西各地人民还因地制宜，就地取材，修造水梘、水筒车、龙骨水车、戽斗等灌溉工具，用来引水或提水灌溉。宋人张安国在桂北兴安一带看到竹筒车利用水的推力提水灌溉情景时，感到新鲜好奇，作诗称赞："神机日夜运，瞬间了千亩。"

由于耕田工具犁的改进，耙和牛耕的普遍使用，水利工程的兴建、灌溉工具和方式的多样化，保证了农田灌溉的需要，为广西各地农业发展提供了引水灌溉保障。

（三）农作制

汉代时，广西地区已开始种植再生稻、双季稻。到唐宋时代，又有稻麦两熟制。将北方种植的麦移植南方，早有尝试，但因广西地区温湿，难于成功，刘恂《岭表录异》载：岭南"种麦则苗而不实"。至唐宪宗时，韦丹任容州刺史，推广种植大麦，并获得成功。每年八月收获稻谷，十一至十二月之交种麦，次年三四月即可收麦。

唐至宋代，广西居民多采用连作制和复种制，为保持土壤的肥力，保证农作物的收成，对人工施肥的要求较前代又有所提高，施肥技术也有所发展，不仅懂得积蓄人畜粪便沤制农家肥，还会在田间种植绿肥以增加土壤的肥力。

在田间管理方面，采用稻田养鱼之法。刘恂《岭表录异》载：唐时，岭南各地"拣荒处，锄为町畦。伺春雨丘中聚水，即先买鲩鱼（草鱼）子散于田内，一二年后，鱼儿长大，食草根并尽，既为熟田，又收渔利。及种稻，且无稗草，乃齐民之上术"。这种稻田养鱼之法，一直传承下来，直到近代仍流行着。

（四）耕作技术的改进

唐宋时期，随着人口的增加和中原人的迁入，广西地区的耕种范围进一步扩大，除了开垦和耕种水田外，还在丘陵和山地开辟畲田和梯田耕种。元结所说的"高山绝壁，耒耜亦满"即指此。畲田即垦山为田，

---

① 《新唐书》卷43《地理志》，桂州始安郡，理定下注文。

李德裕《谪岭南道》诗有："五月畲田收火米，三更津吏报潮鸡。"①《唐书·南蛮传》："五谷不以牛耕，但为畲田，每岁易。"唐温庭筠《烧歌》："自古楚越俗，烧畲为旱田。"刘禹锡在《连州畲田行》中也写道："何处畲田好，团团缦山腹。钻龟得雨卦，上山烧卧木。……下种暖灰中，乘阳坼芽蘖。苍苍一雨后，苕颖如云发。……由来得地势，径寸有余阴。"②宋乾道九年（1173）至淳熙二年（1175）任过广南西路经略安抚使的范成大在《石湖集》十六《劳畲耕》诗序中描写南方耕畲情形："畲田，峡中刀耕火种之地也。春初砍山，众木尽蹶。至当种时，伺有雨候，则前一夕火之，藉其灰以粪。明日雨作，乘热土下种，即苗盛倍收，无雨则反是。"畲田因不筑堤埂，水土流失严重，地力容易耗尽。因此，广西人民便将畲田改为梯田，在坡地上依等高线用石块修筑成多层台阶式的田地，边缘垒成梯级状田埂，拦蓄雨水或引山泉水以耕种。

广西各地修筑的梯田，自宋以后发展较快，除靠雨水灌溉（称望天田）以外，还有用竹枧导引泉水灌溉的，成为保水田。个别有山间溪流的地方还安装竹筒水车，提水灌溉。今广西北部山区，仍耕种有不少梯田，其中尤以龙胜各族自治县龙脊梯田最为壮观，这里从河谷至山巅，从林边至崖壁，凡有土之地皆拓成梯田，给人有"水流涓涓不为用，山到崔嵬犹力耕"之感。畲田和梯田的开发，使水稻在平原和山区都能种植，从而拓宽了耕种面积，提高了稻谷产量，是广西农业开发史上的一种进步。

宋代广西水稻种植技术有了较大提高。桂中一带培育的称为"长腰米"的水稻品种享誉全国。王象之在《舆地纪胜》中说：象州"多膏腴之田，长腰玉粒，为南方之最，旁郡多取给焉"。③这里"长腰玉粒"指的就是长腰米即长腰稻。宋范成大在《劳畲耕》诗中有"长腰匏犀瘦"句，该诗原注："长腰米狭长，亦名箭子。"匏即葫芦，匏犀即匏中之籽。宋周去非《岭外代答》记载钦州地区水稻种植情况，由于钦州一带气候炎热，每年自正月开始到九月，水稻"无月不种，无月不收"，可分为早

---

① 《李卫公别集》卷4。
② 《刘梦得诗集》卷9。
③ 转引自谢启昆《广西通志》卷87，《舆地略·柳州府》。

禾、晚早禾、晚禾和月禾等。"正月二月种者曰早禾，至四月五月收。三月四月种曰晚早禾，至六月七月收。五月六月种曰晚禾，至八月九月收。而钦阳七峒中，七八月始种早禾，九十月始种晚禾，十一月十二月又种，名曰月禾"。由于水稻栽培技术的提高和适宜新品种的使用，当时桂西北地区也广种水稻。河池、宜山一带，不仅种植水稻较多，而且在技术方面也有了较大的提高，当地的龙江两岸，"合五百余家，夹龙江居，种稻似湖湘"。①

随着屯田开垦的推行和先进稻作耕种技术的推广，进入唐代以后，广西以水稻为主的粮食生产有了较大的发展。首先从朝廷增加对岭南征收的赋税可以看出岭南粮食生产发展的情况。两汉时岭南无赋税，晋及南朝对岭南也没有固定的税收制度，到了唐代，岭南和全国各地一样，被征各种税。唐初实行租、庸、调的税收法，不仅各种税收岭南均要负担，而且还征收其他地方没有征收的项目。"先是扬州租调以钱，岭南以米"。② 对其他地方征之以钱，而对岭南特别征之以稻米，而且所征赋税之量也相当大，"岭南诸州则税米，上户一石二斗，次户八斗，下户六斗"。③ 这对岭南人民而言确是一个很重的负担，但也从一个侧面看出，唐宋时代岭南以水稻为主的粮食生产比过去有了较大的发展。其次是从军队粮食供应看当时的粮食生产情况。自唐以后，广西地区驻军粮食衣物等可以自给。唐时今广西为桂、容、邕三管，据《旧唐书·地理志》记载，三管中桂管戍兵1000人，邕管戍兵1700人，容管镇兵1100人，其"衣粮税"均"本管自给"。再次是从人民生活情况看当时粮食生产有了发展。关于唐代广西人民生活状况，史书记载很少，但在石刻碑文中则有所反映。如现存于上林县麒麟山的唐永淳元年（682）刻制的《六合坚固大宅颂》碑和存于上林县智城山的唐万岁通天二年（697）的《智城洞碑》，两碑文均为壮族文人、地方首领韦敬办所撰。前碑描述了当时的澄州无虞县（今上林县）"黎庶甚众，粮粒丰储。纵有十载无收，彝人从无菜色"，"替（田）桑滋耽，耕农尽力，斗争不起"。说明当时人口虽

---

① 《宋史》卷495《列传》第254《蛮夷三》。
② 《新唐书》卷51《食货志》。
③ 《通典》卷6《食货志》。

有增加，但生产水平已有了提高，粮食和其他农产品比较丰富。后碑则描绘智城山"前临沃壤，凤粟与蝉稻芬敷"，一派丰收景象。到处"歌莺转响……彩蝶翻空"，人们"或击壤以自娱，时耦耕而尽性；清琴响亮，韵雅调于菱歌"①，安居乐业。而唐代韩愈作的《罗池庙碑》也描述了柳宗元任柳州刺史时当地"乐生兴业，宅有新屋，涉有新船；池园洁修，猪牛鸡鸭，肥大蕃息"，也是一派繁荣景象。

南宋初期，广西稻谷产量有了进一步的提高。周去非在《岭外代答》中记载了当时广西稻米价格及外运等情况："广西斗米五十钱，谷贱莫甚焉。……田家自给之外，余悉粜去。""富商以下价籴之，而舳舻衔尾，运之番禺以罔市利"。谷贱价跌，大批稻谷被富商运销外地，这从一个方面反映了当时广西稻谷产量的增加。

二 手工业的发展

随着农业经济的发展及社会生活需求的提高，唐宋时期广西地区的手工业在秦汉至隋时期手工业发展的基础上，在生产种类、生产规模及生产技术上又有所发展。这时期的手工业，主要有纺织业、采矿业、冶铸业、瓷器烧制业、制糖业等。

（一）纺织业

唐宋时期，广西地区的纺织业发展情况史载较少，考古材料也缺乏，故对其技术、生产过程尚无法弄清，但从各州所贡的布的种类及贡布的州数来看，纺织业还是向前发展了。唐以前，历代中央王朝均不向广西地区索贡布，而到唐代，布成为中央王朝明令进贡方物，说明这时期广西纺织布的数量和质量均有所提高。从《元和郡县志》《新唐书·地理志》等书统计，可知广西贵州贡纻布，连州贡竹纻练、白纻细布，富州贡斑布，牢州贡布；贺州产蕉布，郁林州有土贡布，永州有葛布，等等。武德六年（623），融州刺史欧阳世普，象州刺史秦元贤向唐高祖献筒中布，"帝以劳民皆不受之"。② 可见筒中布非常珍贵。这个时期广西地区的

---

① 广西民族研究所编《广西少数民族地区石刻碑文集》，广西人民出版社，1982，第2页。
② 《册府元龟》卷168。

纺织品各具特色，其中又以桂布、桂管布最负盛名。白居易有"桂布白如雪，吴绵软于云，布重绵且厚，如裘有余温"的诗句，①对桂布作了高度评价。文宗时，左拾遗夏侯孜常着绿色桂管布衫上朝，文宗问他"衫何太粗涩？"夏侯孜回答说："此布厚，可以御寒。"后文宗对桂布大加赞赏，自己也以桂布来做衣服，满朝文武趋而仿之，使桂布身价大大提高。②开元二十二年（734），陕州（今属陕西省）刺史韦坚，在长安城望春楼下"凿为潭以通漕"，竣工时，玄宗"诏群臣临观"，韦坚乘机取各地名特产，陈列河上，桂州的蕉布、葛布与蚺胆、翠羽等也在其中。③蕉布、葛布能参加唐朝全国各地的物品展览，可见其价值非凡。

汉代广西地区已有纺车和斜织机，而其时所产的布在全国只属普通，到了唐宋时代，广西产的布，已闻名中原，其纺织技术当有大幅度提高。

（二）采矿业

广西地区矿产资源丰富。唐宋时代，广西地区的采矿业得到空前发展，为冶铸业提供了丰富的物质基础。

今广西北流市，因有丰富的铜矿，唐时命名为铜州。④贺州临贺"有铜冶，在橘山"。⑤桂州唐时还向中央王朝贡铜器。这些都说明唐时广西地区采铜业的发展情况。

贺州的临贺、冯乘等地有锡矿开采。临贺县"北四十里有大山，山有东游、龙中二冶，百姓采砂烧锡，以取利焉"，冯乘也有3处锡矿。⑥南丹的锡矿在唐时始有开采。

铅的开采主要在贵州、藤州镡津、富州等地。《岭表录异》载，富州的铅粉，"其土白腻，郡人取以为货"，当时"五岭妇女率用之为粉"。唐王朝还指定贵州贡铅器。五代马殷曾铸铅铁钱，以十当铜钱一，用铅也不少。

---

① （唐）白居易：《白氏长庆集》卷1《新制布裘》。
② （嘉庆）《广西通志》卷89《舆地略十·物产一》。
③ 《新唐书》卷134《韦坚传》。
④ 《旧唐书》卷41《地理四》。
⑤ 《新唐书》卷43《地理七》上，贺州临贺郡，临贺下注文。
⑥ 李吉甫：《元和郡县志》卷37《贺州》。

第七章 "以夷治夷"谋稳定

朱砂矿的开采多在宜州和容州。容州朱砂矿早在晋代已开采，唐、五代时继续开采。宜州朱砂矿则在唐代始采。《新唐书·地理志》载广西地区供朱砂有宜、容、连3州。

金矿开采。广西地区金矿资源丰富，自古就有采金淘金的传统。到了唐朝时期，采金业有了新的发展，无论是采金规模和冶金工艺都有了新的扩大和提高，向中央朝廷贡纳黄金的数量大增。据史书记载，唐王朝向广西地区索贡金有：邕、澄、横、浔、峦、钦、贵、岩、融、白、绣、党、蒙等13州。① 贡物应是当地物产，贡金的州就是产金的州。永州湘源县虽未贡金，但也是产金之地。大历十四年（779），唐王朝"放邕府金坑敕"，"差择清强官专勾当，任贫下百姓采锄，不得令酋豪及官吏影占侵扰"。② 富州、宾州、澄州采的是沙金。《岭表录异》载："五岭内富州、宾州、澄州江溪间皆产金，侧近居人，以淘金为业。"有些采金者"自旦及暮不获一星"。唐王朝为鼓励广西地区采金业的发展，曾一度下令"除采金税"。③ 周去非《岭外代答》记载："邕州溪峒（今南宁一带）……皆有金坑，其所产多于诸郡"。这些金为自然沙金，小者如麦麸，特大者如指面，谓之"生金"。其中又以"澄州金最良"。

白银作为货币使用，在唐代的广西地区，虽未经王朝明令认可，但事实上已取得了货币的地位。大致在唐末至五代之间，白银正式成为广西地区的货币。《新唐书·地理志》载，宜州"有银、丹砂"，说明南丹河池一带当时已有较固定的采银地点，且具一定规模。广西地区在唐代贡银有邕、澄、横、浔、峦、钦、贵、龚、象、藤、宜、桂、梧、贺、柳、富、昭、蒙、严、思唐、容、牢、白、顺、党、窦、禺、廉、义、陆等30州。现已发现从唐时广西地区进贡到京城长安的带有铭文的银器3件，并在陕西扶风法门寺地宫出土鎏金镂孔银笼1件，上刻有"桂管臣李杆进"6字。④ 可见，广西地区采银、产银、用银已相当普遍。

---

① 《新唐书》卷43《地理七》上。
② 《唐大诏令集》卷112。
③ 《新唐书》卷182《卢钧传》。
④ 蒋廷瑜：《广西在古代是产银的地方》，《广西日报》1983年10月8日。

滑石古称冷石。唐代广西地区进一步开采、使用滑石矿。容州北流市"其土少铁，以莹石烧为器，以烹鱼鲑，北人名'五侯燋石'。一经火，久之不冷，即今之滑石也，亦名冷石"。① 《元和郡县补志》载，郁林州郁平县，"有冷石，赤黑味苦"。1960年，广西建材工业地质队在龙胜鸡爪滑石矿勘探时，发现古采矿场，在废石中发现了一块刻有"唐宝庆二年"（763）字样的废滑石器。②

《新唐书·地理志》云，永州湘源"有金、铁"，贺州桂岭县的朝冈、程冈"皆有铁"，推想唐代广西地区的采铁也会有一定规模，否则满足不了大量制造铁制农具及武器的需要。

矿业从勘测到挖掘、运送、碎矿、洗矿全过程及矿坑的通风设备等，都要求有一定的技术水平。从唐宋时代广西地区采矿的品种、规格、产量看，其采矿水平已较高。

（三）冶铸业

唐宋时期广西的冶铸业有了新的发展，铸造技术也有了新的提高。唐武德五年（622）五月，唐王朝在桂州设置铸钱监，后来"盗铸渐起"，广西地区铸钱泛滥，唐王朝不得不命桂州观察使"条流禁绝"。③足见当时广西地区的冶铸业已相当发达。宋代在梧州设置铸铜钱监，在贺州、浔州（今桂平）设铸铁钱监。梧州钱监是江南六大钱监之一。《宋史·食货志》载："衡、舒、严、鄂、昭、梧六监，岁铸钱百五十六万，充逐路支用。"梧州钱监每年铸铜钱十八万贯。贺、浔二州铁钱监，因当时民间私自铸钱，商人以欺诈手段销熔铜钱作"恶薄钱"，破坏货币流通，令铸小铁钱，限在两广地区流通，比价是铜钱一千可换铁钱一千五百至二千五百文不等，后又推行"夹锡钱"，贺州成为南方铸夹锡钱的中心。钱监的设立，促进了广西地区货币的流通和商品贸易的发展。

这一时期，广西的铁器铸造业有了较大发展，梧州逐步发展成为铁

---

① 《旧唐书》卷41《地理四》。
② 广西建材工业地质队：《龙胜县鸡爪滑石矿区勘探报告》，（内部资料），1961。
③ 《旧唐书》卷48《食货上》。

器铸造业的中心。特别是生铁冶煅技术高超,其煅造的铁器,"薄几纸类,无穿破,凡器既轻且耐久,诸郡铁工煅铜,得梧铁杂淋之,则为至刚,信天下之美材也"。① 古县（今永福）铁矿质量甚佳,铁工善煅；融州（今融水）所产的著名"融剑",是煅铁工匠用梧州铁和藤州黄冈铁二者冶煅而成,以坚韧锋利而闻名。冻州（今龙州县下冻一带）铁工打制的扁刀,锐利无比,连斩数牛,刀刃不钝。田州（今田阳）、总州（今扶绥）铁器的煅造业也很普遍。

铜钟和铜鼓的铸造,更能反映唐宋时期广西冶铸业的发展水平。容县开元寺的唐代大铜钟,高1.83米,身围3.20米,口径1.09米,重达3500斤,钟身椭圆形,通体铜色光润,形象浑厚庄重,纵横浮雕弦纹,豪放流畅,中部铸有4朵圆形的花瓣,顶部铸龙纽供悬挂,造型生动雄健。贺州的南汉大宝四年（961）铸造的大铜钟,高1.38米,口径0.86米,重1000余斤,身呈椭圆形,顶部精美,刻铭文1000余个,详细记述其铸造年代、尺寸、重量及监造官、铸造匠等。梧州市的南汉乾和十六年（958）铸造的铜钟,高1.20米,口径0.567米,重约1000斤,造型与后来的贺州南汉大宝四年铸造的铜钟基本相同。显示出当地高超的铸造技术。

唐代广西地区铸造的铜鼓以灵山型为主,灵山县出土一面鼓,内有"开元通宝"钱币。从铜鼓的精巧程度看,当时广西地区的冶铸业已相当发达。《岭表录异》说广西地区的铜鼓,"全用铜铸,其身遍有虫、鱼、花、草之状,通体均匀,厚二分以外。炉铸之妙,实为奇巧"。其纹饰细腻精致,布局严谨,讲求对称均衡,中心突出,主次结合,互相烘托,鼓面中间处和鼓身胸腰,各有一道宽大的主晕,突出的纹饰有翔鹭、鹭鸶含鱼、怪兽、武士骑怪兽或变形的鸟兽形等图案和兽面纹。其翔鹭,形体细小,排列密集,每晕少者几十只,多者百余只。鼓面中心太阳纹光芒间也遍饰钱纹、连钱纹,显得富丽堂皇。鼓面边缘还饰立体蛙纹。

铜鼓、铜钟的铸造过程,要经采矿、冶炼、合金、铸造等工序,而

---

① （南宋）周去非：《岭外代答·器用门》。

冶炼又涉及炼炉的建造、鼓风设备等。精美的铜鼓，反映出唐宋时期广西高超的冶铸技术。

（四）瓷器制造业

唐宋时期，是广西瓷器烧制业发展的鼎盛时期，无论是烧制规模、瓷器品种，还是烧制技术和瓷器品质，不仅超过以往历代，而且后来的明清时期也难以与之比肩。关于唐宋时期广西的瓷器烧制业发展情况，史书记载较少，我们只能通过考古学资料来了解和揭示。

唐代广西瓷器主要发现于灌阳、钟山、桂平、钦州等地唐代墓葬中。器物主要为生活日用器，如壶、唾壶、提梁壶、虎子、瓶、碗、杯等，属青瓷系列，造型灵巧，纹饰美观，釉质晶莹，品质优良。1977年钦州县久隆隋宁氏墓葬出土的青瓷唾壶、瓶、罐、钵、碟、盂、碗、杯、提梁壶等通体施青黄釉，胎体浑厚，灰白色，釉肥厚莹润，带有明显的本地烧造作风。其中提梁壶，圆腹，平底，半环形提梁，提梁一侧肩上开两小孔，另一侧肩上作直口短流，造型特殊，地方色彩很浓。钟山、灌阳出土的喇叭口、细长颈青黄釉唐瓷壶，桂平出土的青黄釉点彩双耳瓷罐，都具有地方特色。全州县蒋安岭早期唐代瓷窑和桂林上窑村晚期唐代瓷窑的产品中，都可找到像桂平、灌阳等地出土瓷器类似的器物，可见唐代广西所产瓷器在质量上和前代瓷器相比，已有很大的提高。

目前广西发现的瓷窑遗址多为宋代，不仅数量多，而且分布广，广西东北部的全州、兴安、灵川、临桂、贺州、钟山、桂林、永福，东南部的藤县、合浦、岑溪、北海、浦北、容县、北流，中部和南部的柳城、柳江、武宣、宾阳、邕宁，西部的大新、田东、百色等县市都有发现，而且多沿江分布，包括湘江上游、漓江、洛清江、柳江、郁江、左右江和北流河等地，已发现有二十余处窑群。按照瓷器的质地或类别，宋代广西瓷窑可分为青瓷和青白瓷两大类型，青瓷类型分布于湘江上游、漓水、洛清江、柳江、左右江等流域，青白瓷主要分布在北流河和郁江下游的桂平。

广西宋代烧造青瓷较多，约占广西宋代瓷窑总数的三分之二以上，且聚集于湘江上游、漓江、洛清江、柳江等流域为多，主要的产地有兴

第七章 "以夷治夷"谋稳定

安县严关，全州县江凹里，永福县窑田岭，灵川县甘棠渡，桂林市星华，柳城县大埔，合浦县下窑村，宾阳县邹圩，邕宁县的五塘、新村等窑址。以兴安县严关窑和永福县的窑田岭窑较有代表性。这类瓷窑的产品，胎质一般比较粗糙，比较厚重，呈灰白色，少数近于陶胎。釉色以青为基础，有青黄、姜黄、酱色、青灰、青绿等不同的色泽和釉色。产品以碗、盏、盘、碟为主，还有罐、壶、瓶、炉、灯、盒等日用器和砚、印花模型具等。其中以兴安严关窑的月白、玳瑁釉器和点彩器以及永福的窑田岭窑的青绿釉印花器比较有特色。

青白瓷是宋代制瓷业的重大成就之一。其胎质洁白细腻，坚硬轻薄，釉色莹润光洁，胎釉均有良好的半透明度，叩之有清脆悦耳的金属声，真可谓达到了"白如玉，明如镜，薄如纸，声如磬"的境地。这类窑瓷广西地区主要产地有藤县中和窑，容县大化窑和城关窑，北流市岭洞窑，岑溪县（已改市）南渡窑，桂平市城厢窑。其中的藤县中和窑、容县城关窑具有代表性。其瓷窑结构主要是坡式龙窑，也有其他类型的窑，如兴安县严关窑发现有个别马蹄式窑，永福县窑田岭窑发现有阶梯式窑。

藤县中和窑：藤县地处北流河下游，是桂东南地区通往西江之咽喉要道，唐宋时称藤州，明代改为藤县。因其窑址位于县城南约三十里北流河沿岸中和圩，故名中和窑。1963年调查发现，广西文物工作队于1964年和1975年进行两次发掘。其窑长50余米，均为坡式龙窑，采用一钵一器的仰烧法。产品器形丰富多样，有各式碗、盏、盘、碟、壶、罐、瓶、钵、盒、灯、炉、熏炉、唾盂、魂瓶、尊、枕、鸟食罐、腰鼓和印花模具等。以碗、盏、盘、碟为主。器物造型讲究美观与实用相结合。壶、罐、瓶等多仿瓜果形；碗、盏、盘、碟等圆器作敞口，圈足，多呈葵瓣、莲瓣形。装饰花纹以印花纹为主，也有刻、画花。花纹内容取材于日常生活中的动植物、人物等。主要有菊、牡丹、海棠、芙蓉、荷花、缠枝花卉及缠枝卷叶、水草、虫鱼、戏婴和飞禽等。纹饰布局严谨，技法娴熟，线条有的刚劲而流畅，有的纤细精巧，繁缛华丽。

容县城关窑：位于北流河中游容城镇东郊，宋属容州。1963年调查发现，1970年作过试掘。该窑群为坡式龙窑，采用仰烧法。产品与藤县中和窑相似，但纹饰以划式划印结合的艺术手法为主，其缠枝花卉，海水婴戏，海水异兽纹甚有特色。容县城关窑除烧青白瓷外，还烧青釉、黑釉、红釉和窑变。其青釉印花器受陕西省耀州窑较大影响。但其釉色青绿碧润，晶莹可爱，胎白坚薄，又独具一格。

在出土的瓷器中，最富有特色和最具代表性的是印花模具和花腔腰鼓。印花模具发现于藤县中和窑遗址。所谓印花模具，就是用瓷土塑成器物的内形，上刻各种阳式花纹图案，放入窑中经高温焙烧成型。当瓷器制作成器坯并阴晾将干时，即用印花模具在器物内压印，印模上的阳式花纹图案便印于器壁上。在瓷器烧制过程中，采用印模压印花纹图案的工艺，是瓷器制作技术的一大进步，可达到省工省时，提高工效，而且花纹图案工整美观的效果。其印模器形是根据制作的器物而专门制作，常见的有蘑菇形、尖突顶蘑菇形、平顶蘑菇形等。花纹多为阳纹，也有阴纹的。其中以藤县中和窑出土的印花模具最具特色，工艺水平最精，是不可多得的艺术精品，其中一件被列为国家一级文物。该窑还有一件飞凤缠枝花卉印花模具，背刻"嘉熙三年"，这件印花模具的发现，是中和窑唯一一件有明确纪年的遗物，为这类窑瓷烧制年代的断定提供了可靠的依据。

兴安县严关窑址出土的印花模具，花纹图案有菊花、荷花水草、游鱼和"福山寿海"等吉祥语及"鱼戏新荷"题款。纹饰多为团花，折枝花、缠枝花较少，均简朴粗放。有一件蘑菇形印花模具，空心圆短柄，面刻海水游鱼，线条刚劲流畅，背刻："癸未年孟夏终旬置造花头周三四记匹。""癸未"是年份，"周三四"是窑工的名字，是一件不可多得的模具文化遗物。

瓷腰鼓是广西宋代瓷窑烧制最具地方特色的一种器物。目前在永福县的窑田岭窑，藤县的中和窑和容县城关窑，均发现有瓷腰鼓。其器形似腰鼓，细长腰，两端膨鼓成球形或半球形，长60～70厘米，与今之长鼓颇为相似。据史籍载，腰鼓本西域乐器，公元前2世纪张骞出使西域后传入中原，并为伎乐所喜用。唐代河南鲁山、禹县下白塔甘窑都有生产。鲁山所产蓝色腰鼓斑彩烂漫，被称为珍品。在甘肃敦煌、山西云冈壁画和白沙宋墓壁画中都有使用腰鼓的场面。宋代北方定窑、磁州窑也有生产。广西宋代生产瓷腰鼓，宋人范成大、周去非在其著作中都有记述。范成大在《桂海虞衡志》中说："花腔腰鼓出临桂职田乡，其土特宜鼓腔，村人专作窑烧之，油画红花纹以为饰。"周去非在《岭外代答》中作了更详细的记述："静江腰鼓，最有声腔，出于临桂职田乡，其土特宜，乡人作窑烧腔，鼓面铁圈于古县，其地产佳铁，铁工善锻，故圈劲而不偏，其皮以大羊之革，南多大羊，故多皮，或用蚺蛇皮鞔之，合乐之际，声响特远，一二面鼓，已若十面矣。"文中所说的临桂职田乡在今桂林市大河乡东窑村，其所产的腰鼓亦以褐彩绘花纹，与范成大所说的"油画红花纹以为饰"的"花腔腰鼓"或周去非所说的"静江腰鼓"都极为相似。

唐宋时期广西瓷器烧制业的繁荣发展，是广西经济和文化发展的一个缩影。特别是宋代广西烧制的瓷器，造型精美别致，釉质晶莹滋润，纹饰细腻优美，寓意吉祥深刻，胎壁轻薄剔透，深受国内外客商的青睐，产品通过水路销往广西乃至内地，而且还通过海上丝绸之路远销南洋诸国。

（五）制糖业

甘蔗为禾本科植物，主要生长于热带和亚热带地区。广西是甘蔗原产地之一，很早就开始种植甘蔗，并且很早就懂得利用甘蔗制糖。《太平御览》转引三国人张勃《吴录·地理志》说："交趾句漏县（今广西北流县）甘蔗大数寸，其味醇美，异于他处，笮以为饧，曝之，凝如冰，破如博棋，入口消释。"由此可知当时广西地区已学会用甘蔗制成糖块。杨孚《异物志》说："甘蔗远近皆有，交趾所产特醇好，本末无薄厚，饴饧益珍煎而曝之凝如冰。"这里所称的"交趾""交州"，自汉至南北朝时期是指今广西和越南北部的广大地区，说明这一时期广西地区种植甘蔗已比较多，到三国时已作为贡品献给孙吴朝廷了。宋代以后，广西种植甘蔗和制糖业在前期的基础上有了较快和较大发展。迁居广西的汉族中有因擅长种植甘蔗而得名的"蔗园人"。清光绪《镇安府志·舆地志》记载："奉议较多居蔗园者，皆业糖，利甚厚。"蔗园人因操汉族"平话"方言俗称"平话人"，主要分布在邕江及右江沿岸地区，其中以今南宁市郊心圩、安吉、上尧、沙井四乡分布最为集中，人约 8 万，占四乡总人口的 80% 以上。他们聚族而居，自成村落，连成一片。据《邕宁县志·社会》记载，蔗园人现在所操平话，"故训雅声，往往而在"，"按诸隋唐韵员书，多能吻合"，多属"齐鲁语"，是由中原山东等地汉人所操的语言衍化而来。据史料记载，蔗园人系唐宋特别是宋代来自山东等地的汉族后裔。宋皇祐四年（1052），在今广西西部爆发了侬智高领导的壮族农民起义，起义军攻陷邕州，威逼广州，宋王朝派狄青率大军征剿，起义被镇压之后，朝廷留下官兵屯田戍守。宋代周去非《岭外代答·外国门》记载："邕屯全将五千从……其二千留州更戍。"这些更戍邕州的中原汉族官兵，后落籍为民，与当地女子结婚，即发展成今蔗园人。宋哲宗元祐元年（1086）三月二十四日诏令："邕州左右江归明（归附）人，许省地（汉族）溪洞（壮、瑶族）结亲。"①据心圩乡姓氏来源调查，当地蔗园人 12 个大姓中，有陈、刘、黄、苏、赖、罗、雷七姓，都是从宋皇祐年后从山东青州府益都县、寿光县、昌河县、白马堰（苑）来到此地的。② 关于蔗园人，民国《邕宁县志·民族》也有记载："（南宁）汉族籍贯，自赵宋后来自中州，各省皆有，尤以山东青州府白马苑为多。相传宋皇祐年间，随狄武襄征侬智高，事平后因留邕勿去，言人人同。考皇祐至今八百余年，再考各姓族谱、各姓祖宗碑记，自始祖至现在，均二十代以至二十四、五代以而止。……然即古人三十年一世而论，其来自宋朝无疑。"这些中原来的汉人，过去没有种过甘蔗，定居广西后，受到当地民族种植甘蔗的影响，开始种植甘蔗。由于他们擅长园圃业，善于管理经营，甘蔗很快发展成为其种植的主要作物之一。由于他们长期以植蔗为业，不断吸收并积累了丰富的种蔗经验，故被称为"蔗园人"。

唐宋时期，广西地区的种蔗和制糖业取得了很大的发展，成为全国闻名的制糖基地之一，竹蔗是制糖原料中的重要品种。广西不仅用甘蔗熬制成砂糖，而且掌握了制造冰糖的技术。宋代苏颂《图经草本》说：

---

① 转引自黄现璠《侬智高》，广西人民出版社，1983，第 89 页。
② 陈延超：《南宁西北郊蔗园人不落夫家婚俗》，载《华南婚姻制度与妇女地位》，广西民族出版社，1994，第 214 页。

"竹蔗茎粗而长,可榨汁为砂糖,泉、福、吉、广诸州多作之。"南宋祝穆在《方舆胜览》中记载广西生产冰糖的情况:"藤州土人,沿江种甘蔗。冬初压榨作糖,以净器贮之,蘸以竹枝,皆结为霜。"糖霜即是冰糖,其生产方法与王灼《糖霜谱》记载的基本相同。由于蔗糖获利较丰,因此甘蔗在广西左江、右江、浔江沿岸普遍种植,苍梧一带蔗区"弥望成林"。

第八章

土流合力促开发

——元明时期广西加快开发期

1279年,元兵攻破南宋都城临安,南宋灭亡。继而进兵广西,攻占广西北部门户——静江(今桂林),广西很快为元朝所统一。元朝统一广西后,进一步加强对广西的统治与开发,在继承和借鉴唐宋时期"以夷治夷"羁縻制的基础上,进而发展并全面推行土司制度。明代时,广西的土司制度进入了全盛发展时期,无论是中央王朝对土司的掌控与管理,还是土司内部以及对辖区土民的统治,都形成了一套严密的制度,屯田制进一步发展,社会经济和文化全面发展,标志着广西进入一个加快开发的时期。

第一节 土司制度的推行

土司制度起源于唐、宋时期的羁縻制度,元代是土司制度的确立和发展时期,明代是土司制度的鼎盛时期,明末到清代是土司制度的衰亡时期。羁縻制度和土司制度的共同点都是以当地少数民族首领为官,都是封建王朝推行"因俗而治""以夷治夷"政策的继承和发展。唐、宋时期的羁縻制,对归附的边地少数民族,按其种落划为州县,无"土"以冠。虽然封其首领为都督、刺史、知州、知县、知峒等官,但无"土"字以称,虽给予世袭、颁给印信之物,但世袭无定制,亦无文职和武职之分。这种羁縻统治,表明与中央的关系十分松散,更无法制之管束。

元明时期的土司制则不同，有其衙门机构，如元代宣慰司、宣抚司、安抚司、招讨司、长官司等，设宣慰使、宣抚使、安抚使、招讨使、长官司长官等职，属武职。明代武职隶于王朝之兵部；土府（军民府）、土州、土县等，设土知府、土知州、土知县各官，官以土职，隶属王朝吏部。土府、土州、土县设衙门，除土官和佐贰（流官充任）及四大总管（总理、总诉、总目、总管）外，尚有兵、礼、吏、刑、户、工六房，犹如中央之六部。土司统治范围内设有或哨、或化、或亭、或里、或堡的地方组织，层层管理。这些都是羁縻时代所没有的。

元世祖至元年间（1264~1294），广西普遍设置土司机构。在广西行中书首下辖12个路，1个府、4个州、48个县、5个土司路、1个安抚司、1个土司府、73个土司州、11个土司县、17个土司峒、3个土司寨和4个土司团，标志着土司的确立和全面施行。

元朝对归附的南方和西南方少数民族首领，采取"土人参用"的政策。广西地区的壮族首领在此政策之下被委任为安抚使、总管府总管、土知州者很多。元朝统治者虽然推行民族歧视和压迫政策，将全国各民族分成蒙古人、色目人、汉人、南人4等，蒙古人最为尊贵，大官要职均由蒙古贵族控制，但对南方边疆少数民族地区因地方偏僻，民情复杂，中央王朝统治力量鞭长莫及，难以进行直接管理，所以不得不委用当地少数民族首领代行管理。至元二十三年（1286），"荆湖行省平章奥鲁赤以征交趾事宜请入觐，诏乘传赴阙。集贤直学士程文海言：省院诸司皆以南人参用……江南风俗，南人所谙，宜参用之"。① 至元二十五年（1288），"湖广省言：'左、右江口溪洞蛮獠，置四总管府，统州、县、洞百六十，而所调官畏惮瘴疠，多不敢赴，请以汉人为达鲁花赤，军官为民职，杂土人用之。'就拟夹谷三合等七十四人以闻，从之"。② 据记载，元兵尚未进入广西，右江土酋岑从毅就已归附。因从毅老疾，不能任事，"诏以其子斗荣袭，佩虎符，为镇安路军民总管"。③ 至元二十八年

---

① 《元史》卷14《世祖十一》。
② 《元史》卷15《世祖十二》。
③ 《元史》卷17《世祖十四》。

(1291),"南丹州莫国麟入觐,授国麟安抚使、三珠虎符"。① 大德十年(1306),"来安路总管岑雄叛,湖广行省遣宣慰副使忽都鲁铁木而招谕之"。② 延祐五年(1318),"广西两江龙州万户越清臣、太平路总管李兴隆率土官黄法扶、何凯,并以方物来贡,赐以币帛有差"。③ 忻城元代初设有土官,"以土官莫保为八仙屯千户"。④ 泰定初(1324~1328),岑世兴、黄胜许为怀远大将军,"遥授沿边溪洞军民安抚使,佩虎符"。⑤ 其他土官还有很多,如思明路军民总管黄克顺,上思州知州黄志熟、全茗州土官许文杰、安隆寨土官岑世忠、思明州土官黄宗永、忠州土官黄祖显、太平州土官李以忠、镇远州土官赵胜昌、茗盈州土官李铁钉、安平州土官李郭佑、思同州土官黄克嗣、万承州土官许郭安、龙英州土官李世贤、左州土官黄胜爵、陀陵县土官黄宣、黄富等,都为王朝所委用。广西以及云南、湖南、四川等地各职土官委用已形成制度,并以广西地区为范例。

对土官的任命、承袭、升迁、惩罚、贡赋方面,朝廷有明确规定,并逐步形成一套严格的制度。土官一经任命,朝廷必须给予印章、虎符、玺书等作为权职的凭证。东兰州土官韦富挠"遣家人韦钱保诣阙,上元所授印,贡方物"。⑥ 明洪武元年(1368),"左江太平土官黄英衍等遣使赍印诣平章杨璟降"。朝廷遣中书照磨兰以权齐招往谕左、右两江溪峒官民:"……尔等不烦师旅,奉印来归,响慕之诚,良足嘉尚。"⑦ 明洪武年间,思恩州知州岑永昌"既匿五县民,不供赋税,仍用故元印章。帝以不奉朝命,命左都督杨文相机讨之,既以荒远不问"。⑧ 右江田州府土官岑伯颜亦"遣使赍印诣平章杨璟降"。⑨ 由此可知,元朝对所委任的土官

---

① 《元史》卷16《世祖十三》。
② 《元史》卷21《成宗四》。
③ 《元史》卷26《仁宗三》。
④ 《明史》卷317《广西土司一》。
⑤ 《元史》卷29《泰定帝一》。
⑥ 《明史》卷317《广西土司一》。
⑦ 《明史》卷318《广西土司二》。
⑧ 《明史》卷318《广西土司二》。
⑨ 《明史》卷318《广西土司二》。

第八章 土流合力促开发

都颁给印章，以作统治的凭据，并给予世袭地位。延祐六年（1319），"来安路总管岑世兴叛，据唐兴州，赐玺书招谕之"。① 对于土官的升迁和赏罚也有了规定。"诸边隅镇守不严，他盗辄入境杀掠者，军官坐罪，民官不坐。诸军民官镇抚边陲，三年无啸聚之盗者，民官减一资，军官升散官一阶；五年无者，军民官各升散官一等"。② 在"诸左右两江所部土官，辄兴兵相仇杀者，坐以叛逆之罪。其有妄相告言者，以其罪罪之。有司受财妄听者，以枉法论。诸土官有能爱抚军民，境内宁谧者，三年一次，保勘升官。其有勋劳，及应升赏承袭，文字至帅府，辄非理疏驳，故为难阻者，罢之"。③ 太平州土官李氏，"元成宗时，知州李兴隆从征上思州黄胜许，有功，迁太平路总管"。④ 吕思诚"出佥广西廉访司事。巡行郡县，土官有于元帅者，恃势鱼肉人，恐事觉，阴遣其子迓思诚于道，思诚缚之，悉发其阴私，痛惩其罪，一道震肃"。⑤ 这就是说，土官有功得到升迁，有罪则遭惩治，朝廷对土官的治理大为加强。在贡赋上，土官经授任命，须向朝廷贡方物，以示臣属。如延祐五年（1318），龙州万户赵清臣、太平路总管李兴隆率土官黄法扶、何凯，"并以方物来贡，赐以币帛有差"。⑥ 唐代羁縻州县，户籍多不上户部，赋税也自然无征，但至元代，土官地方户口已归有司管理，征收赋税。至元二十二年（1285），"又籍两江侬士贵、岑从毅、李维屏所部户二十五万有奇，以其籍归有司"。⑦ 侬士贵，宋末特磨道将军（首领），岑从毅、李维屏分别知安平州和来安州，他们归附后，所属二十五万户已由朝廷管理。"今皆赋役之，比于内地"。⑧ 贡赋之事成为定例。但在实际上并没有完全执行。

明代是广西土司制度发展的全盛时期。所设土司府、州、县、长官司、土巡检司遍及广西中部和西部地区。据统计，广西地区设置有土府

---

① 《元史》卷26《仁宗三》。
② 《元史》卷102《刑法一》。
③ 《元史》卷103《刑法二》。
④ （嘉庆）《广西通志》卷59《土司一》。
⑤ 《元史》卷185《吕思诚传》。
⑥ 《元史》卷26《仁宗三》。
⑦ 《元史》卷29《泰定帝一》。
⑧ 《元史》卷33《文宗二》。

4、土州41、土县8、长官司10、土巡检70多个、土千户5、土知府、土知州、土知县、长官司长官、土巡检、土千户等大小土官320余人。不仅在广西西部地方有土司之设，而且在东部地区也新设有土州、土巡检和长官司等。

土司制度的全面推行以及土司制度的完善，特别是明王朝实行的众建寡立、缩小土司领地、土司之间相互制衡、分而治之和论功行赏等措施，表明明王朝已完成了对广西的全面统治，实现了对当地少数民族首领的牢牢控制。各地壮族酋首得到了中央朝廷的委任，确保了他们世袭的利益，增强了各土司对朝廷的依附，土司们把自己的命运与中央王朝紧紧联系在一起，听命于中央王朝，保证了中央王朝各种政令的贯彻执行，维护和巩固了明朝在广西建立的地方政权。在各土司纷纷依附和效力于中央王朝的过程中，也增强了土司的国家认同意识。

第二节 卫所制的创立与屯田制的发展

元朝建立后，继承唐宋以来的重农政策，坚持以农为本，重视发展农业，采取一系列鼓励措施，大力发展农业生产。元世祖时设立农司，"专掌农桑水利，分布劝农官，巡行郡邑，察举农事成否，达于户部"。[①] 还"首诏天下，崇本抑末"，并颁布《家桑辑要》一书，强调"农桑之业，真斯民之衣食之源，有国者富国之本"。[②] 在边疆地区继续推行和完善屯田制度。

元朝统一广西后，为了加强对当地少数民族的统治，防止交趾入侵，在广西屯驻大量军队。为了解决戍边军队的粮食给养问题，一方面继续实行军队屯田，同时鼓励民众屯田。另一方面，由于各土司之间时常发生战争，造成百姓流离，田地荒芜，各地官府便招募民众屯田垦种。元世祖至元二十八年（1291），知上思州（今广西上思县）黄圣许与交趾勾结，经常骚扰边境，元将刘国杰带兵与之交战，黄叛逃交趾，于是"尽

---

① （元）《农桑辑要·序》。
② （元）《农桑辑要·序》。

第八章
土流合力促开发

取贼巢地为屯田，募庆远诸撞人耕之，以为两江蔽障"。① 元成宗大德十年（1306），元朝军队平定两江地区大任洞黄德宁起义以后，"许其地所遗田土，续置藤州屯田。为上浪屯一千二百八十二户，忠州六百一十四户，那扶屯一千九户，雷留屯一百八十七户，水口屯一千五百九十九户。续增藤州屯，二百八顷一十九亩"。至元三十年（1293）元世祖"旨发湖湘富民万家，屯田广西"。此事遭到元将哈剌的反对，于是改由广西元帅府招募南丹州五千户屯田，并且送给屯田户牛、种子、农具。元朝采取鼓励军屯和移民屯田的措施，使得广西许多荒地得到开垦耕种，既解决了戍兵和官府的粮食供给问题，减轻了农民负担，又维护了边防的安定，促进了广西的开发和农业的发展。

明朝建立后，继续推行屯田制，并把屯田作为解决大量戍守边疆军队的粮食供给问题的主要措施。明朝初年，明太祖朱元璋根据全国军事形势和巩固政权的需要，创立了卫所制度，在全国各军事要地，设立军卫。"天下既定，度要害地，系一郡者设所，连郡者设卫。大率五千六百人为卫，千一百二十人为千户所，百十有二为百户所。所设总旗二，小旗十，大小联比以成军"。② 各卫所隶属于五军都督府，亦隶属于兵部，有事调发从征，无事则还归卫所。这是一种寓兵于农，守屯结合的建军制度。正如明太祖所夸耀的："吾养兵百万，不费百姓一粒米。"③

广西是明朝推行卫所制和屯田制的重要地区。垦种的田地有三种：一是戍军驻地附近的荒地；二是因战争荒芜的田地；三是因反叛朝廷被没收的田地。因为明王朝派驻戍守广西的军队众多，据史载，"各卫所戍军员额达116846人"④，而当时广西人口才148万，平均每10个人就要负担1个军人，这在当时的生产力状况下，无疑是一个很重的负担。如何解决庞大军队的粮食给养问题，关系到明王朝在广西建立的地方政权的稳固，关系到边疆社会的稳定，明王朝在广西全面推行卫所军屯制，

---

① 《元史》卷162《刘国杰传》。
② 《明史·兵志二》。
③ 《续文献通考》卷122。
④ 《广西方志提要》，广西人民出版社，1988，第15页。

"洪武二十五年九月甲辰，置广西迁江县屯田千户所"①；洪武二十九年（1396），广西布政使司奏："新设南丹、奉议、庆远三卫及富川千户所，岁用军饷二十余万石，有司所不足以给"，朝廷指令，不足部分实行屯田解决。后来，奉议卫又以"本卫地控蛮峒，若俱出屯种，设有缓急，卒难用"为理由，提出军队"以三分守城，七分屯田"的建议，但明廷未予批准，要求全部参加屯田。② 为了帮助边远地区各卫所屯田，明廷"遣中使至桂林府，市牛给南丹、奉议等卫屯田军士"。③ 洪熙元年（1425），广西总兵官镇远侯顾兴祖率军镇压庆远等地农民起义后提出："今农事方兴，请止留贵州兵二千、湖广兵一千守备，余遣归屯种"，④ 得到朝廷采纳。据史载，明洪武年间，广西各卫军屯田十分之七，可见军队屯田规模之大，屯田面之普遍。

除了实行卫所屯田制外，明王朝还招募士兵和移民垦种"因乱后田荒而屯种"。明代时，广西各族人民深受土司和封建统治者的双重压迫和剥削，阶级矛盾和民族矛盾不断加剧，各地的农民起义斗争此伏彼起，土司反叛明王朝事件也屡屡发生。其中以八寨起义、大藤峡起义、府江起义规模最大。频繁的战争，给广西少数民族的生命财产带来严重破坏，人民流离失所，大量土地荒芜；或因造反而没收土司或农民田地。明王朝为了镇压和防范各地的农民起义，明军采取层层设防、步步为营的措施，在各军事要地驻扎重兵，且戍守且屯田，以期长期驻守。其屯田主要有两种方式：一种是驻军官兵屯田，另一种是招募士兵和农民耕种因战争而荒芜之田。永乐初年，在镇压马平（今柳州一带）农民起义后，"募僮人耕种，且以御瑶"。成化初年，明宪宗诏率军镇压广西大藤峡瑶民起义后，"量起浔、梧、柳、庆待府州县伙夫民款，各带器械助官兵攻守，官给牛具种子，耕种贼田，就给兵款食用"。⑤ 由于明军长期驻守广西，战事频仍，戍边官兵多年老体弱，难以胜任打仗和屯田之劳苦，于

---

① 《明太祖实录》卷221。
② 《明太祖实录》卷245。
③ 《明太祖实录》卷246。
④ 《明太祖实录》卷7。
⑤ 明宪宗：《谕韩雍征剿广西贼寇事宜》，见韩雍《平蛮录》卷一。

是，明廷便采取招用士兵屯田的方法，先后从广西各地招募俍兵和土司兵进行屯田，由政府提供耕牛、农具，并给予免交租税的优惠。嘉靖七年（1528），王守仁率兵镇压八寨农民起义后，即招募土司率兵屯驻，"拨占田产，使之耕种，以资军衣"。嘉靖十四年（1535），刘经率兵镇压永福一带瑶民起义后，"籍没贼田三百亩，立江尾堡，分给土目"。万历元年（1573），广西巡抚殷正茂在府江农民起义后，划界设堡，屯垦守卫。其中荔浦上峒、中峒由把总齐凯及其所属土官耕垦，领田1.3万余亩；土官覃文举耕垦下峒，领田8000余亩；土官岑仁驻守府江东岸，领田1.5万余亩。另有土官驻守永安仙回一带屯兵，领田8200亩；驻守永安高天一带屯兵，领田2200余亩。总计近5万亩。① 万历二年（1574），广西总兵李锡在镇压桂林一带农民起义后，没收当地农户耕田11810亩，"给兵且耕且守"。类似情况，在广西相当普遍，说明广西土地流失与争夺的严重性。明朝政府招募士兵屯田，并采用了一些鼓励和优惠政策，促进了土地的开垦，扩大了耕地面积，推进了农业生产的发展。②

还有一种屯田方式是由地方官吏组织军民屯田，并且对屯田实行了一套行之有效的管理办法。明洪武初年，钦州设立屯田64顷，以钦州千户所百户二员领军屯种。据明嘉靖《钦州志》记载："愿承田者悉与之，人给田三十亩。官田则例亩科米一斗七升六合，该米五石一斗仍拨田十亩，与为宅舍，不科其税"；屯田之处，"十人为一甲，甲有甲头，五甲为一屯，屯有屯总；一屯有稻田一十五顷，共田二十顷。该米二百五十五石。一屯设老人一名，专理其事，给田四十亩，用酬其劳，不征其税。五屯之田，计百顷八十亩，督责耕种，征收税粮。屯老责之屯总，屯总责之甲头，甲头责之屯丁，以本州判官掌之，而总督于知州。无牛种者，给与牛种"。而地方民众屯田，则"令春夏在田耕种，秋成之后，赴州操练，及春复归田耕种"。军队屯田，则"分上下班出海巡哨，田随班上下耕种"。实行军民屯田之法，解决了驻军粮食给养的问题。

---

① （清）汪森：《粤西丛载》卷28。
② 覃乃昌：《壮族经济史》，广西人民出版社，2011，第401~404页。

到了明代，广西地方政府已经形成了一套比较系统的屯垦思想和较为完善的屯垦开发措施。由于在广西全面推行屯田制，使大量荒地得到开垦，大量荒芜土地得到耕种，屯田面积不断扩大，仅明一代，广西屯田面积由明初的513顷40亩，到了嘉靖年间（1522~1567）增加到4610顷34亩。而广西总耕地面积由洪武二十六年（1393）的10.24万顷增加到弘治十五年（1502）的10.52万顷。屯田制的推行，是元明王朝开发广西的一项重要措施，有效地解决了戍守广西军队的粮食问题，解决了人口与耕地的矛盾，客观上对广西农业的发展具有积极意义，促进了广西边疆的开发。①

第三节　农业与手工业的发展

元明时期，坚持以农业为立国之本，重视发展农业生产。广西地区气候炎热，冬短夏长，光照充足，雨量丰沛，水源丰富，土地湿润，适合发展农业生产，特别是稻作农业生产。元、明王朝统一广西后，一方面从政治、军事上加强对广西的统治，另一方面重视发展农业生产，采取一系列鼓励开垦耕种、军民屯田、减免赋税、修筑灌溉设施等措施，促进了农业经济的发展，进而促进了手工业的进一步发展。

一　农业的发展

元明时期广西地区农业的发展，主要表现在生产工具和耕种技术的改进，耕作制度、田间管理的改进，耕种面积的扩大，选用良种和水利灌溉设施的改善。

（一）生产工具的改进

元明时期，广西地区的农业生产工具已发展形成一套各具功能、各具用途、效率较高，基本能适应各道耕种工序所需要的工具。这些配套工具的来源，一是从中原内地传入，或通过贸易交换获取；二是当地工匠仿制从中原内地传入的工具的基本结构和形制基础上，根据当地田间

---

① 覃乃昌：《壮族经济史》，广西人民出版社，2011，第411页。

耕作的需要进行改进，使之符合当地耕作使用；三是当地工匠因地制宜，就地取材创制的工具，比如木耙、脚踏犁、木齿碾、锸、方形月刮、宽口锄、水筒车、木梯配谷桶、谷围、干栏式谷仓、手镰、三脚架戽斗等。

翻土耕作工具：元明时期，广西各地已普遍使用牛耕，农户家庭多饲养耕牛，供耕作使用。流行使用木架铁铧犁嘴的犁具，普遍使用曲辕犁。山区小块耕田和梯田流行使用铁嘴脚踏犁、铁锸、铁锄、铲等做翻土耕作工具。也就是说，形成了以曲辕犁为主，以脚踏犁、铁锸、铁锄、铲为辅的相配套的工具。这套翻土耕作农具，一直沿用下来，直到20世纪50年代仍在广西各地使用。其中的脚踏犁颇具地方民族特色，其结构是选择一根略为弯曲、长约2米、直径约5厘米的木料作为犁杆，将末端削成小犁头状，然后套入一个宽约8厘米的扁长形铁制犁嘴，犁嘴上方的木杆上镶入一根长约10厘米的小横木梢，作为耕作时脚踏将犁嘴插入土中。翻土耕作时手脚并用，协调配合，用脚踏犁嘴入土，用手撬翻其土，如此倒行，耕作效率颇高。一个强劳力每天可翻土地0.5亩，而且具有深耕的特点。特别适合田块较小、不适合牛犁的山区梯田或多石头的畲地使用。这种脚踏犁在宋代已在广西地区使用，不断传承下来。据周去非《岭外代答·踏犁》记载：此犁长约6尺，上端设握杠，下端前曲，置铁嘴，掘地时双手握杠，脚踏下端木梢，将土翻起，"迤逦而前，泥垅悉成行列，不异牛耕"，"踏犁五日，可当牛犁一日"，功效比用锄高，"宿莽巨根，无不翻举，甚易为功"。直到现在，在广西北部的中部山区的壮、毛南等少数民族地区仍在使用。

耙田碎土工具：主要有各种形式的耙、木齿辗具、铁刮等。耙分畜力耙和手耙两类。畜力耙也有多种，各地耙的种类和形式也不尽相同。其中以九齿铁制牛拉耙最为流行。其耙体呈稀梳状，九齿镶嵌于一条横铁轴上，耙齿长约20厘米，末端略尖。耙体上端两边各镶焊一根铁柄，柄顶端设有一环，环内套入一木杆，作为耙田耕作时手扶使用。耙体前端两侧各焊接一牛腿状铁件，末端空心，套入一节木条，供拴轭绳使用。两边各拴一条长约2米的粗轭绳，绳端拴一半弧形木轭。许多山区还用木料制作木耙，结构和耕作方法与铁耙相同。还有一种方形木耙，主要用于旱地耙碎土块和平整地块使用。木耙呈长方形，宽约2米，前后皆置有尖状木制耙齿，耙地效率高于单排耙。手耙也有铁制和木制之分，一般为四齿，耙体后置一圆孔，插入长条耙杆，木制耙与铁体耙形式相同，主要用于耙疏积肥、平整小田块。齿形木辗是广西地区特有的一种平整稻田的农具，主要用于平整稻田或一季稻收割后压整田块，为了加重牛拉木辗的压力，耕作时人站立于辗上，效率颇高。如《桂平县志》载："木辗形如车轴，径大尺许，而无轮辐，为摩平田之用。"直到20世纪70年代，广西地区仍流行使用。

中耕工具：主要有铲、锄、月刮、手耙，这是各农户家庭必备的工具，主要用于旱地的松土、培土、理埂、开沟、除草、引水灌溉等。

灌溉工具：主要有水筒车、脚踏龙骨水车、水摇龙骨水车、戽斗、戽筐、引水竹枧等。水筒车是广西地区常见的一种提水灌溉工具。用竹木构成一个直径3~4米的圆辐形，边缘内侧有序地镶入扇形木板，再加绑一个个竹筒，固定架置于溪河边上，利用水的落差和冲力，通过竹筒把河水提上高处的枧渠里，引入需要灌溉的田间。水车日夜自行转动，涓涓流水不断，是一种省工高效的灌溉工具和方法。脚踏龙骨水车、水摇龙骨水车是广西各地区常用的一种提水灌溉工具和灌溉方法。戽斗分为手提戽和架戽两种。广西地区水源丰富，泉水遍地，稍加疏通，挖掘沟渠，便可引水入田灌溉。多数稻田即用此种方法灌溉。

收割工具：主要有镰刀、禾剪、打谷桶、打谷梯、谷围、谷耙（晒谷用）、风谷车等。

粮食加工工具：广西地区的粮食加工工具主要有石木组合的舂碓、石臼、各种质料的磨盘、水碾等。其中以水碾碾米难度最大，效率也最高。水碾利用水的自然冲力推动水轮，并通过碾轴带动碾体转动，碾体又带动石槽里的圆形大石盘转动，由大石盘碾压石槽里的谷子脱壳。据民国《灵山县志》记载："邑中塘坝水车水研（碾）的约计不下数百，此仅据采访所报录之，非谓全邑止此数。"

此外，还有插秧使用的秧盆、秧凳、秧马、秧梳、秧簸、粪簸、箩筐等。

（二）耕作方法的改进

元明时期，广西地区耕作方法的改进，主要体现在普遍使用牛耕，重视深耕细作、田间管理、施肥、灌溉、选用良种等方面。在耕作方面，流行使用耕牛牵引的曲辕犁（铧犁）犁地翻土、铁耙碎土、平整田地。在桂北和桂西北山区缺牛地方的石丛、梯田则使用踏犁锄耕。平峒地区种植水稻，春时注水，一犁一耙或二犁二耙，然后播种，分秧移栽；但在偏僻山区，耕作仍很粗放。"其耕也，仅取破块，不复深易，乃就田点种，更不移秧。既种之后，旱不求水，涝不疏决，既无粪壤，又不耔耘，一任于天"。① 山居垦荒，火烧之后，即掘土下种，不中耕施肥，广种而薄收。这反映出广西地区平原与山区耕作技术上发展的不平衡现象。至近代亦是如此。南部地区因"地暖"，水稻"无月不种，无月不收"，有正、二月种的早禾，三、四月种的晚早禾，五、六月种的晚禾。在钦州七峒，七、八月种早禾，九、十月种晚禾，十一、十二月也种，称"月禾"②，一年四季，可种三季稻。中部郁江，水稻一年两熟，即种双季稻。柳州以北或以西地区，一年一稻一麦，已成种植定制。重视田间作物的施肥、护理。在耕作技术较先进的柳州以东地区，"深耕概种，时耘时耔；却牛马之践履，去螟螣之片戈舍；勤以朝夕，滋于粪土，而有秋之利，盖富有年矣"。③ 农民耕种除普遍用畜粪施肥外，还根据当地的土壤性状结构，发明了烧石灰作肥料，一是中和酸性土壤为中性土壤，适于作物生长；二是用石灰可以除虫杀菌，防治病虫害。此外，广西地区的壮、侗等民族在低洼处聚水养鱼种稻，用鱼除草，鱼米兼收。耕作技术和田间管理上的进步，提高了耕作效率和粮食产量，促进了农业生产的发展。

（三）作物品种的增多

元明时期，广西地区种植的农作物品种繁多。粮食作物仍以稻为主，其次为薯、粟、黍、菽、麦等类。稻，种于旱地者称"旱禾"或"旱

---

① （南宋）周去非：《岭外代答》卷3《惰农》条、卷8《月禾》条。
② （南宋）周去非：《岭外代答》卷3《惰农》条、卷8《月禾》条。
③ （唐）柳宗元：《龙城录》，载《古今说部丛书》第1集。

稻",种于水田者称"水稻",其种类有黏稻、粳稻、糯稻,种植遍及广西地区,象州产"长腰稻"为优良品种。南丹、抚水州龙江沿岸平地"种稻舍已为人湖湘";钦州稻一年三熟;左江溪洞中"禾囷个个小亭如",说明种稻的兴旺景象。由于水稻产量高,种植多,加上广西人口尚少,故已有稻米巢出。"田家自给之外,余悉巢去","富商以下价籴之,而舳舻衔尾,运之番禺,以罔市利"。① 明代时,广西地区种稻有了新的发展。万历年间(1573~1619),大旅行家徐霞客来到广西地区,从柳州上柳城,看见柳江边稻把遍立,农民正在江边的船上进行稻米交易;在太平土州治附近,平地旺达,种稻与江浙无异;在南丹缥缈村,山间梯田上下盘旋。所种之稻分粳、糯二种。粳有七:曰香柏、曰乌节、曰早稻、曰晚稻、曰白黏、曰红黏、曰旱禾;糯亦有七:曰鹁鸰、曰银丝、曰泥糯、曰鱼包、曰饭糯、曰红糯、曰香糯。② 思恩、桂林府生产"糎禾","颗大而香味长,九、十月收获,连根逐茎,摘之盈把,终岁不脱"③,为壮族特有的水稻良种。

麦类:广西地区所种分两种:小麦、大麦。宋已开始种植,且由北及南、由东及西逐步推广。明代时,小麦种植已在广西地区进一步发展,其种植方法与北方不同,"北人种麦漫撒,南人种麦撮撒"。④ 撮撒时伴以灰肥,苗长更好。宋庆和《靖城曲》云:"秧针刺水舞风情,村北村南打麦声。记取靖城四五月,黄云初割绿云生。"⑤ 可知明清时小麦种植已扩展到壮族聚居的各个地方,连边远的归顺州亦"种者愈多"了。桂北、桂西一年一稻一麦的种植制已形成。薯、粟、黍、菽等作物,自宋代以来各州县多有种植,特别是山区的畲地、山地种得最多,且成为山居壮族的主粮。

经济作物种植,主要有苎麻、甘蔗、棉花等种。秦汉时广西地区已广种苎麻,宋代以来,已无地不种,成为仅次于水稻的大作物品种。陈

---

① (南宋)周去非:《岭外代答》卷4《常平》条。
② (明)林富:《广西通志》卷21《食货志》。
③ (嘉庆)《广西通志》卷90《物产二》。
④ (嘉庆)《广西通志》卷89《舆地略十·物产一》。
⑤ (道光)《归顺直隶州志》卷4。

第八章
土流合力促开发

尧叟任广西转运使时奏云：广西诸州，地少桑蚕，"今其民除耕水田外，地利之博者惟麻苎尔。麻苎所种，与桑柘不殊，既成宿根，旋擢新干，俟枝叶裁茂则刈获之，周岁之间三收其苎。复一固其本，十年不衰"。还"劝谕部民广植麻苎，以钱盐折变收市之，未及二年，已得三十七万余匹。自朝廷克平交、广，布帛之供，岁止及万，较今所得，何止十倍。今树艺之民，相率竞劝；杼轴之功，日以滋广"。① 其中广西上供多为麻布，分量不少。广种苎麻以织布，一利于民，二利于国，从而促使壮族手工纺织业的蓬勃发展，其后一直是我国主要苎麻产区之一。

甘蔗，古称为柘。唐以前已开始种植。宋代，"藤州土人沿江种甘蔗，冬初压取汁作糖，以净器贮之，蘸以竹枝，皆结霜"。② 其实，沿江种甘蔗的不仅是藤州土人，其他州土人也种之。即使边远的南丹州亦有种植。南丹药箭最毒，中必死，但土人"自有解药"，战时"人以甘蔗一带自随，忽尔中矢，即啖蔗而毒气为之少缓，急归，系身于木株而服解药，少焉毒作，身将奋掷于木株，系耳不得掷死，否则药作而自跃于虚空，陨地扑杀耳"。③ 这证明南丹土人种植有甘蔗。元明以来，南宁、柳州、太平、浔州、梧州、庆远、思恩等府属皆种之，成为壮族普遍种植的作物。

棉花，也是广西地区种植较早的经济作物，唐以前已多有种植，宋以后有新的发展。"吉贝木，如纸小桑枝，萼类芙蓉花之心，叶皆细茸，絮长半寸许，宛如柳绵。有子数十，南人取其茸絮，以铁筋碾去其子，即以手握茸就纺，不烦辑绩，以之为布，最为坚善"，"雷、化、廉州及南海黎峒富有，以代丝纻"。说明宋代壮族东南部地区已普遍种棉，夏穿麻衣，轻凉离汗，冬着棉布，柔松暖和。明、清时期，壮族西部山区利用山地、畲地，遍植棉花，自织自染，供家庭之用，亦售于市。棉花是壮族必不可少的种植作物。

与棉、麻植物同时种植的还有蓝。用蓝制成蓝靛，是染布的必备原

---

① 《宋史》卷284《陈尧叟传》。
② （嘉庆）《广西通志》卷91引《方舆胜览》。
③ （南宋）周去非：《岭外代答》卷6《吉贝》条。

料，宋以后亦广为栽种。

壮族种植热带、亚热带名果也很多，历史悠久，宋代更为引人注意。如荔枝、龙眼，诸郡都有生产，蕉子、柚子、金橘、波罗蜜等亦很闻名，是传统名果。自食有余，行销于市，远运于中原。这给农业发展增添了靓丽色彩。

（四）耕地的开拓

广西地属丘陵山区，到处丘陵绵延，群山起伏，江河横流，素有"八山一水一分田"之说。元明以来，随着人口的繁衍增长和中原汉族的不断迁入，耕地问题日益突出。而广大丘陵山区，则有大量坡地可供开垦耕种。于是，出现了人口较为稠密的地方开始向地广人稀的丘陵山区迁移，开垦畲（旱）地，修筑梯田，种植五谷，发展农业生产。这一时期，由于铁器在农业生产中的广泛使用，为开垦荒山坡地时砍伐树林、铲除杂草、开山取石创造了条件。而开垦荒山坡地，通常采取放火烧荒的办法，然后使用犁、锄头、铁锸开垦。

明朝初年，庆远府（今宜州一带）有一户壮族人家，几经辗转，迁移到今龙胜龙脊一带居住，先是在龙脊平安寨安营扎寨，修筑村寨四周的梯田。随着人口的繁衍，从龙脊平安寨逐渐迁移到龙江河两岸的山坡上定居，修筑梯田，种植稻谷。后来，共形成十三个村寨，俗称"龙脊十三寨"，经过不断修筑，梯田从河谷至山巅，从林间到崖下，从岭脚到岭顶，层层叠叠，形如鳞状，有似塔螺，在云雾缭绕之中，蔚为壮观，数量达数千亩。人们世世代代在梯田里种植稻谷，利用山顶上长流不断的潺潺泉水，架枧疏渠引到梯田灌溉，无论雨水多少，皆保证收成无忧。现在，龙脊梯田景观已开辟成旅游景区，慕名而来的国内外游客纷至沓来，领略观赏壮族先民的创造伟力。在红水河流域，人们开辟的梯田也很普遍，利用山泉灌溉，如无泉水，则依靠天然雨水浇灌，一年种植一季稻谷仍有收获保障。

元明时期，广西各地山区除了种植水稻之外，普遍开垦山岭坡地种植各种作物，如豆类、芋薯类、麦类、棉花等。耕种畲地，一般不用或少用肥料，无须浇灌，依靠雨水滋润作物，虽然产量不高，但收获有保障，丰富了作物品种，增加了粮食收成，补助人们的生活需要。因而，元明时期以来，随着人口的增加和迁移，耕地有了较大开拓，荒山坡地、梯田得到较大规模的开发，标志着广西农业生产的新发展。

二　手工业的发展

元明时期，广西地区的手工业也有了新的发展，主要有纺织、采矿冶炼、陶瓷业等。它们是在农业发展的基础上发展起来的，有家庭手工业，也有集体经营的手工作坊。

（一）纺织业

广西地区自汉代以来，就开始种植苎麻、葛类、棉花，或蕉、竹等纤维植物，拥有丰富的纺织原料。人们在耕田种地生产粮食的同时，还生产各种布匹，供生活需要并行销于圩市。其纺织品种类繁多，其中主要有各种布、壮锦等。

一般布。各州、县均有出产。桂州产者称桂布，郁林产者称郁林布，柳州产者称柳布，象州产者称象布等，以地名而名之。又因是土人所生产，故又称"土布"。因用不同的植物纤维织成，故又以植物名称称之，如用苎麻织成者称为苎布，用葛纤维织成者称葛布，用蕉纤维织成者称蕉布，用吉贝纤维织者称吉贝布。周去非《岭外代答》云："广西独处富有苎麻，独处善织布。柳布、象布，商人贸迁而闻于四方"；"靖江府古县，民间织布，系轴于腰而织之"。布之所以好而经久耐用，是因"以稻穰心烧灰煮布缕，而以滑石粉膏之，行布滑而布紧也"。桂州古县出古终藤，不仅瑶人织以为布，壮人有织之，称瑶斑布或斑布，上林、迁江亦产，盖因以蓝染布为斑而得名。斑布"其纹极细，其法以木板二片，镂成细花，用以夹布，而镕蜡灌于镂中，而后乃释板取布，投诸蓝中。布既受蓝，则煮布以去其蜡，故能受成极细斑花，炳然可观"。这种染法，现在称为蜡染。宋初，国家鼓励广种苎麻，收购麻布，前已述及，广南西路年产麻布多达37万余匹，较前增加10倍，可知家庭织布业的发展。以后壮族家庭，以麻织布，经久不衰。

吉贝布，为棉质布。广西地区多栽种有吉贝，左右两江皆有，其中雷、化、廉州最多。人们取其茸，纺织为布，最为温暖耐用。"幅长阔而洁白细密者，名曰幔吉贝，狭幅粗疏色暗者，名曰粗吉贝，有绝细而轻软洁白、服之且耐久者，海南所织"。这些表明织吉贝布的不仅有壮族人，而且还有黎族，以及西南各族人，故吉贝布亦有多种名称，因用途不同而异。

练子布。广西壮族人民用麻纤维织成的夏天穿用的布料。宋代已纺织生产。周去非《岭外代答》云："邕州左右江溪峒，地产苎麻，洁白细薄而长。土人择其尤细长者为练子。暑衣之，轻凉离汗者也。"练子布轻凉离汗，炎热的夏天穿着最宜。这种练子布不仅珍贵，而且历史悠久。汉代已有生产。故汉高祖令商人不得衣练，表明练子布早已享誉中原。宋代，练子布的生产技术有很大改进。"有花纹者，为花练，一端长四丈余，而重止数十钱，捲而入之小竹筒，尚有余地。以染真红，尤易著色。厥价不廉，稍细者，一端十余缗也"。① 从白色练布而成为花练，显示壮族人民的聪明才智。

緂布。也是广西历史上高质量的纺织品。"邕州左右江峒蛮，有织白緂，白质方纹，广幅大缕，似中都之线罗，而佳丽厚重，诚南方之上服也"。② 緂布与练子布不同，除方纹图案佳丽外，其质厚重，显然是冬天所衣。由于质量好而誉为南方上服。宋以后，白緂发展成为美丽的壮锦。

壮锦。是明、清时期壮族名贵的纺织品，又是精美的手工艺品，是由唐、宋时期的緂布发展而来。壮锦，以棉线为经，以五色丝线作纬，交织而成。主要产于土司地区，故又称为"土锦"。柳州府有壮锦，"各州县出。僮人爱彩，凡衣裙被之属，莫不取五色绒杂以织布，为花鸟状，远观颇工巧炫丽，近视则粗粝，僮人贵之"。③ 庆远府则称"土锦"，"各处皆有，永定、忻城精致"。④ 归顺州土锦，"一名僮锦。以丝杂棉织之，五彩斑斓，葳蕤陆离，真杜诗之'海图波涛，天吴紫凤'也。州地所织较厚，镇边尤软，美可珍"。⑤ 土司地方，不仅土官、土民珍爱壮锦，把它当作美好生活的象征，嫁妆中壮锦被面必不可少，为妇女的围裙、头

---

① （南宋）周去非：《岭外代答》卷6"练子""緂"条。
② （南宋）周去非：《岭外代答》卷6"练子""緂"条。
③ （乾隆）《柳州府志》卷12《物产》。
④ （嘉庆）《广西通志》卷90《舆地十一·物产二》。
⑤ （光绪）《归顺直隶州志》卷3《川山志》。

巾，小孩背带所常用，而且于明朝已作贡品进贡朝廷，贵官富商也莫不争购。壮锦中数十种色彩斑斓的花、草、虫、鱼、动物图案，栩栩如生，体现壮族人民纺织工艺的精巧和创造才能。忻城土官妻女自己织锦，也提倡和鼓励农家妇女织锦，供土官使用或自家使用，故而壮锦的纺织得到发展。

葛布。广西地区，不仅长野葛，而且植葛，用其纤维织成葛布，与麻、练无异，宜州、宾州、贵州、梧州属地皆产。郁林州产的龙凤葛最佳，布以龙凤纹而得名，明万历时，年贡 1000 匹，后贡 2000 匹。葛布也是壮族人民生产的具有悠久历史的纺织品。

（二）茶、酒生产

广西地区种茶、制茶的历史悠久。茶除自用或招待客人外，亦售于市。宋代时，靖江府属修仁县产茶，"土人制为方銙，方二寸许而差厚，有供神仙三字者上也；方五六寸而差薄者次也；大则粗且薄者下矣。修仁其名，乃甚彰。煮而饮之，其色惨黑，其味严重，能愈头风。古县亦产茶，味与修仁不殊"。[①] 南宋绍兴年间（1131~1162），靖江府属各州县及融州、郁林州、昭州、浔州、宾州等地俱产茶，年制茶多达 9 万余斤。明代种茶及制茶业又有新的发展，年收茶税就多达 1183 贯。无论是壮、汉族杂居的桂东，还是壮族聚居的桂西，丘陵土岭间大多种茶，年产茶 30 余万担。桂平的西山茶、苍梧的六堡茶、原产横县而后扩展至桂西的凌云、乐业等县的白毛茶，茶质佳，制作精，于明、清时代享有盛名。

酒是壮族及其先民喜爱的饮料。以酒自斟，或招待亲友，以为重礼常礼云。宋代已闻名的瑞露酒，本产于贺州，后广西多地有产，为帅司所常备待客，"风味蕴藉""声震湖广"；昭州酒"颇能醉人。闻其造酒时，采曼陀罗花置之瓷瓮面收其毒气"。[②] 在宾州和横州之间古辣圩出产古辣酒，"以圩中泉酿酒，既熟，不煮，埋之地中，日足取出"；又有"老酒"，"以麦曲酿酒，密封藏之，可数年。土人家尤贵重。每岁腊中，家家造鲊，使可为卒计。有贵客，则设老酒，冬鲊以示勤。婚娶亦以老

[①] （南宋）周去非：《岭外代答》卷 6 "茶"条。
[②] （南宋）周去非：《岭外代答》卷 6 "酒"条。

酒为厚礼"。① 白酒，常沽道旁，供过路行人饮用。明、清以后，广西地区稍富之户，几乎家家酿酒，有糯米酒、玉米酒、粟米酒、薯酒等种，自酿自用，或售于市。家庭酿酒十分普遍。

第四节　水利资源的开发与灌溉设施建设

广西地区河流交织，水源丰富；广西又属丰雨区，雨水充沛，为农业灌溉提供了丰富的水源保障。广西地区的许多河流，贯流于高山峻岭之中，水流湍急，河床深切，利用溪河之水灌溉农田的主要方法有：一是在溪河中修筑堤坝，提高水位，挖掘水渠，把溪河之水引到水渠里，通过水渠引到田间灌溉；二是挖凿河渠（运河），通过河渠把水引到远离溪河的田峒中灌溉。秦代以来，特别是唐宋时期，广西在修筑堤坝引水灌溉方面已经积累了许多成功的经验，修筑了许多堤坝，使得大片田地得到开垦和灌溉。

元明时期，为了适应农业生产发展的需要，广西地方政府较为重视水利的兴修，改善灌溉条件。元朝时，曾组织人力修复灵渠，使之"漕溉之利，咸复其旧"。② 随着灵渠的疏浚和修复，使得桂北一带的兴安河畔水筒车日夜转动，灌溉农田。明初再次组织人力修复灵渠，使灵渠之水"灌田万顷"。同时挖掘南流、北流江之间渠道20余里，并免所侵田税。③ 天启四年（1624）"桂林等九府各州县修筑过陂塘圩岸等项，共三千五百八十三处"。④ 主修大小水利灌溉工程相当普遍。后又修复桂江和柳江之间的相思埭，使之长流不竭，农田得灌溉之利。在广西西部的各府州县及土司地方，在江河溪涧上修筑堤堰、塘陂、架车灌溉，随处可见。思恩府武缘县，西江源于大明山，归南宁大江，"随处筑堰，架车灌田一百四十余顷"；响水，源于郑山，流至西江，"架车灌田一百五十余

---

① （宋）范成大：《桂海虞衡志·志酒》。
② 《灵渠庙碑》，载《粤西文载》卷38。
③ 《明实录·太祖实录》卷235。
④ 《明实录·熹宗实录》卷65。

顷";驮内水,源于大明山,沿江"筑坝架车灌田二百余顷"。① 太平府属太平土州,有泗汶坝,其水来自安平、恩城二地,合流经州入崇善,"土民筑坝,分润州前、沿江各处田亩";安平土州,小溪二条,"俱筑坝、架车引水灌溉各村田亩";万承土州,思崖泉有二源,"溉田万亩";龙英土州,有四溪,"土民皆筑坝架车,取水灌田";结安土州,有堰水,"土民堰水以灌田";江州土州,有"坡豆坝、坝吞、坡忙、钱坝、坝卑、窑瓦坝、坝黄、驮河坝、坝普、坝黄谷、那暮坝、新安坝、枯淡坝、雷劈坝、脉那坝",灌溉各村田亩。② 镇安府天保县,有布来泉、丈村河、兰洞河、伦隘河、驮松溪、鉴水、泉水等,随处筑堰坝灌田。③ 庆远府河池州,怀德陂"灌杨村田二百余亩";罗家水陂"灌下荡……处田千余亩";官村陂"灌田数千亩";蒋村陂"灌田千余亩"。④ 据(清)同治《广西通志辑要》的记载统计,广西各州县及土司地方,被利用的江河溪涧共 373 处,湖潭 19 处,泉洞 91 处,井源 8 处,修建堤堰、陂坝、陆涵共 667 处,深圳、池塘 121 处。⑤ 大量的史实说明,从元明两代,广西地区的农田水利兴修,从少到多,从东北部向西南部发展,水筒车、木枧、龙骨车、戽斗等灌溉工具已随处可见。这些农田水利建设,保证了农田灌溉的需要,促进了农业生产的发展。

第五节 矿产的开发

广西地区矿藏资源丰富,种类繁多,计有金、银、铜、铁、锡、铝、丹砂等矿,故历史上以采矿和炼五金而出名。"广西所在产生金。融、宜、昭、藤江滨,与夫山谷皆有之。邕州溪峒,皆有金坑,其所产多于诸郡"。"土官之家,以大斛盛金镇宅。博赛之戏,一掷,以金一勺为注,其豪侈如此"。甚至把金与土同价。

---

① (嘉庆)《广西通志》卷 118《山川二十五》。
② (嘉庆)《广西通志》卷 120《山川志二十七》。
③ (嘉庆)《广西通志》卷 120《山川志二十七》。
④ (嘉庆)《广西通志》卷 118《山川志二十五》。
⑤ 李炳东:《广西农业经济史稿》146 页引《广西通志辑要》。

银矿。宋代时，广西向朝廷贡银的有靖江府、容州、邕州、昭州、梧州、藤州、龚州、浔州、柳州、贵州、庆远府、宾州、横州、白州、郁林州、廉州等。按照惯例，向朝廷进贡的都是土产品，贡银的地方自然是出产银的地方，在出产银多的地方，朝廷设立管理机构，如河池县设银场、贺州设太平银场，对采银矿进行管理。明代，广西地区采银矿主要有庆远府南丹土州孟英山、挂红山，河池州之蔡村，桂林府义宁县之牛路山，临桂县之水槽、野鸡等地，平乐府贺县之蕉木山、尖山，荔浦县之茶溪山，梧州府怀集县之铁屎坪、将军山、汶广山等地，但一般规模较小，又往往与他矿杂出。

铜、锡、铅、锌矿。邕州右江州峒，"掘地数尺即有矿，故蛮人好用铜器"。① 容州之陆川县有铜石山，钦州有铜山，都有开采，所产铜用以铸钱。又有铅坑、锡坑，开采不少。如浔州，岁输铅22200斤，宾州输5100斤，邕州输5000斤，昭州输6000斤。贺州产锡尤多，州境内之黄麋坪、新塘、擦米水、梅子网、金坑复、癞头岭、枫木冲、马山岩、苦竹坪、大塘、马槽胫等有11坑，岁输锡12600斤，柳州输2400斤，为向朝廷输锡最多的地方。锡、铅、锌诸矿相杂，一坑而多产。宜州之宜山县官设宝积监管理坑户，掘地5~10丈，取矿砂入炉炼一昼夜即出铅汁，再炼可分出银，充贡。河池州有富安监、玉田场，由官府设官管理，采矿冶炼，得银、铝。又有乐耕场，设坑丁开采铝矿。各坑得银以贡。② 此外，桂州（后改为靖江府）亦以产铅而闻名。"以黑铝著槽瓮鼍化之"而成为铅粉。③ "桂粉声天下"，"后经略司专其利，岁得息钱二万缗，以资经费"。④ 锡的开采以南丹、河池、贺州为最多。南丹、河池之锡矿开采，官督民办，外地商人接踵而来。坑户连山，矿徒成千至万，所出矿品行销于外。由此可知，明代广西地区金属矿产开采的盛况。

丹砂水银。广西地区出产丹砂，不仅数量多，而且质量极佳。宋代时，容州勾漏产的丹砂，质量好，以致贪得无厌的葛稚川求为勾漏令，

---

① （宋）范成大：《桂海虞衡志·志金石》。
② （清）汪森：《粤西文载》卷16引《合璧事类》《庆远府志》。
③ （宋）范成大：《桂海虞衡志·志金石》。
④ （南宋）周去非：《岭外代答》卷7《铅粉》条。

可知"广西丹砂，非他地可比"。宜州丹砂，色鲜红而微紫，胜于已闻名全国的辰砂。"邕州右江溪峒，归德州大秀圩，有金经砂，大如箭镞，而上有金线镂文，乃真仙药。得其道者，可用以变化形质，试取以炼水银，乃见其异。盖邕州烧水银当砂，十二三万可烧成十斤，其良者，十斤真得十斤，维金经砂八万可得十斤……是砂也，取毫末而齿之，色如鲜血，诚非辰、宜砂可及。邕州溪峒砂发之年，中夜望之，隐然火光满山"。①溪峒之僮族人，有从丹砂提炼水银的丰富经验。"以铁为上下釜，上釜盛砂，隔以细眼铁板。下釜盛水，埋诸地。合二釜之口于地面，而封固之，灼以炽火。丹砂得火，化为霏雾，得水配合，转而下坠，逐成水银"。②丹砂为一种重要矿物药材，可治病、防腐，百姓与官府均以为重，故很注意开采。

铁矿。壮族采铁矿、炼铁制造器具已有悠久历史。宋代时，广西有"铁坑"，不仅东部地区的梧州、藤州、郁林等州产铁和铸造铁器，而且中西部地方的宾州、田州、冻州、忠州、江州等地也出产铁器。郁林州年输铁27500斤，宾州亦有铁输供万余斤。③"梧州生铁，在镕则如流水。然以之铸器，则薄几类纸，无穿破。几器既轻，且耐久。诸郡铁工煅铜，得梧铁杂淋之，则为至刚，信天下之美材也"。④左江之冻州出产峒刀，以锋利坚韧而闻名。在梧州、贺州和郁林州钱监铸钱，因铜、锡、铅料缺而制铁钱。明、清时期，广西地区也有不少地方产铁。明代，"铁，融县出"⑤，产地在融县宝积山。郁林州西北绿亚鸟山，"州人于此淘青黄泥炼成铁，铸为锅"。⑥

第六节　交通与商业的发展

广西南临北部湾，东接广东，东北面与湖南毗邻，西北面与云南、

---

① （南宋）周去非：《岭外代答》卷7《金石门》。
② （南宋）周去非：《岭外代答》卷7《金石门》。
③ （清）汪森：《粤西文载》卷十六引《合璧事类》。
④ （南宋）周去非：《岭外代答》卷6《梧州铁器》条。
⑤ （嘉靖）《广西通志》卷21《食货》。
⑥ 《明一统志》卷84。

贵州相依，西南面与越南接壤，自古以来一直为我国西南出海大通道，又是我国内地与东南亚交往的重要通道，从合浦、钦州、北海港可抵达南洋群岛诸国，是古代"海上丝绸之路"的始发港。广西境内河网交织，四通八达，交通便利，有利于发展国内和海外的商业贸易。经过秦汉乃至唐宋以来的不断开拓、疏浚和修整，到了元明时代，广西无论是水路交通还是陆路交通，都有了长足发展，形成了相互依托、相互连通的便利交通网络，有效地促进了广西经济的发展和商业贸易的繁荣。

一 交通运输

广西的交通有江河水道交通、海上交通和陆路交通三大类。

（一）江河水道

广西地区河流纵横，水系发达，以西江和红水河为主干，以柳江、黔江、桂江、郁江、左江、右江为主流，形成一个相互贯通，最后由梧州西江口汇入珠江口，注入南海。元明时期，形成了通畅便利的航道交通线。

浔江航道：浔江航道，是从桂平至梧州的河段，河道距离虽然不长，但位置和作用十分重要，它汇集了郁江、黔江之水，集广西三分之二的水系于一身。左右江地区、桂西北地区、桂中地区及桂东南地区的货物主要从此航道经梧州，抵达广州，是广西通往广东的主要水上通道。

郁江航道：从邕州（今南宁市）至桂平的河段称郁江，流经横州、贵县、藤县、桂平与黔江汇合，河段虽短，但流经郁江平原各州县。郁江平原是广西最富庶的地区，农业、手工业发达，又集上游左右江地区的货物，运输船只川流不息，是广西的黄金水道。郁江又是桂西南重镇邕州与广西门户梧州的连接线，货物、军旅从广东、桂东地区进入左右江各地乃至云南和安南，或从左右江地区往桂东或广东各地，必须通过郁江航道。因此，郁江成为广西地区最重要的水路交通大动脉。

桂江航道：桂江源于兴安海洋山，经兴安至桂州（桂林），从桂州至阳朔段称漓江，从阳朔至梧州段称桂江。其中平乐到昭平段称府江。上游称大溶江和灵渠，北通湘江入洞庭湖，南通西江，是桂北地区通往桂东地区的主要航道，也是中原地区通往广西、广东的重要航道。古代，

第八章 土流合力促开发

北方的官吏、商旅及军伍要到两广，多溯湘江南下，入灵渠进漓江，顺流而下至梧州、广州。从广州北返，亦溯西江至梧州，再溯桂江至桂林，渡灵渠入湘江，顺流至洞庭湖入长江。历代货物、军需南来北往，运输繁忙。

红水河航道：红水河古称牂牁江，上游称南、北盘江，上可通云南、贵州，下可通梧州、广州。在古代，曾是滇、黔及蜀地通往广州的主要航道。蜀地商人到广州、钦州等地经商，多从此航道往返。元明以后，由于陆路通道的逐步开通，加上河道暗礁多，流水湍急，红水河的航运作用日渐缩小，但两岸民间的短距离交通和运输，仍多借助于此水道。

柳江航道：柳江发源于贵州省独山，流经广西境内的怀远、融州、柳州、象州等州县，至象州境与红水河汇合入黔江，黔江至桂平注入浔江，是桂西北地区的主要交通航道。从融州至象州的河段，河面宽阔，流水平缓，可通各种大小木船，是桂西北地区通往桂东、广东各地的重要航道。沿江州县丰富的木材和物产通过柳江源源不断地运至柳州，下梧州、广州，徐霞客亦曾溯柳江到融州，考察游览山川名胜。

左江航道：左江，发源于交趾（今越南）境内，流入广西境内的龙州，汇明江，流经太平府的崇善和左县（今均属崇左县）、新宁州（今扶绥县）、宣化县（今邕宁县），汇合右江为邕江，流经邕州。左江常年可通航大小木船，是左江地区通往桂东、广东的重要航道。左江地区各州县的货物通过左江航道运往邕州，再从邕州沿郁江、浔江运至梧州，然后运往广东。桂东地区的货物亦从此航道运至左江各州县和交趾。外地商旅进入左江地区各州县，亦多取此航道。明清时期，官府曾在沿江各地设置水驿站，配有驿站员、船只和船夫以及陈铺。明代地理学家徐霞客曾沿此航道考察游览左江各地的山水风貌。

右江航道：右江上游为驮娘江，从云南广南流入。进入广西泗城府境即称为右江，流经百色、田州、思恩至邕州，于合江口汇合左江注入邕江。百色以上河段，流经云贵高原东端的崇山峡谷，河面狭窄，水流湍急，难以行舟。自百色以下河段，流经百色盆地，地势平缓，河面较宽阔，各种大小木船可通邕州乃至梧州、广州，是桂西地区通往桂东、广东的重要航道。桂东及广东的货物及商旅，以及中原地区先进的生产工具、商品和文化就是溯这条航道传入桂西地区和云南的。

自宋代以来，广西生产的陶瓷品、粮食和土特产品，都是通过各条江河水道运至广州，出口海外。

（二）海上交通

合浦航道：合浦古称廉州，濒临北部湾，自古以来就是中国通往东南亚各国的海上通道，也是广西各族人民与交趾人民来往的主要航道，交趾人多从海上乘船至廉州。宋以后，广州成为南方的重要对外口岸，东南亚诸国商旅及使者到中国，多从广州港泊岸，中国出海也多从广州出发，合浦航道逐渐失去出海口的重要地位。但广西沿海的出口仍以合浦为通道。

钦州航道：两宋时，由于合浦至交趾的航道"风涛多恶"，多被溺舟。因此，交趾人多至钦州上岸，钦州成了广西地区的主要出海口。交趾百姓、商人到钦州博易场进行交易，率用小舟，自其境永安州（今越南广宁省），朝发暮到。宋王朝为了管理交趾人进入钦州港的事宜，在钦州专设沿海巡检司，置巡检使一员，巡检丁若干，负责护送交趾商船往返。

元明时代，通往安南（越南）的海道，主要有：

自廉州（今合浦县）冠头岭乘船，二三日可抵安南海东府（今越南海宁省）；

自钦州港乘船浮海至安南的朝阳镇（今越南广宁省）；

自乌雷岭，行一日经白龙尾，二日至王山门，又一日至安南万宁州（今越南芒街县）；再二日至庙山，三日至海东府；又自海东府二日至经熟社，又一日至白藤江海口，往南行至安阳海口，又至多鱼海口（今越南建瑞县的文澳海口），从白藤海口和多鱼海口上岸陆行至安南各县。

（三）陆路通道

邕州—柳州—桂州通道：这是一条贯穿广西地区的南北通道。由邕州起，经昆仑关至宾州，北上至柳州，经雒容、理定（今鹿寨县）至桂州（今桂林），往北经兴安至全州，沿湘桂走廊至湖南境。邕州至桂州通道，是广西南北陆路大通道，是中原地区进入广西腹地的重要通道，于政治、军事及人民往来都有着极其重要的意义。宋时在此古道上多设驿站，配有驿骑、驿夫或驿卒。除驿站外，还设有邮亭（站）。元代于沿线设铺，传递谕令、公文和奏疏。

邕州—横山寨通道：两宋时，实际上成为中原地区及东南沿海与滇黔诸地的交通孔道，横山寨是此孔道的中转站。

邕州—太平府—凭祥、龙州通道：这是贯穿左江地区的通道，也是中国通往交趾（安南）的主要陆路通道。从邕州出发，经新宁州、忠州、崇善（太平府）、思明州（今宁明县）至凭祥或龙州，出境进入交趾。宋、元、明、清时期，中国通交趾或交趾官员进京朝贡主要经由此通道。占城、老挝使者到中国亦多从此通道进出。邕州—凭祥、龙州通道，在政治、商贸和军事上有着重要的战略意义。

邕州—钦州通道：这是桂西及邕州地区通往广西沿海，或钦、廉地区通往桂西和滇黔地区的主要通道。

柳州—宜州通道：是桂中、桂东地区通往桂西北及滇黔地区的重要通道。

横山寨—自杞—大理通道：两宋时之横山寨，是内地通往滇黔地区的大理、自杞、罗殿乃至蒲甘等国的重要通道。由横山寨起，经古天县（今田阳县地）、归乐州（今百色）、唐兴州（今百色塘兴）、睢殿州（今百色伍甸一带）、七源州（今百色、凌云县交界地区）、泗城州（今凌云县地）、古那峒（今凌云县北部一带）、龙安州（今凌云县地）至自杞国；又自杞至大理国之境，元明因用之。

横山寨—罗殿通道：由横山寨起，至七源州后分道，经马乐县（今乐业县）、顺唐府（今贵州省东南地区）至罗殿国（今贵州安顺）。

横山寨—特磨道通道：自横山寨行，西至安德州（今靖西县安德）、富州（今云南省富宁县），至特磨道（今云南省广南县）。

宜州—罗殿通道：这条通道自宜州（今宜山县）起，经河池州、南丹州、峨州等进入罗殿国境，再至罗殿国的中心地区。

入交趾通道，从邕州地区进入交趾的通道，主要有：

永平寨通道：从左江地区的永平寨（今宁明县地）进入交趾的机榔县（一名桄榔县，今越南谅山省温州地区），往南行数日至其国都升龙（今河内）。

太平寨通道：从左江的太平寨（今崇左县）东南行，过特罗江至谅州（今谅山），行 6 日抵升龙。

温润寨通道：从温润寨（今靖西县湖润镇）南行进入交趾今之高平省，再东南行至其国都升龙。

东兴通道：从钦州、防城至东兴，过北仑河至交趾的永安州（今广宁省）的芒街。

明清时期进入安南（旧称交趾）的通道有：

凭祥通道：自凭祥州行至镇南关（今睦南关）一日至安南的文渊州。

思明府通道：从思明府（今宁明县明江镇）行过摩天岭至思陵州进入安南的温邱县（今谅山省温州县）。

龙州通道：从龙州南行过平西隘，入安南境。

蒙自通道：自云南的蒙自县经莲花滩入安南石陇。

阿阳隘通道：从阿阳隘入安南，循洮江左岸行至其平原州。

南利卡通道：由普梅汛（今富宁县普阳）至孟梅卡（今富宁县茂梅），往西过普梅河进入麻栗坡县境，南行至南利卡，进入安南的龙古寨（即龙姑）。

宋元明时期，随着中央王朝加快对岭南地区经济开发和戍边的需要，水陆交通都获得较快发展。交通的发展，便于各民族之间的经济文化交流，促进农业、手工业和商贸的发展，对壮族经济的发展和社会的进步起着推动作用。

二 商业的发展

元明时期，广西地区商业贸易有了进一步的发展，各州、府、县既是当地的交通枢纽、政治和经济中心，也是商业贸易的中心。遍及乡镇的地方圩场，蓬勃发展，交易活跃。各地圩期长短不同，有 3 天一圩，有 5 天一圩，也有 7 天一圩的。如今宁明县内的城中圩、板棍圩，北江、安东、明江等圩，宋代时已成为圩市，元明时期继续发展。

在广西东部的郁江、浔江两岸平原，盛产大米和苎麻，物产丰富，沿江集市贸易活跃，商人用船购米贩至广东番禺出售，获利甚多。宋代元丰年间（1078~1085），广西漕臣就令东部沿海州县的土著商人，不须经过广州市舶司的请引，即可装载谷米、酒类、鱼类等货品到番禺出售，宋末咸淳年间（1265～1274），广西和湖南、江西每年运出的米多达 140 多万石。① 大江两岸盛产苎麻布，宋王朝"以钱盐折变收市之"，不及二年就购得 37 万余匹，② 广西中部、东部和北部出产陶瓷，数量巨大，亦经浔江运至广州出口。桂州、昭州（今平乐）、贺州、梧州、浔州、横州等都有大的商贸市场。桂州和梧州成为广西北部和东部货物集散的中心。广西各州县每年销售食盐 8 万余箩，郁林是食盐最大的集散地。为了适应商业贸易发展的需要，在经贸发达的梧州、贺州和浔州设立钱监，鼓励铸钱币，梧州成为岭南地区最大的钱监之一。东部商业的发展，对整个广西地区商业的发展起到了牵动的作用。

  元明时期，随着社会经济的发展，广西地区的商业也有了进一步发展，各州县都形成了一批圩市。农业和手工业的发展，为商业和圩市的发展创造了物质条件，而圩市的兴建和发展，反过来又促进了农业、手工业和商业的进一步发展。东部地区的贺州、平乐、梧州、戎圩、藤县、浔州、江口、贵县都是大的圩市，成为货物的集散地。在西部，圩市多集中于土官统治的中心，即州城、县城及其附近地区，在一些交通比较便利的地区也已形成交换中心。如邕宁县在明代兴建的圩市有：刘圩（1368 年建）、苏圩（1368 年建）、长塘圩（1370 年建）、四塘圩和九塘圩（明初建）、吴圩和那楼圩（1580 年建）、大塘圩、五塘圩等。清初建立的有：那陈圩（1645 年建）、南阳圩（1680 年建）、蒲庙圩（1729 年建）、南晓圩（1752 年建）、良庆圩（1758 年建）、雅王圩（1801 年建）、伶俐圩（1821 年建）、新安圩（1830 年建）、百济圩（1879 年建）等。即使地处交通不便的桂西地区在明、清时代也形成了一批圩市。如德保县的城关，明朝为土府治所，同时成为镇安地区的交换中心，故又名府圩；隆桑圩，明初建，是德保、田阳、田东等县交界地区的货物交换中心；马隘圩，清乾隆年间成圩，是甘蔗、茴油、八角、油茶的集散地；都安圩，初称排头圩，明末清初建。靖西县的旧州，旧为归顺州治所，同时又是当地的物资交易

---

① 《宋史》卷 175《食货上三》。
② 陈尧叟：《劝谕部民广植麻苎疏》，载《粤西文载》卷 4。

中心；化峒，明代成为重要的圩市；壬庄圩，明弘治时即成为圩市；岳圩，明初逐渐成为圩市；禄峒圩，元初即逐渐成圩；安德圩，宋代侬智高曾在这里建立"南天国"，以后发展成为圩市。马山县的古零圩，明嘉靖七年（1528）设古零土司治所，并逐渐发展成为圩市；里当圩，明朝正德年间（1506~1521）建圩；州圩，明代定罗土司治所，亦是圩市；兴隆圩，明代兴隆土司治所，以后发展成为圩市；周鹿圩，明代那马土司治所，亦是当地的物资交换场所。① 大新县的安平圩，宋代为安平土州治所，是当地的政治、经济、文化中心。明末清初就有不少的外地商人来此开铺经商，生意相当兴旺，极盛时期有1000多人口，分成九街十三巷。正街和新街是经营布匹、百货的店铺和经营日用杂货的摊点。有专门买卖牲畜的"猪行"，有售卖竹篾器、木器的杂货行，还有专门摆卖米粉、粥饭及其他食品的饮食行。②

第七节　文化教育的发展与民智的开发

一个国家或地区的综合实力，是由硬实力和软实力两大要素构成的。硬实力是经济实力，是物质基础；软实力是文化实力，是上层建筑。二者相互依托，相辅相成，共同促进。一个国家或地区的开放与开发，实现经济振兴和民富国强，一方面要科学规划，抓住机遇，大力发展经济；另一方面要大力发展文化教育和科学技术，培育与之相适应的新思维、新观念，为其开放开发、振兴经济提供思想保障。古今中外，莫不如此。一个地区的开发，既要进行经济开发，也需要进行民智的开启或开发。我国是一个地域辽阔、民族众多、历史悠久的国家。战国时期，群雄并立，诸侯争雄，各据一方。各诸侯国为了成就其统一霸业，纷纷实行改革，各种政论纷呈，思想活跃，形成了百家争鸣的局面。秦始皇灭六国、统一中原、建立起第一个封建集权制国家后，便开始兼收并蓄，融汇诸家，集合精华，构建能体现统一国家的主体文化，并大刀阔斧地实行书

---

① 广西通志馆：《广西圩镇手册》，广西人民出版社，1987。
② 《广西壮族社会历史调查》第4册，广西民族出版社，1987。

同文、车同轨、行同伦和统一度量衡，对中华民族社会经济和文化具有深远的影响。历代统治者一直重视主流文化的塑造和传播，不断丰富其内涵，使之成为一个国家文化的代表和多元文化的中坚，发挥其文化的感召力和影响力，彰显其文化的光辉以及在世界文明发展中的重要地位。若不如此，就会如一盘散沙，缺乏内聚力。与此同时，历代统治者对少数民族聚居的边疆地区，一直实行因地制宜的统治政策，任用各地少数民族首领，以保持政治上的统一，对其民族内部事务，则不加干预，由其民族首领自治，客观上使得各民族传统文化得到保持和传承，确保了民族文化的多样性，同时也需要培育和发展经过整合与历史积淀形成的主流文化。

民智属于文化范围，是一个国家或民族智慧的体现，是社会生产力的重要构成要素，是一个民族创造力和推动社会发展和民族振兴的源泉。民智的质态具有多重性，一是时代性和传承性，二是先进性、保守性或落后性并存。民智所具有的这种特性，是在特定的历史条件或社会环境下形成的，与其民族的社会发展、生产方式、传统观念及价值观有着密切关系。因而，在一个国家或地区实行开放和开发过程中，需要重视民智的开启或开发，摒弃陈旧的思想观念，培育新的思想观念，凝聚共识，发挥广大人民群众的积极性和创造性，为实现开发目标提供精神动力和思想保障。

基于开放开发与民智的辩证关系，历代中央王朝在对广西的开发过程中，一直重视民智的开启和开发，既为维护其统治地位和正统思想观念，也为保证在国家统一主导下的开发得以顺利进行，实现其开发的目标。因为在先秦时期，广西一直地处偏远的"徼外"，其社会一直处于自主发展状态。自从秦始皇统一岭南后，虽然在广西设置封建的郡县制，但因其地山重水复，交通闭塞，中央封建王朝的统治势力鞭长莫及，很难深入其腹地，分布于山间河谷的各地部落，依然按照传统的社会组织和生产方式生活着。唐宋时代，中央王朝在广西推行羁縻制，元明以至清代实行的是土司制度，各地土司各据一方，各自为政，对广大百姓实行的是高压和愚民政策，人们受到社会制度的禁锢，造成文化信息闭塞，耕作技术落后，思想观念保守，各种陋习流行，广大人民群众虽也勤劳智慧，但缺乏进取精神，安贫守业、墨守成规、安土重迁意识浓厚，集体主义、全局意识和国家观念淡薄。因此，自秦汉特别是唐宋时代以来，中央王朝特别重视广西少数民族民智的开启和开发。以开办学校为载体和平台，以变革影响生产力发展和社会进步的落后习俗为切入点，延师教学，传播汉文化，推广汉文字，导之礼仪，以儒家伦理道德为准则，宣扬封建文化和华夏文化价值观，旨在进行全面教化，启迪民智，达到思想上的统一和进步。自秦汉以来，随着封建集权制的建立和日愈巩固，为了维护其封建政权及其统治秩序，神化专制王权，在意识形态上，形成了"罢黜百家，独尊儒术"的局面，儒家思想受到历代封建统治者推崇，成为两千多年来中国传统文化的正统和主流思想。儒家思想体系的核心是三纲五常，它对维持阶级社会秩序的观念起到了制约作用。随着秦汉王朝对全国的统一，儒家思想也开始传入岭南地区。

第一个把中原儒家思想带到岭南地区的当首推汉代的陆贾。陆贾乃是儒生。他任汉高帝太中大夫时，"时时前说称《诗》、《书》，高帝骂之曰：'乃公居马上得之，安事《诗》、《书》！'贾曰：'马上得之，宁可以马上治乎？且汤武逆取而以顺守之，文武并用，长久之术也。昔者吴王夫差、智伯极武而亡；秦任刑法不变，卒灭赵氏。乡使秦以并天下，行仁义，法先圣，陛下安得而有之？'高帝不悖，有惭色，谓贾曰：'试为我著秦所以失天下，吾所以得之者，及古成败之国。'贾凡著十二篇。每奏一篇，高帝未尝不称善，左右呼万岁，称其书曰《新语》"。① 陆贾就是这样的谋士，曾两次到岭南来，第一次是汉高祖初定天下，派他来和赵佗谈判，要赵佗称臣，他用的就是儒家的学说思想，使赵佗信服，自称"居蛮夷中久，殊失礼义"。② 使赵佗称臣于汉朝。

陆贾第二次到岭南，是汉文帝的时候，这时赵佗正闹独立，称武皇帝。汉文帝又派陆贾来说服赵佗，使之顿首称谢，愿长为藩臣，奉职贡，并下令岭南地区："吾闻两雄不俱立，两贤不并世。汉皇帝贤天子。自今以来，去帝制黄屋左纛。"③

---

① 《汉书》卷43《陆贾传》。
② 《汉书》卷43《陆贾传》。
③ 《汉书》卷95《西南夷两粤朝鲜传》第六十五。

第八章 土流合力促开发

两汉时期，在岭南地区设交州。《交广春秋》说，交州治所原设赢陵（在今越南北部地区）。"元封五年（前106），移治苍梧广信县（今梧州市），建安十五年（210），治番禺县（今广州市）"。下辖南海、苍梧、合浦、郁林、交趾、日南，九真七郡。在汉代苍梧为交州七郡的政治文化中心，长达三百多年。因而作为王朝的文化主体哲学儒学的传播，曾在这里开花结果，出现了许多著名的儒学家。如西汉末年到东汉初年，苍梧广信县的陈钦、陈元父子，均以治《左氏春秋》名闻中原，与刘歆同时而自成一家。陈钦以《左氏春秋》授王莽，别名《陈氏春秋》。陈元是汉光武帝设立左氏学太常博士四人之首。

汉平帝时，锡光为交趾太守，教导民夷，渐知礼仪。光武帝时任延为九真太守，"开设学校，导以经义"。说明此时岭南地区已有学校之设，使儒家思想开始在岭南地区传播。东汉末年，士燮为交趾太守，他是广信人，因治《左氏春秋》而名闻京都。当时著名经学家袁徽曾向他讨教，发现他学问渊博。乃与尚书令荀彧书信说："交趾士府君既学问渊博，又达于从政。处大乱之中，保全一郡二十余年。疆场无事，民不失业，羁旅之徒，皆蒙其庆。……官事小阕，辄玩习书传，《春秋左氏传》尤简练精微。吾数以咨问传中诸疑，皆有师说，意思甚密。又《尚书》兼通古今，大义详备。闻京师古今之学，是非忿争，余欲条《左氏》、《尚书》长义上之。"后来孙权统治了交州，起用士燮为交州刺史。当时中原战乱，南来到他那里避乱的经常有百余人，这些人多是儒生，有名的如刘熙、薛综等，他们经常讲学，带领学生作学术研究。后来孙权派往岭南做官的，也多是儒生出身，如步骘、虞翻、陆绩等都是有名的经学家。他们为在岭南地区传播汉文化起了积极的作用。

两晋、南朝时，仍然注重教育，而且也出现了当地土著文士，如养奋、申朔、顿猗等，说明广西地区的一些先进分子，已直接接受了中原文化的熏陶。

唐宋时期，中央王朝在统治、经营和开发广西的过程中，是政治（军事）、经济、文化并重，经济开发和民智开发共同推进。而民智的开启和开发的重要措施是开办学校，以学校为传播封建正统思想和汉文化的平台。在文化教育方面，举办官学，推行科举制，培养封建人才，传播汉文化，其核心是用以儒家思想为核心的汉文化对广西少数民族进行"教化"，使"华夏之风"从桂东逐步向桂中、桂西地区发展。因此，唐宋时期，广西地区教育发展的主要标志是官学兴起，创办学校，通晓汉文的当地俚僚文人相继涌现。推行科举制，开始形成广西本土文人阶层。学校教育及科举的推行，加上"南选"的设立，既有利于本土人才的成长，也加深了汉文化对广西人民的影响，产生了仿借汉字创造的方块壮字，广西地区的汉文化水平在教育发展进程中得到不断提高。

元明时期，广西的教育在唐宋时代的基础上，进入发展的鼎盛时期。明太祖朱元璋强调"治国以教化为先，教育以学校为本"，把兴教办学作为考核地方各级官吏的政绩之首，有效地推动了教育事业的发展。这一时期教育的发展，主要特点是学校类型与数量增多，入学生员和中举人才增多，教学形式更加多样化，教育内容更为丰富，更加严格、规范，广西各民族文人队伍不断壮大，标志着广西教育事业的新发展。

一 州、县学的普遍建立

宋以后，历代中央封建王朝加强对广西地区的统治和开发，对民智的开启和教化日益重视和扩大，使广西的学校教育得到较大发展，一个重要的表现是州、县学普遍兴办起来，羁縻制时期，只有为数较少的一些郡县兴建了学校，共有州县学 11 所，经过元明时代几百年的发展，不论桂东桂西桂北桂南，不论流官地区还是土司地区，各府、州、县都基本上开设有学校。

元朝统一广西后，沿承宋代的教育制度，并有所发展。相继恢复、修葺了宋代 41 所学校中的 35 所，并设置了一些专业学校，在桂林创设蒙古字学、医学、阴阳学各 1 所。由于元朝实行民族歧视政策，而当时广西地区长期处于战乱，民生凋敝，社会动荡不安，无暇顾及教育，致使许多州、县学徒有其名，处于停滞状态。

明朝建立以后，为了培养服务于封建王朝的人才，扩大和巩固统治基础，大力推行封建的学校教育，促进了广西教育的发展。中央设国子监，地方设府、州、县学，乡村设社学。目的是"化民成俗，以善其乡，成德达材，以资于邦"。① 广西地区的府、州、县学设置也因此大大地发展起来。《广西通志·教育志》统计明代广西府州县学为 69 所，其分布是：桂林府 10 所，柳州府 13 所，庆远府 5 所，平乐府 9 所，梧州府 5 所，直隶郁林州 5 所，浔州府 4 所，南宁府 7 所，太平府 4 所，思恩府 2 所，思明土府 1 所，廉州府 4 所。另外还在桂林设立武学 1 所，培养军事人才。这 69 所府、州、县学，除明王朝陆续修复以前各朝设立的学校外，有 20 余所是在明代先后创办的。如：马平县学（在今柳州市）、罗城县学、迁江县学（在今来宾县境）、河池州学、平乐县学、恭城县学、富川县学、永安州学（在今蒙山县境）、桂平县学、平南县学、宣化县学（在今南宁市）、隆安县学、上思州学、新宁州学（在今扶绥县境）、太平府学和左州学（均在今崇左县境）、养利州学（在今大新县境）、思明土府学（在今宁明县）、永康州学（在今扶绥县境）、思恩府学（在今武鸣县境）、合浦县学、怀远县学（在今三江侗族自治县境）。另外，昭平县学、武宣县学、修仁县学未见于唐宋元三代，而见于明代，也可能创建于明代。

与宋代相比，明代州县学的设置已逐步从桂东南、桂中推广到桂西一带，一些土府、州也建立了学校。如：

思恩土府学（今武鸣县北部），建于明正统十二年（1447），当时明朝统治者应思恩土知府岑瑛之请，在思恩"设濡（儒）学，置教授一员，训导四员"。② 景泰五年（1454），明廷又"从瑛请，建庙学"。土官建学自此始。

嘉靖年间（1522~1566）土知府黄承祖曾有建思明土府学（今宁明县明江镇）之议，后经两任流官同知鼎力促成其事。万历三十三年（1605），总督戴耀上奏要求"于府治设教授一员，量给廪生六名，其寄附太平府者，悉归本学，嗣后续增其祭祀廪饩之用，则地方可安，文教可兴"。明神宗诏悉从之。③ 思明土府学于万历三十五年（1607）建成。

---

① （明）朱瞻基：《御制官箴》。
② （清）谢启昆：《广西通志·建置略八·学校一》。
③ 《明史》卷 318《广西土司二》。

归顺土州学（今靖西县），"归顺州儒学，明弘治年间在旧州"①建立。

武靖土州学（今桂平县北部），"在州治南，隆庆间建"。② 万历年末，武靖土州废，州学亦不复存在。

明朝还在"改土归流"的府州县建立学校。太平府（今崇左县境）于洪武三年（1370）改流，洪武二十八年（1395）便"首建学校，复兴社学"。当时附近一些土州县的士子亦来附读。左州（今广西崇左县北部）于成化十三年（1477）改流，万历二年（1574）"始建学校"。③ 思恩府于弘治十八年（1505）改流，随后发生反改流的动乱，嘉靖七年（1528）动乱平定后，立即建立了儒学。④ 养利州（今广西大新县）于万历三年（1575）改流，当年便建立州学。永康州（今广西扶绥县北部）于万历三十八年（1610）改流，两年后创建州学。⑤

明代开了在桂西设立官学的先例，为清代的进一步发展奠定了基础。清代从康熙起"文风渐盛"，各类学校纷纷设立。清代基本沿袭明代旧制，在各地设置府、州、县学。不同之处是在改土归流地区还增设了厅学。清代在广西共设置府、厅、州、县学86所，其中84所在今广西境内，2所在今云南文山境内。85所中69所是恢复前代的，16所是新开办的。新办学校基本上是在壮族聚居区，它们是：

镇安府学（今广西德保县）、泗城府学（今广西凌云县）、太平土州学（今广西大新县）、奉议州学（今广西田阳县）、土田州学（今广西田阳县境）、崇善县学（今广西崇左县）、西林县学、东兰州学、归顺州学（重建，今广西靖西县）、西隆州学（今广西隆林各族自治县）、天保县学（今广西德保县）、恩阳州学（今广西田阳县）、镇边县学（今广西那坡县）、百色厅学、防城县学、开化府学（今云南文山壮族苗族自治州西部）、广南府学（今云南广南）。

---

① 《大清会典·学校二》。
② 《明一统志》卷85。
③ （康熙）《左州志》。
④ 《古今图书集成·方舆汇编·职方典》卷1449。
⑤ 《古今图书集成·方舆汇编·职方典》卷1451。

清代这些学校的创设，推动了广西文化教育事业的发展。

由于各民族在政治、经济、文化上具有其特殊性，中央王朝对教育政策的贯彻和实施也因地或人群而异，如对教官资格的适度放宽等，少数民族居住的偏远山区由于经济发展较中原落后，汉文化教育起步晚，因而在教官的资格和配备、学额的配备等尚未能完全按规定办，教官往往不足额，教授、学正、教谕、训导等教职绝大多数为各类贡生，举人是极少数，进士只是个别人，甚至还有生员担任教职的。在教材内容和教学目的上则基本上是与全国一致的。各府、州、县学所用教材都是以儒家经典为主，宋时是九经、五经、三礼、三传。王安石变法期间用《三经新义》。明时规定府、州、县学生员专治一经，以礼、乐、射、御、书、数，设科分教。清代则责成提调教官课令生儒诵习讲解四子书、五经、性理大全、资治通鉴纲目、大学衍义、历代名臣奏议、文章正宗等书。① 少数民族地区的学校基本上是遵照朝廷规定办理。

封建朝廷建立学校的目的，是开启民智，传播文明，传播封建王朝的正统思想和儒家伦理等主流文化，培养服务于封建王朝的人才。对于少数民族聚居的广西地区，封建统治者设立学校的主要目的是使之"经习诵"，以"训其顽犷之性"，否则"滋事多有"。② 通过教化来防止少数民族的反抗，达到同化的目的。有的地方官员还在中央学规基础上再颁行一些地方学校的条规。如嘉庆二十一年（1816），庆远府学教授唐仁制定了《庆远府学条规》，道光三年（1823），巡按费丙章请督抚颁行全省府、州、县学，以参照实行。《庆远府学条规》分《训条》《戒条》两部分，《训条》为：一曰敦实行，二曰居实心，三曰致实功，四曰收实效。《戒条》为：一戒不守学规，二戒不安本分，三戒恃矜欺压，四戒悖衿包揽。凡省内府、州、县学之生员有上述行为者，给予应有的处分。总之，是强化封建伦理道德的教育和约束少数民族学生，使之封建化与汉化。

---

① 《清朝文献通考·学校考七》。
② "清嘉庆两广总督吉庆奏折"《广西通志》卷165。

二 社学、义学和私塾的兴办

(一) 社学

社学，是地方学校中最基层的一种，是州县学的预备学校，具有启童蒙、兴教化之意。元代已创立社学，规定农村每50家为一社，每社设立学校一所，择通晓经书者任社学教师，农隙令子弟入学读书习礼。明代，统治者实行"治国以教化为先，教化以学校为本"的政策，除兴建府、州、县学外，还重视社学的建立。洪武八年（1375）诏令天下立社学，于是乡社皆设学，使民间子弟在接受儒家文化教育的同时，兼读"御制大诰及本朝律令"。① 正统元年（1436），诏令社学凡有俊秀向学者，许补儒家生员。弘治十七年（1504），又令各府州县选择明师，招民间幼童15岁以下者送入社学读书，讲习冠婚丧祭之礼。

广西最早建立社学是明洪武二十八年（1395）由崇善县知府陈维德兴建。正统初年，庆远府南丹州土官莫祯上奏，要求授其土官知府一职，"专备蛮贼，务擒捕殄绝积年为害者，其余则编伍选册，使听调用。……各村寨皆置社学，使渐风化"。并说，如不能做到这些，"乞究臣诳罔之罪"。英宗皇帝阅后，敕总兵官柳溥："以蛮攻蛮，古有成说。今莫祯所奏，意甚可嘉，彼果能效力，省我边费，朝廷岂惜一官，尔其酌之。"② 可知正统年间庆远府一些地方已建社学。据不完全统计，明代广西创建社学232所，其中壮族聚居区95所，其分布是：崇善县20所，田州1所，养利州4所，思明土府2所，南宁府4所，左州2所，武缘19所，永康州1所，隆安42所。

清朝时期，社学在广西各地兴起。顺治九年（1652）令："每乡置社学一区，择其文义通晓、行谊谨厚者，补充社师。免其差役，量给廪饩优赡。提学按临日，造姓名册申报查考。"③ 顺治十五年（1658），广西社会日趋安定，社学开始兴办起来。雍正元年（1723），"定各州、县设立

---

① 《续文献通考·学校考》。
② 《明史》卷317《广西土司一》。
③ 《大清会典·学校二》。

社学、义学之例。旧例各州、县于大乡巨镇各置社学,凡近乡子弟年十二以上二十以下有志学文者令入学肄业。至是复经审,将学生姓名造册申报学政。……如有能文入学者,社师优赏;若怠于教习、钻营充补者褫革"。① 因此,从康熙年间到乾隆年间,广西各地相继建立或兴复社学。但与明代相比,由于义学的兴办,社学的数量已减少许多,尤其是嘉庆、道光以后,社学逐渐为义学所取代,各地社学的创建已较少见到了。

据不完全统计,清代广西地区共建社学69所,比明代少了许多。其中:桂林府5所、平乐府17所、梧州府1所、浔州府2所、柳州府4所、南宁府24所、思恩土府4所、镇安府4所……

社学的教育对象,明、清时代有所不同,明代是8～15岁儿童,清代是12～20岁少年。所学内容除了《三字经》《百家姓》和《千字文》等启蒙教材及儒家经典外,明时还强调讲习冠、婚、丧、祭之礼,兼读御制大诰和本朝律令。但实行的结果,有的与初衷不符,"学于社学者,期于知文墨,记名数,而洒扫应对进退之节,礼节射御书数之文,则渺乎其未之闻"。② 使社学逐渐成为科举考试的预备学校。统治阶级也是把社学作为兴礼施教、用夏变夷的工具。明万历二年(1574),广西巡抚郭应聘题奏,认为怀远(今三江侗族自治县)"习性犷悍,久沦夷獠,不知礼义,要求设社学,使夷风丕变",其措施为:"合将县内外,各立社师,择其嗜学敦行者,凡残民八岁以上俱入学听其教诲,其子弟内有谙晓文字者,县官申请学道给予衣巾,以示激劝。其社师果训迪有方,亦听本县申请,提学准其充附帮补。若子弟不率教及社师虚冒名目者,亦听县申处。"③ 用这些奖惩办法来约束各村社学。社学一般设有讲堂和生员宿舍。官办的社学由官府拨置田亩作为经费来源。

作为科举考试的预备学校,社学也以培养封建统治人才为目的。学生有功名的多或少亦成为社学开办好坏的标准。武缘县葛圩社学就因此受到地方官的称赞,成为广西社学的一个典型。葛圩社学是明隆庆年间(1567～1572)县令杨大韶在刘氏宗祠的基础上创建,后因经费拮据,由

---

① 《清朝文献通考·学校考八》。
② 《钦县县志·思文社学记》。
③ 《明实录·神宗实录》卷28。

刘氏子孙集资改建 3 次，有一定的规模，经常在学人数有 50~60 人。在这里就学出功名的不少，从康熙五十二年至乾隆十三年（1713~1748）的 30 多年中，就有进士 1 人，举人 1 人，拔贡 4 人，生员（秀才）12 人。清道光十三年（1833），知县慈士衡巡视葛圩社学，特写碑记赞扬刘氏族人的办学精神。这就反映了统治者所提倡的目的。

（二）义学

广西地区义学的创办始于清康熙十年（1671），兴盛于康熙、雍正、乾隆时期，嘉庆、道光、咸丰时期处于低潮，光绪时期又出现在乡镇兴办义学的高潮。

清康熙二十年（1681），永安州知州丁亮工创建永安州义学，得到广西布政使崔维雅的重视，为之写了《永安州义学碑记》。接着，康熙二十二年（1683），西林县知县唐如则建西林县义学。次年，上思州知州戴梦熊建上思州义学；永康州知州许延邵创建永康州义学。康熙二十四年（1685），崔维雅对这种办学形式加以提倡推广，发表《立义学以广文教议》，朝廷令各府州县设立义学。① 由此义学大兴。在清王朝定义学之制前，广西各地地方官员已在临桂、兴安、永福、永宁、苍梧、贺县、怀远、武宣、思恩、北流、浔州府、桂平、贵县、容县、南宁府、宣化、永康州、隆安、横县、西林、上思州等 23 个府、州、县创建了 25 所义学。清政府逐渐重视由地方官员创办的义学形式，于康熙四十一年（1702）定义学小学之制，四十四年（1705）准贵州各府设立义学，准土司承袭子弟送学肄业。康熙五十二年至五十四年（1713~1715）间，"令各省府、州、县多立义学，延请明师，聚集孤寒生童"。又令在"穷乡僻壤，皆立义学"。② 广西各地地方官员紧跟而上，康熙五十四年巡抚陈元龙、雍正九年（1731）巡抚金铁曾发檄文令各府州县建义学，使广西各地义学的创建越来越多。康、雍、乾时期共创建义学 142 所，其中属广西区域的 112 所。

据统计，清代广西各地共建义学 237 所，其中桂林府 50 所，平乐府 14

---

① （清）谢启昆：《广西通志·建置略八·学校一》。
② 《大清会典·学校二》。

所，梧州府19所，郁林直隶州7所，浔州府12所，廉州府8所，南宁府14所，柳州府17所，上思直隶厅2所，太平府12所，归顺直隶州4所，思恩府14所，镇安府10所，田州8所，百色直隶厅6所，泗城府3所，庆远府7所，云南开化府12所，广南府8所，丘北县10所。义学遍及广西各地的所有府、州、厅，而壮族聚居地区共有127所，约占总数的54%。而且在壮、瑶、汉杂居区还专门设有供壮瑶子弟上学的义学，如康熙三十五年（1696）桂林府通判摄县事吴中朗在兴安县建瑶壮义学1所；乾隆三年（1738）岑溪知县何梦瑶分别在大涖、水汶圩和南渡埠建瑶壮义学3所，雍正十三年（1735）象州知州张昕在安中平圩建瑶壮义学1所。

从广西各地义学的性质和作用，经历了逐步变化的过程。清初创设的义学，大多具有一般书院的性质，起着书院教育的作用，担负着推行教化、普及教育和提高的任务。其设置以州、县一级为多。而清末设的义学，则属于启蒙、普及阶段的教育。它与社学、私塾相似，是一种带普及、教化性质的初等教育学校，多为乡镇一级。当然，有些义学这两种作用兼而有之。因此，清初大多数义学对学生、教师、教学都有较高的要求。招生对象一般为生员和童生两类。如太平府义学，雍正二年（1724）知府甘汝来就有《示召生童入义学告谕》，明确义学招收的是"合郡生童，凡有志入学肄业者"，要求他们"悉赴儒学报名，汇齐造册申送"。也有的义学招生不限于生员与童生，如创办于乾隆年间的田州功饶义学主要是教授州署官员子弟和在战场上阵亡军官的遗孤；康熙五十三年（1714）土官莫振国捐建的忻城土司义学，是"聚官族子弟暨目民俊秀者，肄业其中"。① 康熙年间创建的武缘县岭山义学则是吸收家境困难的子弟免费入学读书的。正如广西布政使崔维雅《立义学以广文教议》上所说的："不但士之子恒为士，可使佣贩之子亦事诗书，瑶蛮桀骜之徒驯归礼义。"② 对于教师，则要求"选取儒学中老成有学、行谊端方之士"③ 为之，有的义学还聘请孝廉（举人）、明经（贡生）充任教师。如灵川义学"聘名孝廉授徒其中"；横州浮搓义学雍正时先后聘请孝廉陈翌

---

① 《庆远府志》卷1。
② （清）谢启昆：《广西通志·建置略八·学校一》。
③ 崔维雅：《立义学以广文教议》见谢启昆《广西通志·建置略八·学校一》。

熹、金嗣英主教；永宁州义学"每年择本地孝廉或明经品学兼优者为师"；永淳义学在康熙末年创建时聘请县贡生苏桓主教；环江义学曾延请明经吴三俊、廪生刘祖沛执教。在学习要求上也较严格，有的义学制定义学"条规"，严加管束。永淳义学有条规七条，详细规定了学生学习经书文艺的具体要求，从看、听、读、写、作文、实用等方面作出严格规定，以达到"字求其训，句求其义，章求其旨"，并"时时刻刻依据而行"，以达到成为"一乡之善士，一国之良臣"的培养目的。横州浮搓义学的《义学训学记》亦用朱熹"居敬穷理"的修养学习方法要求学生，学习要辨义利，去私欲，明理义。忻城土司义学则有《教士条规》十六条，要求学生"崇道统，讲俭学，博经史，文礼乐，敦实行，谨士趋，尊严师，重益友，会讲章，勤著作，戒怠惰，慎言语，防靖驰，遏嗜念，乐为善，速改过"。[①] 这些要求都较普及教化一类学校要高，说明清初广西各地大多数义学担负了府州县级书院的教育任务。

（三）私塾

私塾是指由家庭、宗族或教师自己设立的教学处所。根据设置人的不同可分为家塾、族塾或村塾、私馆等几种形式。

广西地区的私塾，比中原地区出现较晚。中原地区早在春秋时就有闻名全国的孔子私塾。广西各地则始于汉代苍梧的陈氏家塾。当时官学设置甚少，一些世家富户子弟的教育就由父兄承担或聘请塾师来家就教，也有外出求师的。这些私塾教育虽是以儒家经籍为内容，但多含对某一学派的师承关系，在思想上学术上起承前启后的作用，能就读的人非常之少。土司制度时期，广西各地虽已逐步形成府州县学、书院、社学、义学等较为完整的官学制度，但是直接在官学里学习的人数毕竟不多。随着社会经济的发展，汉文化影响的加深，广西各地要求受教育的人不断增加，教育的范围不断扩大，于是，私塾的设置也就逐渐普遍起来。它在壮族教育中占有相当重要的地位。

私塾的作用大体上可分为两类。一类是教授识字和基本知识的，如家塾、族塾、村塾和私设蒙馆等多属这一类；另一类是为了年龄较长，

---

① 《庆远府志》卷1。

程度较高的学生从事学问或学习科举文字之所，如私设经馆即是。

广西地区的私塾在汉代已有出现，随后相继发展。田州土官与豪门宋朝以后都办有家塾。宋嘉祐时中进士的融州壮族人覃昌，及第后在家乡闭门讲学，以六经教授生徒；武缘县刘氏家族于宋末就办有专教育本族子弟的刘氏族塾；宋末元初时，张天宗跟从文天祥抗元失败后到归顺州那签，也曾在此设乡塾，延师教授弟子。明清以后私塾发展更为普遍。明洪武年间，田州土官岑伯颜设学延师，专教岑氏官族子弟；嘉靖年间，忻城土官莫廷臣在县城办学，延请名士专教莫氏官族子弟。清康熙时，百色少数土官绅商亦设私塾教其子弟。① 雍正《太平府志》记："太平、安平、万承、恩城，土官皆延师教其子弟，亦娴文艺。"② 嘉庆时田州十里莲塘屯人辛辉宗（修职郎）出资创办十里莲塘私塾，主要教授本族子弟。

除土官豪门外，民间私塾也逐步兴办起来。康熙三十年（1691），武宣县三里乡台村人陈西台就在其家开办私塾；同治时，怀远县属八江廪生龙献瑞曾先后于平流、程阳、马胖等10多个村寨开设私塾；武宣县通挽乡尚黄村举人黄山甸于光绪年间也在家乡开办私塾；思恩县龙水乡壮族大约在嘉庆年间，不仅已经有了传授汉文的私塾，而且已经有了培植富家子弟应科举考试的经馆（高级私塾）。③ 天峨县白定乡壮族亦相继于嘉庆年间（1796~1820）"从外地聘请识字的人来开办私塾，教育自己的子弟"。④ 武鸣县双桥乡清朝时"各村都有了'子曰馆'（私塾）"⑤，龙胜龙脊乡侯家寨和廖家寨清朝时"有时合并成立一私塾，有时分设。平安屯独自设立"。⑥ 百色县（已改市）两琶乡田丁屯清朝时亦"有一姓田的地主，为了培养自己的子弟，从凌乐请来一个壮族私塾教师在该屯办学"。⑦

---

① 《百色市教育志》。
② （嘉庆）《广西通志》卷88。
③ 《广西壮族社会历史调查》第1册，广西民族出版社，1984，第277、24、141页。
④ 《广西壮族社会历史调查》第1册，广西民族出版社，1984，第24页。
⑤ 《广西壮族社会历史调查》第3册，广西民族出版社，1985，第157页。
⑥ 《广西壮族社会历史调查》第1册，广西民族出版社，1984，第141页。
⑦ 《广西壮族社会历史调查》第2册，广西民族出版社，1984，第257页。

总之，凡是交通比较方便，人口比较集中，商业比较发达的圩镇，一般都断断续续地办有私塾。广西各地私塾的特点是：规模小，无论城镇或乡村的私塾，一般仅有塾师1人，学生几人到十几人不等；学童无年龄限制；私塾设备非常简陋，绝大多数私塾桌凳由学生自带；无固定学制，无固定教材和教学计划；不受官府干预，不经官府备案，创办、停办由民间自行决定，时办时停，能连续开办几十年的私塾不多。在教材与教法上，广西各地的私塾与中原地区大同小异。教材虽然一般由塾师根据当地传统及塾师爱好自行选定，但都不外乎是《三字经》《百家姓》《千家诗》《千字文》《幼学琼林》等中原著名的蒙养教材。除此之外，有的私塾还分别选用一些有关封建道德教育、历史文学等方面的教材，如《增广贤文》《劝孝歌》《唐诗》《古文观止》《声律启蒙》等。清末广西各地有些塾师还开展女子教育，如柳州府欧岳楼、柯孟丞、欧阳以圭等私塾兼收女学童，女塾师胡淑媛，专设女塾，因此教材之中另有若干专为女子学习诵读的"课本"，如《女儿经》之类。在教法上，吸收和融合了汉民族传统蒙养教育的方法。首先，非常注重基本功夫的训练。一般每日功课总是读书、写字、讲经、作对、背书、吟诗等项目，各项都有其具体的要求。道光十五年（1835）广西学政池生春撰写了《塾规二十四条》，颁发广西各府州县，提出了私塾教学的内容和要求。其中对于读、写、作文的基本训练要求甚严。其次，读书要"烂熟于胸"，注意字音字义，字句要有抑扬顿挫之节奏，四声有高下低昂之准，读经读史读文要有先后次序；写字"须知把笔""须临唐碑"、字画端正；作文要知相题、讲字法、用典故、分层次。① 再次，注重温故而知新。每天早晨，学童首先要温习旧课，在能背诵或熟读的基础上再授新课。许多蒙馆规定每3日、每旬、每月、每年，都要回头温习旧课一遍，做到边讲边背边温习，前后贯通，熟读精思。最后，注意培养学童符合封建伦常道德的品质、习惯，读书是为了"明理"，做"正人君子"，把所读之书化与心成，落实到学童的言动视听行为举止上。"读熟书以沃其义理之根，看生书以扩其变通之趣，写字以观其用心之静躁，作文以验其养

---

① （清）池生春：《塾规二十四条》，载《广西教育史料》，第72页。

气之浅深"。这种教学方法对训练学童扎实的读、写、作文基本功有其长处，但它重注入，不重启发；重背诵，不重理解；重训练，不重兴趣，主要是为八股考试作准备。

社学、义学、私塾的举办，对于广西地区教育的深入发展，汉文化在壮族民间的传播起了较大作用，使广西各地风气有了新的变化。清以后，永安州"士知教化""礼教渐趋于文"，"壮、瑶仿慕汉人革陋习者，十之六七"。① 《修仁县志》云："僮而不囿于僮，读书应试，列于士林。"② 《昭平县志》亦有："清康熙、雍正后，则人知向学，士习诗书，文风日启，科名仕宦，振兴一时。"③ 同治时，《象州志》云："僮与疍家久习华风，渐更夷俗，其衣装则已改矣，其语言则已通矣。富者均读书，贫者均力田，愚者均安分，黠者均滋事，即不习官语，皆知畏官法。"④ 《武缘县志》载："疆界改革，风俗隆替"，"穷经好义，直追李白"。"办香蔚然，有中华盛"。⑤ 《恭城县志》有："诸僮咸弃卉服，而袭冠裳，挟诗书而讲礼义，游庠食饩，不乏其人。"⑥ 这些都反映出广西各族人民接受汉文化教育的结果。

三　科举考试的推行

广西地区教育的发展，还表现在科举考试的推行上。创始于隋唐的科举制度，经过宋朝的大力提倡，很快发展起来，成为封建社会中后期统治者选拔官员，控制人们思想的主要制度。广西地区也不例外。

其一，考试的地点固定下来。宋朝规定设考试场所于各路治所，广西设立专供科举考试的贡院于桂林。明、清因袭之。

其二，乡试中额逐步成为定制。乡试取士有定额限制开始于明洪武初年（1368），当时规定各省定额"广西、广东皆二十五人"，但"才多

---

① 联丰：《永宁州志》卷3，第6页。
② 林光棣：《修仁县志》卷1。
③ 李树杨：《昭平县志》卷7。
④ 李世椿修、郑献甫纂《象州志》，第233页。
⑤ （道光）《武缘县志》，第1页。
⑥ （光绪）《恭城县志》，第514页。

或不及者，不拘额数"。① 后时有增减。直到清朝乾隆元年（1736），广西定额为 45 名，从此成为定制。

其三，对应试对象有了严格规定。宋代规定不许有逆人缌麻以上亲，及诸不孝、不悌、隐匿工商异类、僧道归俗之徒应试。② 元代只限于"倡优之家及患废疾、若犯十恶奸盗之人"不准应试。③ 明代规定四种人不准应试：（1）学校训导专教生徒；（2）罢闲官吏；（3）倡优之家；（4）居父母丧者。④ 清代规定倡、优、隶、皂之家，与居父母丧者不得参与考试。对广西各地亦是如此。清嘉庆三年（1798）"令准土司除娼、优、隶、卒……永不叙考外，其他平民，凡年纳粮赋及任地方义务者，概准应考"。⑤ 土官往往以此阻挠土民应试。

其四，防止考试作弊。宋朝规定："凡诸州长吏举送，必先稽其版籍，察其行为；乡里所推，每十人相保，内有缺行，则连坐不得举。"⑥ 考试时实行"糊名""誊录"；不准朝廷官员推荐考生；食禄之家子弟必须复试，实行"锁院"、杜绝交通等方法，以减少作弊。清时为"严防弊窦"⑦，实行乡、会试的复试制度，乾隆以后成为定例。同时，对受贿营私的考官和科场舞弊的考生严厉惩处。乾隆四十八年（1783），土田州土司岑文栋之子岑照贿赂乡试办内供给官、永安州（今蒙山县）知州叶道和及其家人曾兴，代请幕友湖北举人曹文藻入场代作文章，竟然考中解元。事情查出后，传旨处斩叶道和，革去曹文藻举人，立正典刑，岑照亦处以重刑。

明清时，科举考试要用八股文，府、州、县学把读写八股文当作必修课，以应科举考试。这样，生徒入学是为了参加科举考试，从而有做官的机会；教官教学是要争取学生及第人数增多，以博得晋升机会。学校成为科举的预备机关和附庸。学校办得多，科举亦推行广，广西各地

---

① 《明史》卷 70《选举二》。
② 《宋史》卷 156《选举志》。
③ 《元史》卷 81《选举一》。
④ 《明史》卷 70《选举二》。
⑤ 《古今图书集成·方舆汇编·职方典》卷 1449。
⑥ 转引自杨荣春《中国封建社会教育史》，广东人民出版社，1985，第 236 页。
⑦ 《清史稿》卷 108《选举三》。

亦是这样。随着学校的普遍建立,科举在壮区也日益得到重视。封建统治者也希望通过科举,为其"用夏变夷"的民族同化政策服务。

明代科举,对广西地区取士有一定名额和保障。各府、州、县子弟入学有增无减,学业优秀者应试出仕已不为鲜,参加科举考试与及第人数比宋时又有增加。明代魏濬《诸夷慕学》中记载土官子弟常到流官地区参加科举考试:"两江诸土酋子弟,向慕文风尤甚,来试者曰土童。"① 据新编《广西通志·教育志》统计,明朝广西常科考中进士238人(含恩赐),其中桂林府108人,柳州府34人,庆远府12人,梧州府32人,太平府1人,南宁府11人,浔州府7人,平乐府16人,思恩府3人,廉州府14人。中举人共5098人,其中桂林府2442人,柳州府556人,庆远府99人,梧州府713人,太平府74人,南宁府455人,浔州府249人,平乐府249人,思恩府163人,廉州府98人。另外,柳州、临桂、平乐、贺县、宜山、上思、镇安等府、州、县有武举124人。柳州、庆远、太平、南宁、思恩等府是壮族聚居区,当有不少中进士、举人者。

清代科举在广西地区比明代有了进一步发展。清代的科举基本上因袭明代旧制。当时广西乡试考场设在桂林王城,而童试的考试则分布于各地,土司地区也增设了考舍。乾隆三十八年(1773),庆远设立考棚,思恩县(今环江县)学子无须再赴柳州府赶考。清初,泗城、镇安之武生员都要到南宁搭考,路程遥远,能赴考者仅及半。道光十九年(1839),泗城、镇安府绅士上书朝廷,获准在泗、镇两府接壤之地奉议州城(今田阳县)合建考棚,便于两府武生考试。

清初顺治十四年(1657),清代广西乡试首度举行。有清一代,广西各地士子参加科举比明代更普遍,广西文科乡试共99科,中试举人5075名,其中桂林府2516名,柳州府258名,庆远府26名,梧州府454名,太平府104名,南宁府331名,浔州府401名,平乐府299名,思恩府150名,直隶郁林州451名,镇安府16名,泗城府16名,廉州府53名。壮族聚居的柳州、庆远、太平、有宁、思恩、镇安、泗城7府,中试举人共901名。文科进士585名(含恩赐),其中桂林府298名,柳州府27名,庆远府5名,

---

① (清)汪森:《粤西文载》卷61。

梧州府50名，太平府7名，南宁府38名，浔州府42名，平乐府38名，直隶郁林州62名，镇安府4名，思恩府7名，泗城府3名，廉州4名。镇安、泗城两府突破了零的记录。此外，还有武科举人1104名，武科进士57名。中举及第文人学士的增加，反映了广西各类官学、书院、社学、义学、私塾等学校的增多，教学质量和生员水平的提高。

四　广西文人的成长

随着教育的发展及科举的推行，促进了汉文化在广西地区的传播，涌现出大批知名文化人。

明代中后期科举出身的柳州人周琦、戴钦、佘勉学、佘立、张羽中、孙支强、徐养正、龙文光对当时柳州政治、文化影响较大，被称为"柳州八贤"。明万历年间（1573～1619），宜山人周文、周立、周齐、周衮、周玹父子叔侄兄弟先后参加乡试，均中举人，被称为"五桂联芳"。清嘉庆至道光年间中进士的永福县吕璜、临桂县朱琦、平南县彭昱尧、临桂县龙启瑞、马平县王拯，被称为"岭西五大家"。清代获得"一门三总督"称号的岑毓英、岑毓宝、岑毓冥以及后来出任两广总督的岑春煊，都是读书出仕的。

中举及第后的文人学士，有的出仕做官，有的在学馆教书，有的以诗文传世。其中有的成为著名的政治家、文学家和教育家。明代中期，马平（今柳州市）人徐养正、张羽中在嘉靖年间（1522～1566）于朝廷做官，不畏权势，刚直不阿，敢于揭发、弹劾宰相严嵩及其儿子严世蕃的贪横丑行，不幸被贬、被关，一身正气，在当时士大夫中颇有影响，受到世人的崇敬和称赞。此外，庆远府的韦昭于明永乐十九年（1421）中进士，由翰林当到大理寺丞；庆远府人韦广，明宣德二年（1427）进士，官至巡按御史，在政治上有一定影响。

临桂县是考中状元、进士人数最多的一个县。据史载，唐朝时的临桂人赵观文于公元895年中状元，成为广西第一位状元。明清两代，广西中进士711人，其中临桂占242人；广西有"状元及第"9人，桂林占7人。清代广西陈继昌、龙启瑞、张建勋、刘福姚四位中了状元，皆出自临桂。"一县八进士，三科两状元"传为佳话。另据资料统计，自有科举以来，广西共中进士1131人，文举状元10人，"三元及第"14人，榜眼3人，翰林156人，举人10173人。可见广西中举人数之多、人才辈出。

除了科举出仕的知识分子外，一般粗通汉文化，其名不显于世的文人学士数量就更多了。如贺州文人"敦诗悦礼，所在皆有，身列胶庠者，后先相望。由明经、孝廉入仕者，且相接踵。其余耕凿相安，皆知教子弟读书识字，几不辨其为僮矣"。①

历代中央王朝采取的一系列开办学校、传播汉文化、开启和开发民智的措施，取得了良好效果，首先是通过学校教育，广大居民子弟有机会进入学校读书，得到正规而系统的文化知识教育，提升了人们的文化素质。其次是学校或其他方式的教育，使人们增长了见识，扩大了视野，陶冶了情操，增加了对汉文化的了解与认同感，有利于民族文化的交流，增进了民族交融和中华民族意识的提升及其凝聚力的形成。再次是通过学校教育，丰富了科学文化知识，提高了思辨能力，促进了观念的转变和更新，有利于丰富和发展本民族文化。其四是通过接受汉文化教育，使许多广西少数民族子弟成长为国家人才，有的步入仕途，被授以各种官职，参与国家或地方政务管理，为国家或地方建设贡献才智；有的成为学士、教师或科技人才，为发展地方民族教育和科学事业出力。最后是通过接受汉文化教育，培育了人们的大局意识和国家认同意识，为国家的统一和民族的团结奠定了文化和思想基础。

---

① （光绪）《贺县志》卷7引乾隆二十七年旧志。

第九章

改土归流促开发

——清至民国时期广西全面开发期

清朝是中国社会发展的重要时期，是中国命运多舛的一个时期，作为我国重要组成部分的广西，其社会也进入一个新的发展时期。这一时期，清朝政权由盛而衰，西方列强乘虚而入，农民起义风起云涌。地处祖国南部边疆的广西，一方面清朝政府采取改土归流的统治政策，解放了生产力，促进了社会经济和文化的发展。另一方面，广西南部边疆与越南接壤，备受法国殖民者的觊觎和侵犯，担负着抗击法国侵略者，保卫国家安全和领土完整的神圣使命。

民国时期，广西为桂系集团所统治，重视发展经济、交通和文化教育事业，成就斐然，被誉为"模范省"。

第一节 清朝的"改土归流"

改土归流，即任用流官（汉族或满族官吏）取代土官进行统治。这是广西历史上一项重要的政治制度变革。清统一广西后，为了加强对广西的直接统治，逐步废除唐宋元明时代以来实行的任用当地少数民族酋首为官，由其自领其地，世统其民，"以故俗治"的土官（土司）制度，撤销各地设置的土司机构，设置与内地相同的道、州（直隶州）、厅、县、府（土府），改用流官担任各级官吏。

无论是唐宋时期推行的羁縻制度，还是元明时期实行的土司制度，

第九章
改土归流促开发

主要原因是中央封建王朝的统治势力鞭长莫及，无法进行直接统治的结果，只好利用当地少数民族酋首代为统治，这是一种不得已而为之的办法。随着时间的推移和社会的发展，土官或土司制度的弊端逐渐显露出来，各地土司各自为政，独霸一方，不断扩充自己的武装力量，为了争夺资源，扩大地盘，时常相互攻击，造成地方动乱；一些土司凭借自己的武装力量，不服从中央王朝管理，与中央王朝相抗衡；各地土司对辖地内的百姓进行残酷压迫和剥削，民不聊生，严重束缚了生产力的发展，阻碍广西民族地区社会的发展进步。随着中央封建王朝对广西民族地区统治的不断加强和统治势力的日益深入，废除落后的土司制度，已成为社会发展的一种必然。其实，早在明代初年，随着明王朝政权的巩固和对广西统治的不断加强，就已开始对一些心存叛逆或有恃无恐的土司实行改土归流了。最早被改土归流的是钦州8峒土司。明洪武元年（1368），明将廖永忠、参政朱亮祖率兵统一雷州、廉州等地，钦州8个峒的土官把元朝旧印上缴，希望明朝发给新的印信。朱亮祖以8峒地方人口少为由，不仅不给新印，而且革去诸峒土官职衔，降为峒长。令这些土官大失所望。宣德二年（1427），澌廪峒黄金广、古森峒黄宽、监山峒黄子娇、博是峒黄建等，以四峒29村292户投属安南（今越南），安南分别封黄金广等人为经略使、经略同知、佥事等官职，并予世袭。明朝对之改为流官统治。继后撤销土司改任流官统治的有太平府、奉议州、向武州、南丹、养利州、崇善县、利州、永康、上石西州、左州、上思州、思恩州、田州、思同州等。在改土归流的过程中，由于触动了各土司的利益，自然遭到土司的强烈反抗，许多势力强大的土司奋起抗衡，斗争此起彼伏，明王朝时常处于穷于应付之中，因此，明王朝的改土归流的变革并不顺利，其间充满艰辛与曲折，多次出现反复，许多地方的实际操控大权仍然掌握在土司手中，先后持续了200多年。

清朝统一广西以后，随着国力的逐步增强，即开始加强对广西的军事统治，把大批军队派驻广西各地，先后在庆远、太平、思恩、南宁、镇安、泗城等州府派驻绿营兵，改变了宋元明时代以来的由各土官、土兵守护的局面，并开始了全面的改土归流措施。为了解决土司各自为政、割据一方的积弊，雍正四年（1726）云南总督鄂尔泰建议取消土司世袭制，设立府、厅、州、县，任流官管理。雍正皇帝大加赞赏，令其负责办理。清朝大规模改土归流自此开始。清朝政府以强大的军事为后盾，按照先对势力强大的土司进行改流，然后分别对势力弱小的土司进行改流；先改土司，后治土目的原则，采用六种方式进行：一是以武力改流，如雍正五年，清朝政府以武力为后盾，逼迫泗城（今凌云）土知府岑映宸缴回印信号纸，将泗城改为流官知府，铲除了当时广西势力最强大的土司；二是因犯罪被革职而改流，如思明土州（今宁明）黄而芸于康熙五十八年（1719）以不法革职，其地遂被改流；三是因土官绝嗣而改流，如奉议（今属田阳）土官无嗣，改流官州判，隶思恩府（今武鸣）；四是因绝嗣争袭而改流，如安隆峒（今属隆林）岑氏以绝嗣争袭，宗族内争斗不休，乘机武力干预，改置西隆州，设流官；五是因侵地互斗而改流，如上林长官司（今属西林、田林）岑氏与云南省广南府侬绍周互相争夺地盘，乘此时机改为西林县，设流官；六是因并入别州而改流，如陀陵土县土官黄氏绝嗣，康熙二十八年以其地并入早已改流的永康州（今扶绥）。经过这一阶段的大规模改流之后，势力强大、辖地广、实力雄厚的土司已相继完成改流，只剩下势力较小的26个土州、4个土县、3个长官司尚未改流，但大势已去，改流只是时间问题了。清同治至宣统时期（1862~1911），继续进行改流，并采取以下方式进行：一是因行政改置而改流，如那土巡检司（今属马山县周鹿镇）于同治六年（1867）被废，改置那马厅；二是因土民不愿意受土官管辖而改流，如田州（今田阳、田东）土官岑乃青病故无子，族人争袭，土民游离迁徙，愿归流官管辖，光绪元年，田州改设流官，更名恩隆县，属百色直隶厅；三是因罪被革职而改流，如宣统二年，凭祥土官贪暴虐民，被革去世职，改由流官统治。从光绪十三年起，在未改流的土司地方，实行委员协理或设汉员弹压。清政府在改流地区清查户口，丈量土地，征收赋税，修建城池，设立学校，同时废除土司的赋役制度，按田亩征税，数额一般少于内地，百姓负担有所减轻。在设府县的地方，添设军事机构，加强对边疆的统治。①

---

① 《广西大百科全书·历史》，中国大百科全书出版社，2008，第491~492页。

第九章
改土归流促开发

然而，对于广西地区土司的改流，清朝政府虽然下了很大决心，作了极大的努力，但并未能完成全部土司的改流。民国时期，随着新桂系统治地位的巩固，于民国十六年（1927）继续对未改流的土司进行改流。经过几年的努力，民国十八年（1929），随着那地州（今南丹县那地）最后一个土司的改流，广西地区的改土归流才全部完成，标志着延续近千年的土司制度的消亡。

明清至民国年间所进行的改土归流，就其性质而言，只是封建统治和剥削形式的改变，并没有从根本上推翻封建制度，但在客观上具有一定的积极意义，符合社会发展的客观要求，有利于地区社会的稳定和国家的统一。但是，其弊端也是显而易见的，首先是无视少数民族地区的自然条件、经济和文化发展水平，忽视少数民族地区与汉族发达地区的差距，一律按照中央王朝的统一政策进行统治管理，缺乏因地制宜的治理政策，不利于少数民族的发展。其次，改流以后，广西民族地区的广大群众仍然处于受压迫、被剥削的贫困之中，许多农民无力购买土地，原有土地在改流中又被剥夺了；有的地方改流以后，旧的社会弊端并没有解决，而且出现了新的弊端，广大农民的负担并没有减轻。

第二节　汉族人的迁入与广西边疆开发

自古以来，广西边疆地区的开发，是以壮族及其先民为主体，汉、瑶、苗、侗、仫佬、毛南、回、京、彝、水等民族共同努力、团结奋斗的结果。特别是历史上先后从中原内地迁居广西的汉族各民系，对广西边疆的开发，发挥了重要作用。

汉族是历史上最早移居广西的一个客籍民族。自从秦始皇发兵统一岭南后，先是将南征的军队留戍岭南，接着又将中原人徙居岭南"与越杂处"，开启了中原汉族人移居广西的先河。汉代以后，随着中原封建王朝对岭南的统一，中原汉族因从军、避乱、贬谪、垦荒或经商，以各种途径源源不断地迁入广西，并且由桂东南逐渐向桂中、桂西各地扩展；清代是汉族人入居广西的高潮期，最终形成了现在汉族人分布的格局。汉族人进入广西以后，与当地土著的壮族及其先民杂居，并设置郡县，开办学校，传播汉文化，推广先进的生产技术，并与当地居民通婚，为开发广西，促进广西经济的发展、社会的进步、文化的繁荣和民族的团结与融合，作出了积极的贡献。

广西地区的汉族人皆为外省迁入，其祖籍不尽相同。各地方志对于汉族迁入广西有大量记述。

民国《宾阳县志》载，宾阳"县民以来自山东者最多，其次则广东、福建、湘、浙"。

谢启昆《广西通志》卷 88 载：横县汉族人"市廛士贾悉粤东人"，"占籍者多山东之族"。

民国《靖西县志》载：靖西"县属居民约共一百二十余姓，来源不能相同，张许二姓之原籍出于江西岑姓……至于黄、农、李、梁、陆、邓、陈、钟、曾、赵、覃、罗、苏、凌、冯、叶、潘、卢、何、蔡、麻、蒙、姚、关、高、孔、汤、房、袁、符等姓……溯自广东南海县迁入者为多。余各姓之初代，原为湖广、浙江、福建等省人，广东之梅县、嘉应、钦州、北海、小董等县人"。

民国《隆安县志》载：隆安"县属人民除少数土著外，纯为汉族，皆来自他省，尤以山东为多数"。

民国《龙津县志》记载：龙津县（今龙州县），"宋皇祐四年赵鼎随狄武襄征蛮，以功世袭斯土，所部将士多来自山东，因而居焉，是为长江以北居族移居蛮荒之始。厥后民族之来自闽、赣、湘、粤者日益众"。

民国《隆山县志》载：隆山县（今属马山县）汉族"自山东者多，闽广次之"。

民国《崇善县志》载：崇善县（今属崇左县）"至宋略有山东汉人，随狄将军征蛮而流落斯土。明时自广东、江西、福建各省迁居是邦者颇多"。

民国《凌云县志》载：凌云县"岑姓来自浙江绍兴，王姓来自浙江余姚，林姓来自福建闽县，罗姓来自江西吉安……黄姓来自江夏，蒙姓来自安定，陈姓来自颍川，李姓来自陇西，韦姓来自广东"。

民国《融县志》载：融县（今分属融水苗族自治县、融安县）"自宋置清远军而后，民族之来自湖南、湖北、广东、江西、福建者日益众"。

民国《三江县志》载：三江六甲人共十二个姓氏于宋代由福建省汀州府逃难而迁入，明末迁入的客家人以广东嘉应州为多，"其他汉人，继十二姓于宋时由福建来者，有杨姓。明末由湖南靖州来者，有梁姓"。

民国《全县志》载：全县（今全州县）一百余姓汉族，自唐始，经宋、元、明及清，"原籍多湘、赣、宁、浙等省"。此外还有少量河南、山东、湖北、四川、山西迁入者。

民国《阳朔县志》载：阳朔县"汉族在隋唐以前已来自山东、山西、河南等省"。

民国《灵川县志》载：灵川县"汉族均客籍也。江西最多，山东次之，近则湘人占籍亦众"。

民国《桂平县志》载：桂平县汉族"至于明代江西、福建、广东各省民族来者弥繁"。

民国《贵县志》载：贵县"今考县属民族来自粤、闽、鲁、赣、湘、鄂者为多"。

据光绪《容县志》载，"容县闽、楚、江、浙人多有迁寄此者，且与东粤接壤，东人经商更众"。

民国《平乐县志》载：平乐县"本邑汉族之来源，来自东粤者多设商肆，来自三楚者多操工业，而来自江西、福建亦不乏人。其散处乡村者，溯其籍贯，以四省流寓为多"。

从以上各地方志记载，可知入桂汉族的祖籍分别来自湖南、广东、江西、山东、浙江、福建、湖北、河南、江苏、四川、山西等地。

一　汉族人入桂路线

自古以来，五岭是南北交通的天然障碍，其横亘于两广与湖南、江西之间，要从中原和内地进入岭南，《通典》卷184说，"入越之道必由岭峤"，故李调元《南越笔记》卷2《梅岭》有"五岭皆越门"之称。而自古以来过五岭入广西的通道只有两条：一条自湖南境内沿湘江，通过越城岭与都庞岭间的湘桂谷地，进入广西的全州、兴安一带，此所谓越城岭古道。另一条是自湖南道县、江华一带通过萌渚岭隘口，进入广西的贺州、钟山一带,此所谓萌渚岭古道。秦始皇经略岭南的五路大军,就是通过这两条古道进入广西的。

后来秦始皇令史禄开凿灵渠,沟通了湘江和漓江水,使得入桂之途更为便利。从秦汉直到唐宋之时,汉族人入桂的路线仍以这两条道路为主,宋人周去非《岭外代答》卷1说自北往南的入岭之途有五条:"自福建之汀,入广东之循梅,一也;自江西之南安,逾大庾入南雄,二也;自湖南之郴入连,三也;自道入广西之贺,四也;自全入静江(今桂林),五也。"及至宋代从陆路入桂仍是一条重要的路线,如狄青南征侬智高,就是从湖南入桂,自桂林以北的灵川向南,沿古官道(今铁路沿线)抵南宁,然后再沿右江到百色,沿左江到龙州,沿邕江到横县的。

在古代,由于交通工具简陋,水路的作用比陆路更大,《史记·南越列传》集解说,从中原和内地进入岭南地区"非水不至"。广西虽山岭绵亘,但水路纵横,西江水系沟通了广西大小河流,总汇于苍梧(今梧州),自梧州上溯桂、浔、郁、黔、柳、贺诸江,可贯穿广西各处而达滇、黔、湘三省及越南;东下西江,可通粤港各埠。于是,从越城岭古道和萌渚岭古道进入广西的汉族,有的又经桂、浔、郁、黔、柳、贺诸江,从水路或沿江陆路向桂东南方向迁徙,东汉时马援率军南征交趾二征,就是沿这条路线向桂东南方向进军的。宋代镇压侬智高起义后留驻屯守的"平南军"由南宁沿左右江和红水河向桂西迁徙,使得操平话的汉族人流向左右江流域。而元明以后,尤其是清代,广东的汉族人大量涌入广西,正是直接溯西江而上,入苍梧,然后沿红水河、郁江到达桂中、桂北,再沿左右江到达桂西地区。如福建人入桂主要走两条水路:一条是从南海入合浦南流江,到达博白、陆川、玉林、北流一带;另一条是溯西江而上,沿其支流贺江、柳江、红水河、郁江,到达贺县、平乐、柳州、罗城、来宾、邕宁等地。靖西的部分汉族人是从永淳(今横县)、宾阳、桂林、陆川、博白、南宁、宣化(今邕宁)等地迁入的。民国《隆安县志》卷3《地理考·社会》说,隆安的部分汉族人是"流寓广西,渐次迁居隆安"。民国《隆山县志》第二编《人口》说,隆山(今属马山)的部分汉族人"先居宾阳或南宁,而后来耳"。三江侗族自治县被称为六甲人的汉族,据民国《三江县志》卷11说,是"由福建省汀州府逃难,经广东达柳州而至古宜,沿河以居,生殖繁衍"。

总之,汉族人入桂的路线,最早就是通过越城岭古道和萌渚岭古道进入,其后则顺水路向桂东南迁徙。唐宋以后及至明清,从广东入桂的汉族人多沿西江而上,顺各条水路向桂西及桂西北迁徙。这样迁徙的路线,使得先入桂的汉族人主要居住在平原或沿河一带,后逐渐由北而南,而西,或由东向西迁徙。从而形成了汉族在广西的分布呈桂东及桂东南密集,桂西及桂西北稀疏的格局。

二　入桂时间

汉族人入桂自秦始皇经略岭南始。始皇帝二十八年(前219)秋冬,秦始皇派尉屠睢率50万大军征岭南,兵分五路,其中两支进入广西:一支通过谭城(今湖南靖县一带)之外五岭中的越城岭和萌渚岭之间的谷道,即湘桂走廊,进入今广西的兴安、桂林一带,控制了漓江通道;另一支过九嶷山(今湖南宁远县南)古道,进入今广西的钟山、贺州一带。据《淮南子·人间训》说,进入广西境内的秦军"三年不解甲",并开凿灵渠,在灵渠和漓江汇合的地方——今兴安县溶江镇修建城堡,派兵驻屯,后人称之为秦城和严关。此为汉族人迁入广西之始。

自此以后,从秦至民国两千多年间,大批中原人或汉族人迁入广西有五次规模较大。

(一)第一次是从秦始皇统一岭南开始至汉武帝平定南越时期

秦始皇在略取岭南的过程中遇到西瓯人旷日持久的抵抗,其统帅屠睢被杀。秦又派赵佗率援军进击岭南人。秦军统一岭南后,将南征的军队留戍岭南。为了安定军心,据《史记·淮南衡山列传》说,赵佗则"使人上书,求女无夫家者三万人,以为士卒衣补。秦皇帝可其万五千人"。这就为汉族士兵长期戍守岭南提供了条件。略取岭南之后,秦始皇三十三年(前214),置桂林、南海、象郡,其中桂林郡治在今贵港市,并将一批曾经逃亡的罪犯、入赘女家的男子(一说贫民曲身给富人,过期不赎没为奴者),以及做买卖的商人迁居岭南,故有《资治通鉴》卷7称"以谪徙民五十万人","与越杂处"。其实,50万似是虚数,5万应为实数,因此《太平御览》卷45引《南康记》曰:"秦略定扬越,谪戍五万，南守五岭。"从赵佗求女3万来看，5万之数较为可靠。与此同时，秦还强徙中原人民到岭南，《汉书·高帝纪》云："前时秦徙中县之民南方三郡，使与百粤杂处。"从桂东及桂东南地区发现众多的汉代墓葬可知，秦末至西汉时期，今贺州、梧州、合浦及贵港一带，均已有汉族人迁入居住。及至汉武帝时，乘南越内讧，于元鼎六年（前111）秋，发兵征伐南越割据政权，以卫尉路博德为伏波将军，出桂阳下湟水，从湖南入连州；以主爵都尉杨仆为楼船将军，出豫章下横浦，从江西入南雄，直捣番禺。又以归义侯郑严为戈船将军，出零陵下漓水，从湖南入桂林；以田甲为下濑将军，出零陵下贺水，从湖南入苍梧，取道西江，直逼番禺。又以弛义侯何遗发夜郎兵下牂牁江，取道西江，咸会番禺。五路大军齐头并进，很快就平定了南越国，而后以其地置南海、苍梧、合浦、郁林、日南、九真、交趾、儋耳、珠崖九郡。其中苍梧、郁林、合浦为今广西属地。此外，当时广西还有一部分地方属荆州的零陵郡、武陵郡，以及益州的牂牁郡。随着南越的平定，汉族入桂者日多，在汉武帝平南越前，为加强防御力量，即派人入桂，在桂林郡北80里秦城西南就曾加筑军事据点，《读史方舆纪要》卷106称"汉城"。《后汉书·南蛮西南夷传》说，平南越后，为充实岭南，"颇徙中国罪人，使杂居其间"。此后，汉族人与广西的少数民族杂居在一起，开始了共同开发广西的历史新时期。

作为汉族人入桂第一次浪潮的余波，是东汉初年伏波将军马援南征交趾"二征"的反抗斗争之后汉族迁居桂东南地区。二征（征侧、征贰）起义被镇压后，马援所率之军不少留守广西沿江地区，其中地处浔江运输中枢的桂平，马援部队留下的痕迹最为明显，这些人后来俗称"马留人"。

（二）第二次是从东汉末年至隋唐时代

东汉末年，黄巾起义，群雄割据，中原大乱，而地处偏僻边陲的岭南，由于少受战祸的波及，社会相对比较安定，北方汉族纷纷移居岭南，《资治通鉴》卷86称"吏民流入交州者甚众"，掀起了汉族人入桂的第二次浪潮。

《三国志·吴书·士燮传》记载，苍梧广信人士燮，"其先本鲁国汶阳人，至王莽之乱，避地交州。六世至父赐，桓帝时为日南太守……燮体器宽厚,谦虚下士,中国士人往依避难者以百数"。《三国志·吴书·薛综传》记载:薛综"沛郡竹邑人也,少依族人避地交州"。《晋书·王导传》齐蛮云:"俄而洛京倾覆,中州士女避乱江左者十六七。"汉族大量南迁入桂的情况,我们从郡县的不断增设上可窥见一斑。晋建武二年(318),晋元帝析出原郁林郡部分属地,置晋兴郡,郡治在晋兴县(今南宁市)。晋升平五年(361),晋穆帝又析部分苍梧郡地置永和郡,治所在安沂县(今岑溪市境);在郁林郡内增设新林(今忻城县境)、绥宁(今宾阳东)等新县;在合浦郡内增设荡昌县(今容县)、新容县(今合浦县南)、晋始县。晋代,治所及辖域在今广西境内的有11个郡,73个县,与三国时6个郡和合浦北部都尉及47个县相比,郡(含合浦北部都尉)增加57%,县增加55%。南朝陈末,州治在今广西境内,郡县治所、辖域均在今广西境内的有9个州,31个郡,72个县。所有这些郡县的陆续设置,一方面是为了加强对不断迁入广西汉族人的管理,另一方面也是为了安排迁入广西汉族人的仕途。所以,从三国孙吴,经晋到隋进行户籍登记时,广西已有人口95万左右,与秦汉时相比,汉族人口几乎增加了一倍。

此后,作为汉族入桂第二次浪潮的余波,唐代将广西作为谪发冒犯王法或有罪官吏的"恶处"。柳宗元在《送李渭赴京师序》中就说过:"过洞庭、上湘江,非有罪左迁者罕至,又况逾临源岭,下漓水,出荔浦,名不在刑部而来吏者,其加少也固宜。"柳宗元本人因参加党争失败,被贬为柳州刺史;褚遂良因"谏立武后",被贬到桂林。此外,唐王朝在与南诏相争之时,还派大批军队至广西长期驻防,仅大中年间,派至邕州驻防的军队就有1万人左右。唐咸通年间,邻近广西诸州破产的游民,为了谋生,大量流入邕州一带,所以《新唐书·王锷传》说容州地区遂形成"广人与蛮杂处"的格局。从此以后,汉族人基本上遍布桂东及桂东南地区了。

(三)第三次是从五代十国始至元朝时期

五代十国时期,中原地区出现了争霸割据和北方游牧民族入主中原的局势。在长期的动荡不安之中,汉族人大量南移,迁入广西的记载不绝于书,掀起了汉族人入桂的第三次浪潮。到北宋统一之时,据《宋史·地理》统计，绍兴二十二年（1152）广南西路人口已发展到 1341572 人。

宋代以前，迁入广西的汉族人集中分布在桂东及桂南，桂西及桂西北极少。到了宋代，桂西也开始有汉族人迁入了。主要是壮族首领侬智高起义后，宋仁宗派狄青率大军镇压。此后，狄青的部将大多留居桂西，"留兵千五百人，皆襄汉子弟"①，狄青所部"番落数百骑"，也因此留戍广西。有的则循右江而上，故民国《隆山县志》说进入桂西地区，落籍安家，婚娶生育。隆山县汉族，"同随狄青征蛮而来，遂留此地"。民国《崇善县志》说，崇善县"至宋略有山东汉人随狄将军征蛮而流落斯土"，民国《雷平县志》本县汉族人"系随狄武南征而来"。今天居住在以南宁市郊为中心的操"平话"的汉族人，多是狄青留戍部属的后裔。另据明人钱薇《左江邹兵宪东归序》说，当时余靖还"择江浙湖湘负材多智雄大之族，迁居左右江平衍饶沃之地，使自力食"。北宋熙宁九年（1076），越南李氏政权发兵 10 万攻陷邕州，宋朝在南方边境军力虚弱的问题彻底暴露。战后，驻扎在今广西境内的军队增加，静江府和邕州的驻军都增至 5000 人，宜州 2500 人，钦州也有 500 人。② 宋朝驻军一般都带家眷，如以每人有家眷 2 人计，上述驻军及其家属当在 4 万人左右。

南宋以后，女真族南下，汉族人迁入广西的更多。此外，还有犯罪发配广西者，如承信郎全胜、左宣教郎何柔中、武翼郎杨晖、承节郎王荣等，都被籍没家财，发配宜州、容州、邕州、横州、藤州、柳州。据《宋史·周湛传》载，有沦为奴婢者，如宋代"江湖民略良人，鬻岭外为奴婢，湛至，设方略搜捕，又听其自陈，得男女二千六百人"。有兵败流入广西者，如宋末文天祥的部将张天宗的残部 300 多人，就是抗元失败后进入靖西的。有南宋遗民流入广西者，如民国《凤山县志》即云："南宋既亡，遗民流徙西来，与原守兵丁，编入齐民。"至元王朝统一全国时，据《元史·地理》统计，广西人口总数已达 190 多万人。

（四）第四次是从明初至清朝初年

明代以来，由于广西少数民族反抗封建统治的压迫和剥削的斗争此

---

① 《明一统志》卷 85。
② （南宋）周去非《岭外代答》卷 3《沿边兵》。

第九章
改土归流促开发

起彼伏,如壮族韦朝威、韦银豹领导的起义、大藤峡瑶族起义、杨公满领导的壮、瑶等族人民起义等,明王朝为了镇压这些起义,不断派兵进入广西征讨,战事平息后,不少官兵遂落户广西。所以,谢启昆《广西通志》卷167说:"永乐初,调湖广、贵州军征广西蛮,遂留戍其地。后贵州军以征麓川撤回,独留楚军万人分戍桂林、柳州、平乐诸州邑,其戍守梧州则粤东军,原以万数,今减为三千。永乐二十一年,广西备御用湖广官军五千,不足,复添五千分班轮戍。"这样,有明一代,汉人迁入广西的浪潮如微波起伏,连绵不断。民国《融县志》记载:入桂的汉人,"其可考者,以时自明代为多数"。及至明末清初,由于明末农民的大起义,中原又一次大乱,迁入广西者甚多;清兵入关,南明桂王政府曾迁桂林,加上李自成余部在李过、郝摇旗的领导下,张献忠的余部在李定国的领导下,都曾以广西为根据地,联合桂王政府坚持抗清斗争,今凌云、乐业的一部分汉族人就说他们是李定国余部的后裔。民国《田西县志》记载:"迨及明末流寇蜂起,中原鼎沸,内地居民避乱迁徙而来,以及原有之户亦日繁衍,当时已增至约一万户,人口约五万余人。降及有清中叶益加繁盛,约一万八千余户,约九万余人。"这种汉族人口猛增近倍的情况,当时十分普遍,尤以由广东溯西江而上,由湖南沿湘桂走廊而入者为多。所以乾隆五十八年桂平县《粤东会馆序》说:"我东粤相距不远,枌榆接壤,亦何殊于父母之邦耶?然而吾乡之来游西粤者,不但在桂平也,即左右两江,所至辄有千人。"这就是说在广西左右江流域到处可见由广东迁入广西的汉族人。

明朝中期,据《明世宗嘉靖实录》卷312载,嘉靖二十五年,广西还是"一省俍人半之,瑶壮三之,居民二之"。自明末始,到鸦片战争前夕,在近200年时间里,汉人入桂始终不绝。据梁方仲《中国历代户口、田地、田赋统计表》考证:1830~1839年,广西人口达7561200人。

(五) 第五次浪潮从鸦片战争至民国初

鸦片战争后,中国沦为半殖民地半封建社会,广西东部地区受广东的影响日盛,尤其经过太平天国革命的涤荡,中法战争的洗礼,东南沿海农村破产流民络绎不绝地涌入广西。清朝龙启瑞在《粤西团练略序》中说:"自道光二十一年后夷务起,粤东粤西邻省毗连……外郡地多山场旷土，向招粤东客民佃种。数世后，其徒益繁，客主强弱互易。"这种情况在地方志中还有许多记载。

　　以上是大抵按时间划分汉族人入桂时间的几个阶段。但历史资料与民族学调查资料表明，汉族人真正大规模迁入广西，改变广西少数民族和汉族人口分布格局和比例的是在清初以后。因为在明代中后期，就连与中原地区交往较密切的平乐，据明朝陈光龙《平乐边奉议》说，仍是"瑶多于壮，壮多于民，为民仅一，而壮瑶合十有九"。刘锡蕃《岭表纪蛮》引明代杨芳《平乐府图说》也认为："平乐境内瑶壮居十之七八，修仁汉民仅二三户，良壮类汉者仅九十户。"《古今图书集成》卷1410《职方典》说，清初之时，"自桂林以下，历永福至柳郡十二属中，瑶壮错处十居八九，至宾州昆仑关截然而止"，《皇朝经世文编》卷86《兵政》所收清代郝浴《备述全粤实情》中则说：广西"或壮七民三，或壮八民二"。今天壮族人口已很少的荔浦县，据民国三年《荔浦县志》卷3引康熙旧志载，康熙年间"县治总有三百村，壮得二百七十余，而民只得二十三村"。桂北况且如此，桂西更是鲜有汉人。康熙四十八年《左州志·自序》说，当地"村落荒凉，人民鲜少"。

　　汉族人之所以在清以后以前所未有的规模和速度迁入广西，其原因主要是清初以前汉人入桂多为被动型，而清初以后多为主动型，即自觉地迁入而不是政府强迫迁入。这种迁入方式的转变原因主要有：第一，清初以后，广西土司地区逐渐改土归流，政治制度和生产方式与汉族地区逐渐统一，为汉人迁入广西特别是桂西土司地区创造了条件。第二，清代以后，广西少数民族与汉族关系较前代缓和。清代以前，广西农民起义此起彼伏，对这些起义，封建统治者残酷镇压并大肆渲染，歪曲丑化广西少数民族形象，引起广西少数民族与汉族人民之间的仇恨、隔阂和猜疑，故汉族人要入桂是困难的。清初以后桂西土司地区逐步改土归流，特别是鸦片战争以后，广西各少数民族与汉族交往增加，各民族在联合反帝反封建斗争中增进了友谊和信任，减少了汉族人入桂的障碍。第三，由于广西各民族人民长期开拓，至清初以后，广西面貌已发生较大变化，昔日的"瘴疠之地"已逐渐成为安居的乐土，吸引了人满为患的汉族地区的人民大规模迁入广西。

三　汉族迁徙入桂原因

据史籍记载，汉族人入桂主要有以下几种原因。

（一）从军而入桂

从秦始皇经略岭南开始，就有数万秦军留戍岭南，继而有汉武帝派大军平南越，东汉时又有伏波将军马援平二征之乱，都有军队留守屯驻。北宋之时，狄青征讨侬智高起义后，亦有不少将士驻屯。此事在方志中记载颇多。

民国《思乐县志》说，思乐县（今属宁明）"其自山东来者，于宋皇祐初随狄武襄公平侬智高于邕，多留此不返"。

民国《雷平县志》载，雷平县（今属大新）"中原民族系随狄武南征而来，或以作战有功公封土地，或以屯戍斯土保卫边区。初则奉职于厥躬，久则散隶为民籍，此皆属于山东省人"。

民国《宾阳县志》载，宾阳县"来自山东者，多系宋代，随狄武襄征侬智高之部属"。

民国《靖西县志》说，宋末元初，"义民张天宗与文天祥同兴义师抵抗，死兵竭力，收拾残兵三百余率以南行抵达斯土"。明末清初，不少明朝官吏、军民及李自成、张献忠起义军的余部在广西一带支持南明政权抗清，他们被打败以后，不少人就散而留居广西，如前已述及凌云、乐业县的一部分人就是李定国余部的后裔。及至清代，清政府为了镇压广西少数民族的起义，也派兵安营扎寨，驻屯镇守。如乾隆五年（1740）龙胜吴金银领导侗族人民起义，清派兵镇压以后，在龙胜和距吴金银家仅1千米的广南各筑石头城1座，并把龙胜分立为七汛三十九塘，征兵9000余人镇守。除通判总理全厅外，还有巡检2名，副都司、守备各1员、千总4员，把总8员，外委马步丁列左右二营，男女老少平均每5个人即有一官兵监视，名曰"添协营"。这些官兵后来多留居当地，因而民国《广西通志稿·社会篇·氏族二》说，龙胜"汉族之来也，俱在乾嘉之后……其先来者强半赘于土族"，其他地区的情况多与龙胜类同。太平天国革命爆发后，清政府对广西更是严加控制，进驻广西的军队剧增，胡林翼在《请通饬修筑碉堡启》中说，咸丰年间，"粤西兵勇六七万，皆选募于各省,其随行余丁夫役各色人工,计又不下二三万人"。

(二)因流徙而入桂

广西在古代经济文化落后,交通不便,炎热多雨,易发疾病,中原人把广西视为瘴疠之地,白居易《送客游岭南二十韵》有"瘴地难为老"之说。故历代封建统治者都把广西当作贬谪官吏、流放罪犯之地。所以过去广西的地方志中,一般都有《迁谪传》之类的篇目。

《史记·秦始皇本纪》载,始皇帝三十三年(前214),将一些曾经逃亡的罪犯"以适遣戍"。三十四年,又把办理讼狱不当的官吏派来屯戍南越地。《史记·南越列传》载:"秦时已并天下,略定扬越,置桂林、南海、象郡,以谪徙民,与越杂处十三岁。"《汉书·晁错传》载:"杨粤之地少阴多阳,其人疏理,鸟兽希毛,其性能暑。秦之戍卒不能其水土,戍者死于边,输者偾于道,秦民见行,如往弃市,因以谪发之,名曰'谪戍'。"宋代周去非在《岭外代答》中说:"秦城,实始皇谪戍五岭之地。"可见最早入桂的汉族除士兵外,就是流徙而入的罪犯。

《汉书·武帝纪》说,汉武帝平南越时,即"皆将罪人"随军出征。《后汉书·南蛮西南夷列传》也说,东汉末年"颇徙中国罪人,使杂居其间"。

唐代广西更成了被贬官吏的流放地,故白居易《送客春游岭南二十韵》中说:"路足羁栖客,官多谪逐臣。"柳宗元在《送李渭赴京师序》中云:"过洞庭,上湘江,非有罪左迁者罕至。"柳宗元也被贬到柳州任职。所以《十国春秋》卷58云:"唐世名臣谪死南方者,往往有子孙,或当时仕宦遭乱不得还者,皆客岭表。"谢启昆《广西通志》叙例也说:"岭南瘴疠之区,明以前贬谪于此者至多,其人或触怒权奸,或见倾群小,如袁恕己、黄庭坚、秦观、吴时来、刘台之属。"

及至清代,仍有大量罪犯被流放到广西。据《清文献通考》卷204、205记载:乾隆元年(1736)"改定汉人发配之例……寻议:'除满洲、蒙古、汉军及旗下家奴有发遣者,仍照定例外,其民人有犯,如强盗免死及窝盗三人以上之犯,发云南、贵州、四川、广东、广西极边烟瘴地方。其平常发遣人犯,酌发云、贵、川、广烟瘴少轻地方。'从之。"

"十四年(1749)……定积匪猾贼,改发云、贵、两广极边烟瘴充军，遇赦不准援减例。"

"二十三年（1758）……定抢窃案内，秋审三次缓决绞犯，照强盗免死减等发遣例，发云、贵、两广极边烟瘴充军。"

"二十四年（1759）……定偷盗牲畜九匹以下分别发遣例。蒙古人等，偷盗四项牲畜六匹至九匹者，发云、贵、两广烟瘴地方。……民人在蒙古地方偷窃九匹以下者，亦照此例分别充军……如遇行围巡幸地方，不分蒙古、民人，有偷窃马匹三四者，发云、贵、两广烟瘴充军。"

"三十一年（1766）……（定）若窝留强盗三人以上者，发云、贵、两广极边烟瘴地方，其行劫数家止首一家者，窃盗临时拒捕杀人当从者，发云、贵、两广烟瘴少轻地方，严行约束，仍照分别刺字。"

"三十二年（1767）……如三次犯窃，计赃五十两以下至三十两者，抢窃满贯拟绞，秋审缓决一次者……发遣云、贵、两广烟瘴。"

"三十六年（1771）……改定偷人参数治罪例。凡旗民人等偷刨人参，人至四十名以上，参至五十两以上，为从人犯，发云、贵、两广烟瘴地方。"

"三十九年（1774），定歃血订盟为从军流例……若聚众至二十人以上，为首，拟绞立决；为从，发云、贵、两广极边烟瘴充军。其无歃血焚表事情，止序齿结拜，众至四十人以上，为首者，绞监候；为从，减一等。若年少居首，即属渠魁，首犯绞决；为从，发云、贵、两广极边烟瘴充军。"

"四十一年（1776），定拿获军营脱逃余丁发遣例，凡附近新疆、陕甘二省之人，改发云、贵、两广极边烟瘴充军。"

"四十六年（1781）……定邪教案内遣犯，停止发往奉天、新疆等处例。各省邪教为从之罪犯，应军及造招名例发遣者，俱改发云、贵、两广极边烟瘴地方充军。"

由此可见，乾隆年间被流放到广西"极边烟瘴地方"的罪犯不仅类型多，罪行重，而且人数甚多。

（三）为经商而入桂

秦始皇经略岭南之时，便征发"贾人""与越杂处"。开商人入桂之端。此后，由于广西历代土著民族"惟知耕种，不事商贾"。到了清代乾隆年间，乾隆《马平县志》卷2记载，当时柳州仍然是"城厢内外，从戎贸易者多异省人，终鲜土著"。于是，内地行商和手工业者不断入桂。谢启昆《广西通志》卷88载："太平有仕宦商贾落业者，有宋皇祐从军来者山东人十之六七，江南、河南、江西、广东人十之三。"

汉族商贩及手工业者入桂历代不绝。到了清代，入桂的汉族商贩剧增，广西各地先后出现一批较大的商品集散地，圩镇倍增。由于各地汉籍商贩及手工业者接踵而至，成为清代汉族入桂的主流。

清光绪《西延轶志》卷2载，资源县，"土民以农为业，习艺事者少，往往江右楚南客民执其技来此游食"；"商，本地绝少，操奇赢都市往来皆楚南客商"。

民国《荔浦县志》卷3载，荔浦县"商贾皆东粤三楚之民"。

《容州志》卷1载，容县"且与东粤接壤，东粤人经商更众，而土著实稀"。

民国《平乐县志》载，平乐县"本邑汉族之来源，来自东粤者多设商，来自三楚者多操工业……安居乐业，已成土著"。

谢启昆《广西通志》卷88载，"错处城乡者半宦游，商籍之裔"，"市廛土贾""悉粤东人"。

民国《凌云县志》说，凌云县"元明时代风气渐开，省外之人，贸迁有无，因而落籍安居，此系经商而来者"。乾隆五十六年《创建粤东会馆序》说，桂平是"四方商贾挟策贸迁者，接迹而来，舟车辐辏，货贿积聚，熙来攘往，指不胜屈。而以我东粤之商旅于桂平永和、大宣两圩者为尤盛。我乡人之客兹土，其见杂处纷纭"。

入桂的汉族工商业者，不仅遍布交通便利的城镇和经济较发达的桂北、桂东南地区，还逐渐深入边境和桂西的少数民族地区。如地处中越边境的思乐县（今属宁明县），民国《思乐县志》卷4载："到宋始有汉人来此居住，清初益众，生齿益繁，踪迹几遍全县"；"殆清初广州人至本县经商而落业不以耕读商贾为业，海渊、那堪等乡，皆其辟为商场。自是汉族日见蕃殖"。清初已经有广东的谢、叶、陈三姓商人到下雷土州（今大新）经营纱布、杂货等，到乾隆年间，广东人到下雷经商的更多，还建立了粤东会馆和羊城书院。光绪初年，仅在凤山这样的偏僻县份的粤商因霍乱病死的就达百余人。

近代以来，随着中国民族资本主义的发展，以及广西的梧州、龙州等地开辟为通商口岸，更多的汉籍商贩纷纷进入广西。如在昭平县，民国《昭平县志》卷6载："因同治年间有王姓来自闽疆，侨居太区丹竹上泗冲一带，见该地山岭旷弃，且土质最宜种竹造纸，乃携竹六本来昭种植，渐以繁兴"，后来，"县属归化、勤江、佛丁、丹竹、仙回、马江等处均有纸厂"。

广西地区特别是桂西地区的乡镇集市，多数是清代才开辟的，圩镇上的居民以为外省迁入汉族工商业者为主。其中以广东、湖南、福建等省居多。孙玉庭《奏陈地方情况疏》说梧、浔、郁三府于嘉庆初年，从广东等省"贸易往来及寄居占籍者，几占土著之半"。谢启昆《广西通志》卷88载，苍梧则"商贾辏集类多东粤人"。而《重建戎圩会馆记》说，苍梧的戎圩更是"客于戎者，四方接，而莫盛于广人"。最初在贵县大圩做生意的多是姓郑的广东商人，占当时的半条街，并逐渐占据了附近的土地。民国25年《龙州县志·舆地志下·实业·商》载，龙州"县境九商场，所属之弹压十商场，几无不有粤商寄迹"。外省工商业者到广西，身处异乡，为了联谊同乡人，往往醵资建立同乡会馆。有清一代粤东会馆、湖南会馆、江西会馆等遍布广西各地。桂林明清以来各地商人建立的会馆有49个；柳州也有湖南会馆、江西会馆、庐陵会馆、广东会馆、粤东会馆等，民谣曰："湖南会馆一枝花，粤东会馆赛过它；福建会馆烫金箔，江西会馆笔生花。"反映了各省客商人数之众，所以能醵巨资来建富丽堂皇的会馆。桂林、柳州的客商情况，正是当时整个广西地区客商的一个缩影。

（四）因垦荒而入桂

汉族一向以农为本，中原多难时，远离政治中心的岭南，正如顾祖禹《读史方舆纪要》卷106《广西方舆纪要序》说："两粤犹称乐土，诚得深识远虑有志于天下事者，周旋其间，埭江上下田土膏腴，耕屯可以足食也。"因此，许多在内地无地的汉族农民便向地广人稀的岭南迁徙，广西历代都有垦荒而入桂的汉族。

及至清代，由于清统治者从明朝覆灭的教训中认识到"兵饥则叛，民穷则盗",进一步强调农业生产是"人之根本"。多次下劝垦令。顺治十四年（1657）颁布了劝垦条例，规定"凡新垦地，初定三年起科"。并对"地处极边，山多田少"的广西则更为优惠，规定"开垦田亩，如地属平原，田成片段，系上则、中则，水田一亩以上，旱田三亩以上，照例升科；一亩、三亩以下，永免升科。下则田地及桑、麻、米等更属瘠薄，民间开垦水田五亩以上，旱田十亩以上，照例升科，五亩、十亩以下，永免升科。升科后，水冲沙夺者，仍与豁除"。"如有豪强争夺，借垦占熟"，"照例治罪"。于是，吸引了人口密度比较大的广东、湖南、江西、福建等省的农民流入"土旷人稀"的广西垦荒。《清史稿·食货志一》载，直到清末光绪三十二年（1906）清政府因"广西垦丁壮既稀，资本又绌，乃仿外洋法，招商领垦。南宁则招商本立公司，募裁兵充垦丁。至宣统初，共放山荒十六万六千五百余亩"。

更多的垦荒者是通过私人招佃或自动迁入的。《皇朝经世文续编》卷81说，桂北、桂中的柳州、庆远、桂林、平乐四府，"楚南垦荒贸易者多，粤东间有民人，亦略相等，闽省差少"，而桂东、桂南的梧州、浔州（治今桂平）、南宁、镇安（治今德保）、郁林等府，因"半与东境毗连"，"垦荒贸易占籍者多系东人，闽人间亦有之"。当时属广东的钦州地区，据道光《钦州志》卷1载："雍正初，于尚荒而不治，自乾隆以后，外府州县人迁居钦者，五倍于土著。"

（五）为避乱而入桂

历史上，中原地区战乱频仍，三国两晋南北朝和宋辽夏金是两个大动乱、大分裂的时期。而动乱又主要发生在北方，于是北方的汉族人纷纷向南迁徙以避战乱。据《晋书·王导传》载："俄而洛京倾覆，中州士女避乱江左者十六七。"

（六）为官而入桂

从秦始皇经略岭南置南海、桂林、象郡始，壮族先民聚居的今广西地区正式被纳入中央王朝的郡县制统治范围。及至清代，广西的地方官吏大多是朝廷委派的外省籍汉人。而改土归流后，进入广西为官的汉族人更多。自明洪武十四年（1381）到清宣统三年（1911）的530年间，历任武缘县（武鸣县）知县155人，其籍贯分布于今21个省区。明代只有成化十年到十二年（1474～1476）任知县的程宣为广西藤县汉族人，而清代全部为外省人。与此同时，知县以上的各种官吏大部分为外省汉人。民国37年（1948）《广西通志稿·宦迹篇·名宦》所列举的170个清代"名宦"中，有168个是外省人。这些入桂官吏有不少后来都留居广西，如曾文英是江西庐陵人，民国《广西通志稿》说："康熙间以御寇功授郁林营守备，抚蛮有功，题升梧协都司，未莅任，旋委署融怀营参将，年老解组，慕化北流山水佳胜，遂居焉。"如此并非个别，据谢启昆《广西通志》卷88说，永淳县出现了"错处城乡者半宦游商籍之裔"的情况，据民国《广西通志稿》说永安州（今蒙山县）的流寓者"多诗书之族"。而民国《灵川县志》卷4说灵川县的汉族人"均客籍也……其始多由仕商来"。清代名宦苏元春、词坛名流王鹏运等，都是清初宦游广西而落籍者的后裔。

广西的汉族人，虽然总称汉族，但由于入桂的时代、祖籍及其原因和方言的不同，以及居住的地理环境不同，加上自称或他称之不同，致使广西汉族人的称谓复杂纷繁，就是在同一个县，亦存在这种情况，如贺州八步区的汉族，就有客家人、本地人、铺门人、九都人（又称拐人）、贺街人、八步人等称谓。

广西汉族人的称谓主要有：

以祖籍为称谓。因祖籍不同而称为粤人（或粤东人）、湖广人、湖南人、福建人、江西人、浙江人、河南人、贵州人、四川人、山西人等。

以原居地为称谓。因原居地不同而称为北方人、中原人、梧州人、宾阳人、六甲人（三江侗族自治县古宜镇的汉人）、四排人（崇左县和平乡宜村汉人）。此类称谓各地皆有，不胜枚举。

以土客所属为称谓。广西汉族人是从外省迁入的，故一般被泛称为"客"或"客人"。

以迁入时间的先后为称谓。因汉族入桂有时间的先后，元明以前入桂者称为"老汉人"，明清时入桂者称为"新汉人"。有的地方对先来者称为"土人"（如永福县东部的平话人），或"本地人"（如贺州、富川瑶族自治县的部分汉人），而对后来者则称为"新民人"（如散布在各地的客家人）、"来人"（如桂平县客家）；有的以迁入朝代称呼，如居住在武鸣城厢、马山、上林等地的称为横唐人（"横唐"为壮语"唐人"之意）。

以户籍为称谓。因宋元以前的广西土著民族不上户籍，汉族则为上户籍之民，故又被称为"民户""黎民""百姓""民人"等。

以职业为称谓。因职业之不同，入桂的汉族人有的擅长种菜，称为"菜园人"；有的善种甘蔗，称为"蔗园人"；有的善种田被称为"射耕人"；有的以捕鱼为业，被称为疍（旦）民、疍（旦）家；有的从军而来，被称为"军人""军"或"讲军"，如融江沿岸部分"百姓"汉人；有的为官而来被称为"官人"，等等。

以居住环境为称谓。有的住平原，被称为"平原人"，如恭城县莲花乡居于山间小平原的汉人；有的居高山，被称为"高山汉"，如乐业县幼平乡过心村、巴马羌墟乡乙墟村的汉人；有的则被称为"山湖广"，如东兰、凤山一带由湖广迁入而居高山上的汉人。

以方言为称谓。讲西南官话的称为"官（话）人"，讲湖南话的称为"湘人"；讲广东粤语的称为"白话人""广佬""广广"；讲客家话的称为"客家人""麻界人""挨子"；讲平话或近似平话的称为"平人""平话人""百姓人""伢人"；讲闽语的称为"福佬""六甲人"等。

清朝时期，特别是鸦片战争爆发后，大批破产农民、商贩和手工业者，纷纷迁入广西，其人数之多，分布之广，为历史空前未有，使广西的民族构成发生了重大变化。在广西东部、北部的梧州、浔州、桂林、平乐府等，因外来汉族及其他民族的大量涌进，分布在大小都会、城镇和平原上，并以经济、文化上的优势和政治上得到官府的支持，把壮、瑶等少数民族不断同化，其人口数量由原来的少数变成了多数，出现汉族占七而壮、瑶占三的人口比例。占三的壮、瑶等族多居住在自然条件较差的山区。而广西西南部和西部的南宁、太平、思明、思恩、镇安、泗城、庆远等府，虽也有大量汉族人移居，但多居住在交通要道的城镇之中，少数民族人口依然占绝大多数，依然是"汉少夷多"。广西中部的柳州府，南宁府东部和桂林府南部地区，城镇及交通要道地方为汉族分布之地，而城镇周围数里之外的广大地方则是壮、瑶等少数民族的广布之地，汉族和少数民族相互毗邻、错杂而居。人口大体上处于平衡。总之，清朝统治的270多年间，汉族等民族人口以各种形式大量涌入广西，并从东向西、从北向南、从平原向山区、从都会城镇涌向乡村，广西人口迅速增至近900万，从此改变了广西的民族构成比例，汉族开始成为广西人口占大多数的民族。汉族人的大量迁入，一是给广西带来了大批劳动力资源，而这些掌握先进文化、先进生产技术和商品经济观念较强的劳动力，为广西地区开发，包括荒地的开垦、扩大耕种面积、提高粮食产量增添了强劲的力量。二是迁居广西的各地汉族，带来了先进的生产工具和生产劳动技能，成为广西开发和多种经济作物种植的生力军。三是迁居广西的汉族人中有许多是善于经商的商贩，迁居广西后开设商铺，经销商品，为广西地区商业的开拓与发展，具有积极的引领和促进作用。广西各地城镇的贸易圩市，多数是汉族迁入广西后发展起来的。四是迁居广西地区的汉族人中，有许多是手工制造行业的能工巧匠，他们迁居广西后，建铺设坊，开展各项手工业生产加工，为促进广西地区手工业的发展，具有积极的引领推动作用。五是迁居广西的汉族人中，有许多是有造诣的文化人，他们迁居广西后，开办各类学校，教授学生，传授汉文化，为广西教育事业的发展，起到了开拓和推动作用。另外，从内地到广西任职的历朝各级官吏，采取各种措施，重视发展生产，发展文化教育，对广西社会经济和文化的发展，作出了重要贡献。因而，广西地区的开发和经济、文化的发展，凝聚着汉族和各民族人民的聪明才智和辛勤劳动。

第三节　广西经济的新发展

清朝时期，广西经过了历代数千年渐进式不断开发，社会经济已有了较大发展，无论是农业、手工业、商业和矿产开采业，还是水陆交通、水利灌溉设施建设等，都有了较大的发展。清朝建立并统一广西后，在前期开发取得成就的基础上，采取各种政策与措施，继续推进广西的全面开发。

一　鼓励开垦，减免赋税

从清朝顺治至乾隆的150多年间，针对因连年战争造成大量伤亡，民生凋零，经济萧条，土地荒芜，朝廷致力于经济的恢复和重建，下令各级官府招民开垦，鼓励垦荒，并实行免税和减税措施。这一措施在广西的推行，使耕地面积得以逐步恢复和扩大。到了顺治十七年（1660），广西各地新开垦的民田、屯田达 2250 余顷；雍正七年（1729）广西九府及郁林州垦田 860 顷；雍正十年至嘉庆四年（1732～1799）的 67 年间，广西桂林、柳州、庆远、思恩、平乐、梧州、浔州、南宁、太平、镇安十府和郁林州新垦土地 505 顷。此前因战乱而抛荒的土地基本得到恢复。顺治十六年（1659）广西全省耕地仅为 53938 顷（合 809 万亩），而至嘉庆四年（1799）耕地已达 100018 顷（合约 1500 万亩）。在 140 年间耕地增加 46080 顷（约 690 万亩），几乎增加一倍。在这新增的耕地中，有部分是清查出来的旧田数，而大部分属招民开垦出的田数。还有许多偏远地区农民开垦未能统计的应不在少数。可见清朝前期的 150 年间，清政府实行的招抚流民垦荒和免税、减税的政策措施，取得了显著效果，有效扩大了耕地面积。清代中期以后，由于西方列强的入侵，农民起义不断，社会动荡不安，广西地区又出现了弃耕丢荒的现象。至光绪二十二年（1896），官府又提倡招民垦荒。据桂抚史念祖奏报，各属开垦荒田为 14300 余亩。荒山荒地的大量开垦，特别是广东西部少数民族地区的开垦，需要大量的先进农具。如犁田、垅土用的铁犁、铁齿耙，耕山伐木用的铁锄、斧头、砍刀。这些农具，或由汉族地方源源带进，或由有这套技术的汉族人在当地设店铸造，出售给当地的各族农民。在清代，各种铁制农具的生产和销售，绝大部分由汉族人经营。如养利州（今属大新县）光绪年间的打铁、银匠、铸犁头等手工业，规模小，经营者都是外来的汉人。广西西北部思恩县（今环江毛南族自治县）农民用犁，其犁面、犁咀等铁质部分由湖南来的匠人制造。每年的九月份，从湖南武岗县来 10 多位铁匠，租当地农民的房子，收购当地旧犁头犁面回来重新打造，然后再卖给乡村农民。西部的南丹、天峨、西林一带，所用的农具多在市场上购买，或由贵州的汉族商人输入。

二 全面推广双季稻，增加粮食产量

清代，广西各地推广先进种植技术，种植双季稻。道光年（1821～

1850）初，福州人李彦章任思恩府知府时，利用水田作种植早稻和晚稻的实验，取得好收成。后来他写成一本《江南催耕课稻编》，讲的是种植双季稻的事。广西东南部各府州县普遍种植早晚双季稻，在西南部的下雷（今大新县境）也已种植双季稻。乾隆二十一年（1756），广东嘉应人肖余淳任梧州吏目，作《欢嫁》四首，其中第二首云："黄云漠漠满平畴，早稻迟禾取次收，炎海不须三白兆，丰年旱人室无忧。"北部的桂林、平乐、庆远、柳州北的州县则一年一熟。至清后期的光绪年间，平乐也已开始种双季，早稻于立夏插秧，夏至收获，晚稻于立秋后播种，立冬时收获。双季稻的推广种植，充分利用了地力，有效地提高了粮食产量。除了推广双季稻的种植外，还进行稻、麦、玉米、红薯等作物品种的引进、栽培、间种、套种技术，以及中耕、施肥技术都有了较大的进步，普遍增加了粮食收成。据《清史稿·食货二》记载："乾隆十三年，广西积谷二十万石"；到乾隆二十三年（1758），"广西贮谷一百八十二万石"。社仓之谷，"为数已属充盈"。剩余的谷米大量外运，其中主要是运往广东。据清嘉庆《广西通志》卷162记载：乾隆年间广西专设"备贮广东谷"，简称"备东谷"，以供应广东。乾隆二十四年（1759）广西有"备东谷"10万石。除了官方设"备东谷"供应广东外，民间商贩也将大量谷米运销广东。明末清初人屈大均《广东新语》中说："东粤少谷，恒资西粤，西粤之贵县尤多谷然。"灵山县"土广人稀，美田弥望，无分高下，皆有水泽沮洳之间，民务耕耘，尚畜牧，以牛之孳息为富，谷多不可胜，则以大车载至横州之平佛，而贾人买之，顺乌蛮滩水而下，以输广州"。当时位于浔江两岸的苍梧县的戎圩、桂平县的江口圩、平南县的大安圩等一批圩镇，成为广西重要的粮食集散地，大批稻谷从这些地方的西江河道，源源不断地运往广东。

清代时期，广西各级官吏，上至巡抚，下至知府、知州、县令，除了鼓励开垦，推广先进农业生产技术之外，还利用广西得天独厚的自然条件，推广种桑养蚕。光绪十五年（1889），马丕瑶任广西巡抚，大力提倡种桑养蚕，要求各府、州、县地方官认真办理，对办理成效显著者给予奖励。为扶植养蚕业，还请求朝廷减免所产蚕丝厘金税。为推广养蚕技术和宣传养蚕的好处，马巡抚还专写了一篇《广西劝民种桑歌》，收集有关植桑养蚕的书籍重新刊印，分送省内各府、州、县；同时在各地开办蚕业学堂，向老百姓晓以养蚕之利和种桑养蚕之法。当时省城桂林设有官蚕局，派候補知府羊复礼等人向广东、浙江购买桑秧十数万株，开官荒地栽种五六十亩。经此一榜样推动，广西各府州县蚕业蓬勃发展，桂西少数民族山区也不例外。桂西北山区的庆远府，推广最力，教民得法，卓有成效，所出绸线，质厚色光，最便民用，货精价廉，销往广东、湖北、云南、贵州各省。

三 矿产资源开发

广西的矿业随着清王朝矿业政策的逐步开放和外省汉族人的大量迁入而获得蓬勃发展。雍正八年（1730）前后，恩城土州朱砂矿、果化土州雄黄矿、永康州铅矿、河池州响水铜矿先后开采。乾隆四年（1739）广西产铜121362斤。乾隆十三年开采思恩县干峒山铅矿，供铸钱币之用。乾隆十四年，准招商开采上林县鸣凤、长岭、兰塘之金矿，河池州白面山银矿，果化土州宝西村雄黄矿，西隆州果果亭、铜仁、那贡朱砂矿，贺县百应山铜矿等。贺县年收的课铜就有2.2万斤。课铜占产量的百分之三十，折算产量约7万余斤。乾隆二十六年思恩所产白铅甚多，积存量达164万余斤，除供广西铸钱之用外，尚有一半供广东、湖北各省。据统计，自顺治至道光的二百年间，广西先后开的矿厂有127个，其中铜矿31个、铅矿29个、铁矿26个、金矿3个、银矿13个、银铜铅混合矿7个、锡矿8个、水银矿1个、煤矿2个、硝石矿3个、雄黄矿3个、硫黄矿1个。宣统元年（1909）广西采矿300余处，开采的矿种有铁、煤、锑、锡、铅、金、银、铜、晶石等，采矿公司有贵县宝兴公司（开采三岔山银矿）、振华公司（开采贵县平天山银矿，富州、贺县锡矿）、河池州庆云公司（开采南丹土州锡矿）、贺县开胰公司（开采养牛冲等处锡矿）、富贺官矿局（采宾州锡矿）等。宣统三年（1911）广西全省产煤达175000石，产铅砂37510石，锡砂3700石，锑砂7700石。

四 商业的新发展

随着大批汉族商贩进入广西，广西各地都有汉族商贩行商的足迹。先期进入广西的汉族商贩,主要分布在交通便利的桂东南地区,而后逐步向桂东北、桂中扩展,但多集中在府、州或县城开铺经商。到了清至民国年间,汉族商贩逐步深入交通不便的桂西地区,并且从县城向乡村拓展,许多地处交通要冲的乡村,都是由广东迁居的商贩所开辟而形成的圩集。资金稍厚实者,就修建房屋,开铺经商;而资金少者,则挑起货郎担,行走于乡村间,贩卖日用小商品。所以说,清代以来,广西各地的大小市镇和圩场,绝大多数行商者都是汉族商人,其中百分之九十以上来自广东、湖南,其次是江西、福建,再其次是山西和云、贵、川。商人们为了便于交流,促进团结,凝聚力量,广东商人在广西各地建有会馆。如在戎市,康熙五十三年(1714)就建有粤东会馆;桂平大湟江口是大圩市,粤商众多,于乾隆五十六年(1791)建有粤东会馆;地处右江上游的百色,左江上的龙州、宁明、下雷等圩市,亦建有粤东会馆。在桂江沿岸,柳江沿岸的大市场上,粤商建的会馆也不少,如平乐、阳朔、怀远等县都建有粤东会馆。湖南来的汉族商人主要集中在桂北各地的市镇上,少数分布在桂中和桂西,或与粤东商人相间在一起,也建有湖南会馆。这些外来的汉族商人在各地与各民族人民进行商业贸易,收购各地出产的农产品和各种土特产品,并为当地少数民族提供生产和生活日用品。汉族商人大举进入广西经商,极大地活跃了城乡贸易,推动了广西商品经济的发展,并且对少数民族聚居地区的深入开发和商品观念的培育具有重要的促进作用。特别是到了清朝光绪之后,汉族商人投入资金和技术,设立公司,开发民族地区的农业、林业、手工业和矿业,发展交通,把广西产品引向全国乃至国际市场。

第四节 桂系集团主政时期广西的开发与经济文化的发展

民国时期,广西先后属旧、新桂系集团所统治。由于广西自然资源丰富,区位优势明显,桂系统治集团抓住机遇,用心治理,努力发展农业、林业、矿产开发、道路交通和教育事业,特别是新桂系统治时期,广西出现了生机勃勃的发展景象,社会较为安定,各项建设取得了显著成就，被当时的美国《纽约时报》称为中国的模范省。这在当时中国内忧外患、军阀混战、社会动荡的年代里，广西的平稳发展便显得尤其突出且可贵。

一 旧桂系、新桂系的崛起与治桂政策

以陆荣廷为首领的旧桂系，是19世纪末中法战争后在广西左、右江地区聚合的散兵游勇，受清朝政府招抚以镇压会党而结成的武装，在辛亥革命时期广西独立时兴起，并在护国、护法战争中逐步发展形成的。

陆荣廷，出生于广西武缘（今武鸣）县垒雄村一个农民家庭。自幼丧父，流浪行乞，后至龙州，做过烟馆侍童、厅衙号役和船上帮工，青年时加入清军任过卫弁，后组织"三点会"，成为小首领，常出入中、越边境，以劫掠往来商贩维持生计。中法战争爆发后，率众加入清军唐景崧景字军"先锋营"，进入越南参加抗法斗争前线，名声渐起。1885年4月中法战争结束，清政府将抗法部队就地裁减。被裁减的士兵失去生计，遂持械上山，被称为"游勇"。他们和各地会党相结合，游动于广西及云南、贵州边境。陆荣廷率领的"土帮"会党游勇，主要活动于左、右江一带及中、越边界，常出入越南，打击法国侵略军，颇得民心。1892年8月，陆荣廷率众在越南那兰袭击法军，击毙法国多威大卫官兵23名，缴获一批洋枪，用以武装自己的队伍。因清朝政府受法国政府威胁，命广西提督苏元春剿灭陆荣廷会党游勇。但苏元春仅招抚而已。陆荣廷受招抚后，被编为清军建字营，任管带，后升至巡防营统领，所属谭浩明、韦荣昌、莫荣新等人充哨长。后来陈炳焜、黄培桂、林俊廷、申葆藩、曾少魁等先后投到陆荣廷麾下，逐渐结成了以陆荣廷为中心的军人小集团。1903～1904年，时任两广总督的岑春煊按朝廷旨意不用桂军，先后调邻省清军重点围剿右江地区壮、汉各族会党游勇起义，捕杀该地区起义首领游维翰于乐里，并提拔重用陆荣廷，令其以原来游勇首领的关系，招抚右江地区各路会党游勇。岑春煊奏报朝廷，准授陆荣廷为右江镇总兵。1905年春，陆荣廷回师左江镇压龙英、下雷、安平等地会党游勇。在岑春煊的扶持下，陆荣廷势力不断扩大，称雄于左、右江广西地区。清朝末年，因苏元春以"纵匪为患"被弹劾，一批旧官僚受牵连落马。

第九章 改土归流促开发

他们纷纷投奔陆荣廷麾下，如崔肇琳、李静诚、陈树勋、李开先、韦锦恩、苏绍章等，将重兵在握的陆荣廷拥为新主，他们也成为陆荣廷所倚重的谋士。各地方豪绅团董亦投靠陆荣廷。陆荣廷便成为封建旧势力在广西的代表，成为割据一方的封建军阀。1911年6月，清朝诏命原广西提督龙济光调任广东陆路提督，陆荣廷接任广西提督。陆荣廷从龙州移驻南宁。

1911年10月10日革命党人发动和领导的武昌起义一举成功，湖北、湖南、广东等省相继脱离清朝政府，宣布独立。11月7日，广西巡抚沈秉堃宣布广西独立，沈秉堃为广西军政府都督，王芝祥、陆荣廷为副都督。革命党人及倾向革命的新军利用广西各族人民的革命情绪和地方情绪，提出"广西省广西人之广西"①，"桂人治桂"的口号。陆荣廷顺势发出"我父兄子弟苦沉沦久矣"，"兹者以汉人办汉事，荣廷复以桂人办桂事"②之声与之呼应，给沈秉堃施加压力。在全国革命形势的影响下，11月9日，桂林巡防营旧军哗变，都督沈秉堃慌忙逃匿。南宁方面以太平思顺道李开先、龙州新军标统陈炳焜为首，致电省议院，推举陆荣廷为广西都督。广西军、商、绅、学各界也通电已独立的各省，拥护陆荣廷主桂。陆荣廷称"惟迫于大义，不敢固辞"③，表示同意接受广西都督职。1911年11月24日，陆荣廷通电各省，宣布就任广西都督职主。1912年2月8日，陆荣廷在桂林正式就任广西都督职，执掌广西的军、政、财、文大权，标志着以陆荣廷为首的旧桂系集团主政广西的开始。

以陆荣廷为首的旧桂系执掌广西军政大权之后，采取了一系列有利于广西社会安定的政治、经济措施，在政治和行政管理上，制定和颁布了《广西临时约法》《应行照办者十四条》《应行禁止者六条》《应行改革者十条》《新广西之官制》一系列具有民主色彩的地方行政法规。1912年2月25日颁布的《广西临时约法》规定，"凡本国人居住广西境内者，

---

① 耿毅：《辛亥革命时期的广西》，《辛亥革命在广西》（上集），广西人民出版社，2011，第198页。
② 梁廷栋：《梧城风鹤记略》，《辛亥革命在广西》（下集），广西人民出版社，2011，第130页。
③ 《陆荣廷南宁通电》，载《辛亥革命在广西》（下集），广西人民出版社，2011，第130页。

皆为广西人民""人民一律平等",而后将省会从桂林迁到南宁,以巩固广西统治为基础,形成南拒法越,北抗湘鄂,西窥滇黔,东望粤穗的格局。经济上施行"清赋"政策,旨在增加地方财政收入;发展交通建设,修筑铁路、公路;鼓励投资兴办农业、林业、工业、电业,兴办农林垦殖公司,鼓励商人投资办采矿业;准许建立民间商会,办护商队,实行矿产自由开采和免税出口;重视发展文化教育,兴办新学校,扩大招生,输送生员出国留学。在旧桂系主政的10年间,广西没有发生大的战争,社会较为安定,人民得以休养生息,发展生产,经济得以恢复并有所发展。与此同时,旧桂系集团曾一度占据并控制广东,使用从广东取得的资财补充广西财政。旧桂系集团凭据自己的实力,雄踞华南,是中国西南军阀一支举足轻重的力量,曾参加讨袁护国战争、援湘护法战争,帮助孙中山进行护法运动。当"二次革命"酝酿之时,孙中山派使者入桂,争取陆荣廷反袁世凯,但由于旧桂系为了维护自身的利益,消除袁世凯对旧桂系的疑忌,从而排挤孙中山,屠杀革命党人,破坏孙中山发起的"二次革命"。1920年,陆荣廷欲消灭孙中山指挥的粤军,孙中山调动粤、湘、滇、黔数省军队进攻广西,大败陆荣廷军,陆荣廷被迫宣布下野。不久又爆发第二次粤桂战争,粤军攻入广西,摧毁了旧桂系政权。1924年初,盘踞于桂南的李宗仁趁机发兵攻打陆荣廷,将陆荣廷的势力消灭,进而打败势力强大的沈殿英自治军,将入桂的滇军驱逐出境,完成了对广西的统一,开始了以李宗仁为首的新桂系军事集团主政广西的时期。

  新桂系主政广西后,采取了一系列革新政治、振兴经济、开发资源、扶植农桑、奖励垦种、兴办工业、发展交通、发展教育的措施。1932年,制订并公布《广西省施政方针及进行计划》,其目的在于"统一政令,澄清政纪,严整行政系统,安定社会秩序,恢复社会生产,重振地方教育,藉以排除障祷,奠定建设基础"。1934年,制定《广西建设纲领》(草案)。同年3月,广西省党政军首脑举行了联席会议,对"草案"作了审定,并于1935年8月修订后予以公布实施。《广西建设纲领》实为新桂系施政之"根本大法"。该纲领以"提高民族意识,消灭阶级斗争,为一切教育、思想、艺术、道德、法律、风俗之最高原则,实施适应政治、经济、军事需要的教育"(简称"四大建设")为宗旨,以"建设广西,复兴中国"为最终目标,通过"发展国家资本,节制私人资本"的办法,振兴工业,工业农业相互促进,以达到工业化的目的。创造性地施行"三自三寓"(即自卫、自治、自给,寓兵于团、寓将于学、寓征于募)政策,为新桂系政治建设增添了活力和强有力的保障。在全省开展较大规模的经济、文化建设,兴办工厂,放领荒地,兴修水利,修建公路、铁路、机场,发展交通,发展邮电通讯,特别重视发展教育,每村建立一所国民基础学校,每乡建立一所中心国民基础学校,各县兴办中学,开办广西高等教育,引进全国著名专家教授到广西参加经济、文化建设。在新桂系主政广西的20多年间,各项建设事业有了较大发展,取得了举世瞩目的成就,受到了国内外的赞誉。当时美国《纽约时报》远东特约记者亚奔特、皮林汉丁前来中国考察,于1936年将考察见闻著成《中国的命运》一书,其中专门设有一章称赞中国的模范省——广西。德国驻粤总领事阿登伯博士亲临广西考察商务时说:"由梧(州)到邕(州)沿途所见,觉广西秩序甚佳,各项建设已取得显著进步。"美国传教士艾迪博士考察广西见闻后感叹:"中国各省之中,只有广西一省可称为近乎模范省。凡爱国而具有国家的眼光的中国人,必然感觉广西是他们的光荣。"国际远东调查团团长李顿赞道:"假如中国有两省这样干下去,日本就不敢侵略满洲了。"[①]

二 农业、林业的新发展

广西经济历来以农业为本。辛亥革命后的旧桂系统治时期,由于社会长期动乱不已,农林建设成就甚微。在平原的农村,壮族农民在小块土地上粗放耕种,收获量甚低。水利建设亦无建树,沿用老方法于江河上简修堤坝,或架设水筒车,或架水枧,引水灌田。在山区,烧山开垦,广种薄收,仍处于原始粗放的状态中。1911年,谭浩明曾在他的家乡龙州,号召民众掘井寻找水源,但无大成效。1915年,旧桂系在南宁北面大小高峰一带开辟林场,种植八角、油桐。1919年,旧桂系引进美国棉种,提倡全省种棉,编印种植方法资料进行宣传,并以此作为县知事的

---

① 转引自史桂《广西——民国时的模范省》,《农家之友》2010年第8期。

考绩之一，次年又在南宁举行棉业展览会，认为在广西以种植美国棉为最适宜。

1925年新桂系登上广西政治舞台，特别是在它第二次统一广西后，提出了"建设广西，复兴中国"的口号，并制定《广西建设纲领》，成立"广西建设研究会"，确定其"经济建设之指导原则为民生主义"，"革新旧农业，振兴工业，使农工业互相促进，以达到工业化为目的"。[①] 1929年，成立广西农务局，开办柳江、田南、南宁、镇南林垦区。1931年以后，新桂系的统治处于相对稳定时期，开始进行农林业建设。在这期间，先后成立了柳江农林试验场，柳州、庆远造林事务所，南宁农林试验场，并在南宁、龙州、百色等地开办林场。后又将柳江农林试验场改为广西农林试验场，并在桂平设水稻试验分场，在贵县设立糖蔗试验分场，在邕宁设立棉业试验分场。在南宁林垦区，增设西乡塘林场。随后又将广西农务局改为广西农林局，开办柳州、南宁、桂平等农场和茅桥、槎路、龙州、百色、宜山、雒容、桂林等林场，又在南宁、梧州、柳州、桂林、平乐、龙州、百色、天保等地开设农林示范场。1936年，在桂平与广东合办两广鱼类繁殖场，成立土壤、昆虫、家畜保育研究所和柑橘苗圃，注重蔗、棉、麻及珍贵林木、八角、油桐等的试验和推广，并大力组织移民垦荒，于柳州与柳城之间设立广西农村建设试办区，以"无地之人"移入"无人之地"，由省政府派委员主持，组织4.4万余人以雇工方式经营，推行科学种植方法，改良品种和生产技术，利用新式机械进行耕作。在此期间，各级政府鼓励私人集资开办垦殖公司，招收失去土地的农民为其雇用，以"建设新农村"。在广大农村，以建"公仓"，设"公店"，办农民"借贷处"等办法，企图把破产农民置于层层组织控制之下进行生产；或在"匪患"之区设立垦殖区，即所谓"改造旧农村"。这种"建设"和"改造"，充其量亦不过是农村技术改造而已，并没有改变农村的封建土地关系。由于封建的土地占有关系没有改变，广大壮族农民依然处在无土地、少土地、受剥削的地

---

① 广西壮族自治区政协文史资料委员会：《新桂系纪实》（下册），广西壮族自治区新闻出版局，1990，第350~351页。

位。如"龙州一带佃家除纳租外,且有兼负担田赋者","地主坐享其成,反无赋税之负担,农民除纳税外,又须完粮,终岁勤劳,纯为他人作嫁"。①

新桂系在广西各地的农、林业建设方面虽有一些建树,但是由于其封建土地所有制没有改变,统治严酷,致力于"戡乱",层层盘剥,使农民缺乏生产积极性,生产水平仍很低下。据1934年《广西年鉴》记载,全省水田年平均亩产只有126公斤,全省年输出的茼油只有315吨。农林的开发程度低,范围小,全省有山地1.9亿亩,而有林者仅4800多万亩,其余皆是"濯濯童山"。

当时尚属广东的钦、廉和今广东连山壮族小聚居区,农林建设几无成就可言。1933年,广东当局推行《广东三年施政计划》,钦、廉地区虽被纳入"经济发展中心",但数年间仅推广一些爪哇蔗种而已。农民贷款买蔗种,又必以不动产作抵押或须"六人连保",地主豪绅因此乘机放贷勒索农民,成为骑在农民头上的"蔗棍"。片面发展蔗糖业,粮食缺乏,使农业萎缩。

1943年,广西省当局公布《广西推行各县乡小型农田水利实施办法》,各地开始兴修一些小型水利工程,如武鸣双桥的孔镇水坝,甘圩的定黎山塘等。修水利以"增产粮食棉麻,充实军民衣食,开发本省资源,奠定工业基础"。1948年1月,广西大型水利工程永福金鸡河灌溉工程竣工,可灌溉农田3.31万亩。

三 工矿业的新发展

在桂系集团统治时期,广西各地的工业仍十分落后。所谓工业,实际上大部分是家庭手工业,机器工业只占极少数,或者说处于起步阶段。由于农业是封建地主占有制下的农业(有部分地方尚属封建领主制),广大农村自耕农占主要地位,自给自足,手工业大多数仍然是农业的附庸,真正从农业中分离出来成为独立手工业者的,为数不多。

一般城乡的手工业,有造纸、榨油、制糖、纺织、瓷器制造等。造

---

① 千家驹等:《广西经济概况》,商务印书馆,1934,第2页。

纸业采用传统工艺,以制造砂纸、书画纸较为著名。民国初,都安、隆山、那马等地,有的人家只有造纸槽口一两个。在高岭、贡川、六也一带,壮族多从事造纸,计有造纸槽口1000~2000个,颇具规模。都安"贡川"纸,以野生沙树皮为原料,纸质洁白柔软有韧性,吸水性强,是制作字画的优质纸。其他如"安定""加言"纸,也很有名。马山的"金钗""白山"纸,也很畅销。1921年,广西年产纸约5万担,远销粤、港及南洋,以作字画、纸伞、裱糊、包装之用。都安的书画纸,以其质量优良而名扬海内外。榨油业有榨花生油和榨桐油两种。花生油榨坊以邕宁、柳州地区的壮族村镇为多。1927年前后,广西年产花生油约1.5万担。桐油榨坊主要在桂西山区,20世纪30年代,广西年产桐油约5万担,为出口之大宗。新桂系统治时期,广西山区大种油桐,甚至以桐花为省花。八角油多产于左、右江流域,为广西特产。蒸制八角油在壮族农村很普遍,产品远销国外。广西柳州、邕宁、贵县等适种甘蔗,故民间榨糖业至为隆盛。其木制榨具以畜力为动力,以铁锅土灶熬制,方法简陋,产品以黄糖(土糖)为主,白糖次之。据《广西年鉴》记载,20世纪30年代全省年产蔗糖约42万担,出口约4万担。广西各地的手工纺织业很普遍。邕宁一带的土纺织较为集中,有土制纺织机2000余架,生产花格子布、毛巾等,并多已脱离农业而成为独立的手工业。左、右江"侬人"地区以苎麻为原料所织染的土布"侬人青",织工精细,经九染九洗,色泽光亮。靖西、天保、忻城等地的织锦业,已有数百年历史,至民国时依然发达。锦的图案精美灿烂,为一方名产。瓷器制造业以宾阳、横县为著名,除生产一般碗碟杯匙外,还制作儿童玩具。此外,武鸣、宾阳农村扩篾编织的角帽、黄帽,手工精致,涂以桐油,闪亮美观,为人们所喜爱。

  机器工业方面。在桂系集团统治时期的广西各地,民营工厂多分布于南宁、柳州、百色市镇,有碾米、面粉、切烟、印刷、织造、锯木、机械修理等厂。桂平、融县、雒容等县有碾米厂,田阳县那坡有切烟厂,总共20~30家,资本约100万银圆,工人共约1000人。民营工厂一般规模较小,技术落后,盈利不多。官营工厂集中在南宁、柳州等城市,规模较大,有一定的技术装备。如广西印刷厂,1911年从桂林迁到南宁,有工人500余名，机器设备及流动资本总额为20万银圆，日印书6万册，年产值30万银圆。1926年开办南宁制革厂，1928年开办广西酒精厂、柳州机械厂、两广硫酸厂，1933年后，又建南宁水厂、南宁染织厂、南宁骨粉厂、广西糖厂（贵县）、广西瓷器厂（宾阳）。1934年，广西省当局将电业收归官办，在广西各地先后开办了南宁、贵县、龙州、柳州等几家小型电厂。各厂投资少者10多万银圆，多者100万银圆。这些在广西各地的官办工厂，大部分为新桂系的军事服务。工厂工人每天工作10小时以上，除上班以外，还要接受军事训练。工人月工资只有12银圆左右。1941年，广西省政府当局成立广西企业公司，将以上所有官营工厂及后来开办的矿山一律拨归该公司接收经营。官办工厂设备、原料等须向外国求购，生产技术落后，产品成本很高，国家对外关税又不能自主，故终不能抵挡舶来廉价商品的冲击。至于民营工业，内受官僚资本，外受"洋货"的双重挤压，倍感生存艰辛。

矿产业。广西民间采矿有悠久历史。到旧桂系统治时期，对民间采矿制定条例加以管理。凡开矿者，须向政府领取开采执照，缴纳采矿税。1926年，新桂系主政广西后，将矿业行政纳入建设厅主管范围内。1934年，鉴于矿产业的发展，成立广西矿务局，确定开发矿产为"发展广西经济之图要"。笠年，矿务局与省政府合署办公，下设平桂办事处，驻钟山县西湾；百柳区办事处，驻南丹大厂；天龙区办事处，驻田阳。主要开采锡、金、锰、钨、锑、煤等矿。各地成立矿业公司，多为民营，以锡矿开采为大宗。据1934年统计，全省有锡矿商营公司16个，领矿场27个，主要集中在南丹、河池两地，钟山、贺州也有开采。全省年产锡矿石约1000吨，炼成纯锡后销往香港，每吨获利1947银圆。其次为锰矿，有公司18个，领矿场27个，主要分布在武宣、桂平、宜山、迁江、来宾、马平、横县、邕宁等，年产量1万余吨，每吨获纯利1600银圆。再次为金矿，有公司11个，领矿场35个。主要集中在武鸣、上林、田阳等地。上林采金已有一千多年历史，唐代诗人刘禹锡有"日照澄洲江雾开，淘金女伴满江隈"之句。至20世纪30~40年代，有8家黄金公司在那里开采。田阳金矿由公司包给当地村民开采，年产金约4000两，值50余万银圆，公司和承包者对半分成。煤也是开采的主要矿产，其中合山煤矿为官营，日产煤约 30 吨；柳城、罗城、田阳、邕宁等地县亦开采煤矿，为民营。此外，宾阳等县的钨矿，田阳、天保、镇结、横县、河池等县的锑矿，都有开采，也有一定的产值。各地矿产无论是官办还是民间开采，乱挖乱采，技术落后，"东西割裂，五马分尸"，泥土堆积如山，"欲恢复农田，以植五谷，亦不可得"。[①] 1937 年抗日战争爆发后，新桂系公布实施《兵工开矿暂行办法》，命令第七军、第四十八军开赴各矿区"承包"矿场工程，实行兵工开矿。南丹、上林、宾阳、贵县、天保、靖西等主要矿区全由军队把持，矿产业被纳入军事轨道。

四 商业的新发展

旧桂系集团统治时期，广西各地由于农业、工业还很不发达，自然经济仍占主导地位。加上战乱频仍，政治更迭多变，商业贸易虽已形成一些中心，但仍以农村圩市交易为主。新桂系再次统一广西后至 1933 年，广西省政府成立工商局，商业才有了比较稳定的发展。南宁、柳州、百色、龙州等城市和各县县城，成为广西各地的中心市场。工商局主要管理平码（经纪）行、花纱行、牲口行、特货行和外商行。这些商行中的商号、店铺，有官营，也有民营。平码行以较雄厚的资本，调节和融通市场的商品流通渠道，专门代理客户买卖货物，收垫货款，从中向买卖双向索取酬金。在广西各地的城镇，这种经纪交易的货物主要有谷米、豆类、桐油、花生油、茴油、八角、云耳、麻等。花纱行主要经营进口货物，通过与金融行业及进出口行商取得联系，凭自己的资本，输入棉布、棉纱转卖给商户，一般是过 1~2 个月后再结账，从中牟利。抗战前数年间，广西年输入棉纱值国币 1000 万元左右。这些纱布销售于广西各地，其中的 30% 左右转销到云、贵两省。牲口行主要经营畜禽出口业务。商家以自己的资本，托中介人到各地收购牛、猪、鸡、鸭、鹅等，然后通过贵县、桂平、梧州等大市场转运粤、港发售，年经营额以国币算约 900 万元。特货行主要经营烟土（鸦片）、药材及其他土特产品，年营业额达国币 2000 万元以上。特货主要来源于桂西，云、贵东部少数民族地

---

① 广西区文史资料委员会：《广西文史资料选辑——桂系大事记》，1993，第 287 页。

区。云、贵两省客商以本省特货经广西换取棉布、棉纱、日用品等，故左、右江沿岸的特货市场十分活跃，官、商、民参与特货交易者很多，广西当局设禁烟局掩人耳目，虽公开对过境烟土实行罚款，名曰"杜绝私贩"，而官员自己却暗中贩运烟土，牟取暴利。外商行主要是资本雄厚的美孚、亚细亚、德士古等煤油公司。煤油进口及销量很大，占据城乡市场。后来桂系曾以土制煤油推入市场与之抗衡，但终不能动摇外商商业地位。

广西的对外贸易，主要通过梧州、南宁、龙州三个海关。输出的主要货物是谷米、植物油、牲畜、矿产及其他农产品，输入的主要是棉纱、棉布、食盐、煤油等工业品。据1932年统计，出口值19882758元，进口值38764661元，入超近1倍。

南宁是左江和右江船舶运输货物的集散地，也是广西与云贵两省交易的重要市场。20世纪30年代初有杂货店160家，洋货店109家。柳州是桂西北地区货物集散中心，比南宁繁荣，也是木材大市场，木材店有50多家，杂货洋货店为数不少于南宁，百色临右江上游，是广西与云、贵两省贸易的转运中枢，有杂货店43家，洋货店35家，缸瓦店8家。龙州地处左江上游的桂越边境，成为桂越边界的商业重镇，有杂货店107家，洋货店27家，苏杭匹头店20家。这些中心城市，是广西各地贸易的中心。此外，新桂系集团统治时期，广西各地先后形成了许多农村圩镇，沟通了城乡货物流通。较繁盛的圩市，有贵县、荔浦等县的县城，武鸣县的双桥圩等，20世纪30年代农村圩市贸易额在300万～1000万银圆之间。云、贵、粤等省与桂境内各族人民商业往来亦非常频繁。在中、越边界，与越南人民相互过境赶圩者也很多。1937年抗日战争爆发后，由于连年的战乱，广西各地的广大农民纷纷破产，农民购买力减弱，商业在战乱和日寇的破坏下日渐萎缩。

五 交通的新发展

辛亥革命后，旧桂系统治时已开始修筑公路，但仍以水运为主。新桂系自1925年上台到1949年，广西的公路、铁路、水运、航空、邮电等建设都有一定成就，广西各地的交通状况也为之改观。

（一）公路建设

早在清光绪十一年（1885），广西提督苏元春为了边防建设的需要，修筑了从龙州到镇南关的公路，全长 55 千米，这是广西最早修建的公路。旧桂系陆荣廷执政后，于 1915 年修筑从南宁到武鸣的公路，全长 42 千米，1919 年建成通车。接着谭浩明为自己家乡的方便，修筑从龙州至水口关的公路，全长 33 千米。这三条公路的建成通车，标志着广西现代交通的开始。

1925 年，新桂系李宗仁、白崇禧、黄绍竑上台，即拟定广西《全省修筑公路网规划》，开始了修筑公路干线的计划，至 1928 年的 3 年间，修筑了贯通南宁、柳州、桂林的公路干线。广西西北部的河池，东北部的贺县、钟山，东南部的钦州、廉州等地也修了公路。公路干线建设进展迅速，总长 1998 千米。1931 年，新桂系重新统一广西，仍然重视公路建设，至 1941 年，全广西又新修公路 1962 千米，修理整治 1500 千米。邕柳、柳桂、邕武、邕龙、柳池等公路线都得到整治。从田东至南丹车河，从田东至桂、越边界，从百色至西隆的八渡等公路也已修筑。至 1941 年，广西公路全长已达 4000 千米，县大道 7000 多千米，有各种汽车 3000～4000 辆。桂西山区也有了多条公路，并与全省各地相连接，对社会的发展进步起了重要作用。

（二）铁路建设

旧桂系统治时期，广西各地尚无铁路。清末法国修筑从越南同登至广西龙州的铁路，实际上并未修成通车。抗日战争前，新桂系为了运煤需要，兴修了从合山至大湾的铁路，实际上只完成从合山至来宾的窄轨路 70 千米。1937 年，开始修筑从湖南衡阳至镇南关的湘桂铁路，至 1939 年 11 月，只修通从全州至柳州共 327 千米的路段，其余因战争而中断。柳州至贵阳的黔桂铁路，也在这段时间内开工兴修。1940 年修成柳州至六甲段 180 千米，1941 年修筑六甲至贵阳段，1942 年底基本通车。湘桂、黔桂铁路从北到南、从中至西贯穿广西，是交通的动脉，对沟通广西与全国的经济文化交流具有巨大作用。

（三）水路交通

清朝光绪后期，梧州至南宁，南宁至龙州，已有小机船航行。旧桂系统治时，公路很少，铁路未修，交通运输主要依赖于水道。新桂系统治广西后，亦注意水道运输，成立治河机构，修整河道。1927年设立航政局，1933年又设航务局，1937年改为广西航务管理局，以加强河道航运管理。在广西各地，主要有3条航道：从梧州沿江至桂林的梧桂线，中间经过平乐、荔浦、阳朔等地；从梧州沿浔江、郁江至南宁的梧邕线，中间经桂平、贵县、永淳、横县、邕宁等地，并从南宁沿左江而达龙州，沿右江可达百色。这些河道可通载重量数百吨的机动船。抗日战争爆发前航运的船只约200艘，民间木船、帆船约万艘。广西各地进出口货物，大部分是通过水运的。

（四）航空建设

新桂系治广西后，于1933年开始航空建设。两广西南航空公司由广东和广西官民合资开办，航线主要有广州—梧州—南宁—龙州；南宁—柳州—鹿寨—独山—贵阳。在柳州、南宁、百色、龙州、融县、都安等广西各地都曾建有机场。其中以桂林秧塘机场、柳州机场和邕宁机场，对广西航空建设的发展以及抗日战争中发挥的作用最大。

桂林秧塘机场：位于临桂县县城西面约3千米处的庙头、四塘乡境内，民国22年（1933）开始修建，当年即完成。机场建有西南——东北向跑道一条及停机坪、机窝、电站油库、指挥台、营房等设施。1939~1941年，省政府组织力量对秧塘机场进行了三次较大规模的扩修，机场长2000米，宽50米，占地100公顷，泥碎石道面。1942年，机场有不定期航班起降。同年6月，为了抗战的需要，临桂县组成6000多民工的抢修队，以应付日军空袭、机场遭受破坏后及时抢修，以保证飞机的正常起降。1944年10月日军占领桂林前，国民党用重型炸弹炸毁了机场建筑及跑道。日军占领后，抓夫万余修复机场。1949年新中国成立前夕，国民党军队败退时，又把机场炸毁。

邕宁机场：民国18年（1929）4月由新桂系主持修建。机场位于今南宁市七星路南星湖电影院及织带厂一带。初建成时规模较小，仅有简易的飞行场地，供小型飞机起降。1939年11月，日军占领南宁后，为了军事运输的需要，对机场进行扩建，推平附近两个村庄，扩大机场范围；在机场修筑了一条6千米长的浪堤，以防洪水浸淹；建成长1300米、宽

36米、厚0.15米的跑道，以供中型飞机起降。民国29年（1940）10月日军退出南宁，国民党空军进驻邕宁机场，开始修建房屋等设施。民国33年11月，日军再次入侵广西，南宁第二次沦陷前，国民党驻场空军撤走并将机场建筑物烧毁。民国34年5月南宁收复后，国民党空军再次进驻，修复扩建机场，重建房屋，并将原砖石跑道改为滑行道，增建1条长1545米、宽45米、厚25厘米东西向泥碎石结构新跑道。同年，广西省政府为了军用物资运送的需要，征调大批民工续建邕宁机场，建成跑道1条，长1520米；改造长100米、宽36米的石板和大砖滑行道作停机坪，可供C-46、C-47等型飞机起降。至1949年，邕宁机场占地30多公顷。1949年12月4日，国民党最后几架飞机起飞后，以机关枪扫射油库油桶，大部分房屋烧毁，机场成为废墟。

柳州机场：位于柳州市西南面的帽合山下。机场始建于民国18年（1929），计有飞机跑道、指挥塔、油库、营房等设施。在抗日战争期间，机场是我国空军部队、苏联志愿航空队、美国飞虎队的空军基地，为攻击轰炸日军和日本本土提供前沿保障，为抗击日本侵略者作出了贡献。1944年11月柳州被日军占领。1945年日军撤退时，炸毁机场跑道，烧毁机场设施。

（五）邮电业的发展

广西之有邮电，始于1880年的中法战争期间。那时，边疆前线重地南宁、龙州设有电报局。1930年后，广西邮电管理局所辖邮电所多达51个。柳州、百色、龙州、宜山、贵县、靖西、横县、武鸣、隆安、宁明、思乐、镇边、鹿寨、都安、天保、田州、万岗、东兰等地都已设有邮电所，有电报机近百部。线路长从1931年的4780千米增加到1941年的7600多千米，广西各县城基本上都通电话。

旧、新桂系统治时期重视交通与邮电业建设，主要是为军事服务，但对经济文化的进步和发展也起了巨大的促进作用。

六 财政金融的发展

辛亥革命后，在旧桂系统治下，财政极为混乱。由于他们忙于争权争地而连年打仗，故财政开支连年增加。广西地瘠民贫，清朝时要靠协

第九章 改土归流促开发

饷维持军政开支。各省宣布独立后，协饷断绝，遂陷于困境，财政上有预算而从无决算。至1917年，广西年财政收入约420余万元，支出却达到550多万元。1924年旧桂系行将溃亡，预算收入不足500万元，但支出却高达860多万元，赤字达360多万元。在各项支出中军费占一半以上。旧桂系为支持打仗和巩固其统治地位，在解决财政困难问题上采取了几条重大措施：一是占据广东富裕之区，不仅为了扩张地盘，而且为取得财政丰厚来源；二是开征赌税、烟税；三是开展清丈土地，增加田赋；四是设立银行，发行钞票。以丈田清赋而言，1911年广西田赋约74万两，1917年丈田清赋后，田赋征收达250多万元（1两=2元），较原来增加50%以上。有些广西地区，如龙州、宁明、凤山、大新、天等、宜北、南丹等县，清赋后田赋增加3倍多。在正赋之外，还有附加税，规定按收获每百斤谷加收毫银1角，是"假清赋之名，厉行加赋"之实。①

新桂系统治广西后，为了巩固统治和争霸全国，曾制订经济建设计划，发展经济以增加财政收入。同时改革税制，规定全广西的税务由财政厅统一办理，废除包商制，减少中间盘剥，并将原来的征税机关减少一半，出入口税一次征收完，货即可通行全省，这无疑是有利于经济发展的。新桂系也沿袭旧桂系的一些做法，如开办专营鸦片的"两粤公司"，专门征收鸦片特种税，并开征赌税。鸦片烟税占其财政收入的大半，而年赌税也有200余万元，这是财政收入的一笔大数。其他工商税名目繁多，有国税、省税、县税、乡税等。1934年，国税12项，省税25项，县级各种附加税竟多达200余种，仅田赋附加税就有18种之多，比正赋多1倍以上。"广西的税赋，不但是繁重，而且是非常苛细"。② 如"教育粮赋附加""团款粮赋附加""公路附加""屠捐""水碾牌照捐""粮油榨牌照捐""建政附加捐""生牛捐""牛皮捐""烟酒公卖附加捐""各圩赌台附加捐""契税附加捐"等不下数十种。不同时期有不同的名目，如抗日战争胜利后的"富力捐""饷捐"等便是。1947年，新

---

① （民国）《思恩县志》第三编《政治》。
② 行政院农村复兴委员会：《广西省农村调查》，商务印书馆，1935，第259页。

桂系为支持和扩大内战，制定和通过了《广西紧急保安费征借办法》，规定农村年有租谷500担以上者，须借征5%~20%，城镇有铺店出租者，征借租金1个月，并向全省工商业者征借数百万元，层层摊派。工商业者、手工业者、农民在沉重税捐之下叫苦连天。壮民中称"税"为"洗"（壮语"税""洗"同音），咒骂国民党"洗"（搜刮）多，反映人民负担之重和旧桂系、新桂系财政之本质。

金融业。清末，广西城镇多有"钱庄"，或官办，或民办，亦建有造币厂，从事金融活动。旧桂系统治广西后，将钱庄、钱号转设广西银行。为了支持财政，旧桂系在其统治的10多年间，共发行纸币约2700万余元，银行成为旧桂系的金库。银行不是支持建设，而是通过发行纸币，搜刮民财，以支持其军事的巨额开支。旧桂系倒台后，所发行的纸币成为废纸，广大百姓遭殃。

1932年，新桂系重新统一广西后，在旧广西银行的基础上，重新筹集资金1000万银圆，组建新的广西银行，政府持股占51%，民间商股占49%。在广西各地，广西银行南宁汇兑所辖百色、宾阳、都安办事所；广西银行柳州汇兑所辖长安、庆远、鹿寨办事所；广西银行龙州汇兑所辖靖西、驮卢办事所；贵县办事所属玉林汇兑所。广西银行所发行的纸币，开始尚有信用，但随着战乱频仍，通货膨胀，物价腾升，信用丧失殆尽。另外，在广西各地的城镇还有私营的银号，即"钱庄"。"钱庄"主要经营储蓄、信用、汇兑和找换业务。如南宁有裕利银号等30多家，百色有3家，每家资本从数千元到10万元不等。为调剂农村金融以"扶持农业"，广西银行还在各地办事所附设农村放款部，放款代理人到农村通过保人或抵押手续向农民放款。但因贫苦农民很难找到保人，亦无财物可作抵押，故农民借者寥寥。而地主、富家借得贷款后，转而以高利贷的方式借给贫民，从中渔利。

1940年3月，成立广西合作金库，管理农村信用合作业务。市场所流通的货币有硬币和纸币两种。硬币如龙洋、中山洋、袁头洋、港洋、法光、龙毫、民毫、旧东毫、中山毫、广毫等，前清的铜元亦可流通。纸币有国币、桂钞、港纸、法纸和各种"券"等。左、右江一带接近越南的田南、镇南地区，多用法光、法纸。硬币种类多，含银成色不一，故信用不一。加上滥发纸币，政局多变，挤兑风潮屡屡出现。1948 年 4 月，柳州地区米价涨到每 100 斤 240 万元，人们以"金圆券"糊纸扇，币券几乎等于废纸，遭殃的是各族人民。

综观民国时期广西各地的经济建设，尚属商品经济的起步阶段。南宁、柳州、百色、龙州等城镇，其发展水平与玉林、梧州等桂东地区相差不远。但由于历史的原因和交通等条件的限制，边远山区则显得很落后，发展很不平衡。

七　教育的新发展

民国时期，在"桂人治桂""建设广西，复兴中国"理念的主导下，为了适应广西各项建设的发展及各类人才的需要，广西当局重视学校建设和人才的培养，促进了广西教育事业的发展。旧桂系主政广西后，在积极发展经济建设的同时，重视发展文化教育。1912 年，设立教育司，负责全省的教育管理，按照新的学制，在各地开办了许多新式学校，把前期的学堂改为学校，对小学的学制和教学内容进行改革，发展中等师范和中等职业技术学校，创立新型的高等学校。据 1915 年统计，广西创办男子师范学校 2 所，在校学生 331 人，这是广西创办师范学校之始；中学 23 所；在校学生 3167 人；初等小学 1622 所，在校学生 59762 人；高等小学 370 所；甲等实业学校 2 所（农校、工校各 1 所）。标志着广西教育事业有了新的发展。

1925 年，以李宗仁、白崇禧为首的新桂系执政后，为了培养各类建设人才，采取了一系列改革和发展教育的措施。同年 8 月，成立了广西教育厅，负责全省的教育管理与发展规划。1924 年和 1928 年，先后两次召开全省教育会议，讨论和部署全省的教育工作，提出改进教育的行政、学制、经费等方案，公布发展中小学、师范、职业教育的议案；委任著名教育家雷沛鸿先生为教育厅厅长。从 1931 年起，广西以县为单位划定学区，推行适龄儿童小学四年制的义务教育和成年人教育。1933 年全省第一次行政会议通过《广西教育改进方案》，提出了学校教育与社会教育为一体的"政""教""术"合一的实施方案。1934 年修正《广西普及国民基础教育六年计划》，1935 年发布《广西国民基础学校办理通则》，

1936年发布《广西各县实施强迫教育办法》，全省出现了设校办学的高潮。

（一）普及国民基础教育

1933年（民国22年）9月13日，根据广西省教育厅长雷沛鸿的提议，广西省政府决定开展国民基础教育运动，颁布了《广西普及国民基础教育五年计划大纲》（不久改为六年计划大纲），以教育大众化为目的的广西普及国民基础教育运动拉开了序幕。广西省政府在开展普及国民基础教育运动中，强调以政治的力量为主，以经济和社会的力量为辅，用行政的力量推行国民基础教育，规定每村（街）设立一所国民基础学校，每乡（镇）设立一所中心国民基础学校，由乡（镇）村（街）长分别兼任校长。所有适龄男女儿童和16岁以上45岁以下的失学男女成人，一律强迫入学。这是民国时期影响最大的普及基础教育运动，同时也是至今广西影响最大的普及基础教育运动。经过6年的努力，声势浩大的国民基础教育运动取得了显著成绩。据统计，1933年，全省只有12640个村街办有初级小学（不含乡镇办的高级小学），占行政村街总数49.6%。1940年，全省共有2339个乡镇，其中2273个乡镇设有中心国民基础学校，占97%；全省有23958个行政村街，其中19298个村街设有国民学校，占81%，全省形成了兴办教育的风尚。这些措施，开创了中国几个第一：（1）第一个强制普及小学义务教育、并将小学义务教育普及到村一级的省份；（2）第一个把不分男女性别的义务教育列入法规并作为乡村官员考核指标的省份；（3）第一个把军训列入中小学及大学教育课程的省份；（4）第一个普及全民军事教育的省份；（5）中国第一个普及文化运动的省份。

（二）创办大学

在学校建设体系中，大学处于教育体系的高端，是人才培养的摇篮。新桂系主政广西后，力图建立国民基础教育和国民小学、中学、大学的教育体系。先后创办了广西大学、南宁师范学院、广西省立西江学院、在大学创办建设中成就斐然。

1. 广西大学

1927年春，李宗仁主政广西，省政府决定在梧州筹办广西省立大学，特邀曾留德工学博士、时任上海复旦大学校长的著名教育家马君武先生回桂负责筹办。1928年10月10日，广西省立大学正式开学，校址位于梧州市蝴蝶山，马君武先生担任首任校长。这是广西创办的第一所大学。广西大学建立之初，设理、工、农三个学院；1935年，广西大学成立植物研究所。聘请时任国际植物学会副主席的中山大学著名教授陈焕镛任所长，竺可桢、陈望道、千家驹、李四光、费孝通、薛暮桥、王力、李达等，都曾是广西大学的教授或兼职教授。1936年，广西大学转移到桂林雁山西林公园与省立广西师范专科学校合并，同年增设文学院和医学院（1937年独立建制，成立广西军医学校，即广西医科大学前身）。1939年广西大学改为国立广西大学，成为当时中华民国南京政府颁布法令命名的国立大学。1949年，国立广西大学发展成为拥有文教、法商、理、工、农5个学院，下设22个系和4个专修科，是一所在国内有较大影响的综合性大学。1952年，毛泽东主席亲笔为广西大学题写校名。

2. 南宁师范学院

筹建于1941年10月，当时定名为广西省立师范专科学校。1942年4月1日，广西省政府为了满足地方人士的要求，将广西省立师范专科学校改为广西省立桂林师范学院。1943年8月1日，中央教育部决定将广西大学师范专修科并入桂林师范学院，并改名为国立桂林师范学院，直属中央教育部。1946年秋，中央教育部决定桂林师范学院迁往南宁，1949年4月更名为国立南宁师范学院。

3. 广西医学院

1934年11月21日在南宁市创建，首任院长是留日博士、原北平大学医学院耳鼻喉科教授戈绍龙。1940年校址迁至桂林。1949年11月改名为广西省医学院。1952年由中央卫生部委托中南局卫生部直接领导。1953年4月经中央卫生部批准改称为广西医学院。1954年7月由桂林迁回南宁市现址至今。1996年5月经教育部批准更名为广西医科大学。

4. 广西省立西江学院

筹备成立于1944年夏，1945年开学招生，因经费来源由桂南46个县负担，故定名为公立西江学院，院址在南宁市郊津头村，院长雷沛鸿。

1947年11月，经国民党政府中央教育部批准，改为广西省立西江学院。1951年3月广西省人民政府根据中央教育部召开的全国高等教育会议精神并报中共中南局同意，决定将广西省立西江学院本科部分并入广西大学。

广西各大学的兴办，得益于当时有大批文化人聚集广西桂林，为大学的教学与发展提供了雄厚的师资力量。1938年10月广州、武汉沦陷之后，沦陷区一批批文化人相继撤到桂林。11月初，中共在桂林设立了八路军办事处。12月初，郭沫若率国民政府军委政治部第三厅部分工作人员由衡阳抵达桂林。不久，以郭沫若为社长、夏衍为总编辑的《救亡日报》从广州迁至桂林复刊。这些重大事件及活动集中并不断吸引了大量文化人向桂林集结。据统计，抗战时期迁到桂林的文化团体有数十个，文化人数以千计，其中闻名全国的就有200多人，如郭沫若、李四光、柳亚子、茅盾、夏衍、田汉、巴金、欧阳予倩、陶行知、范长江、徐悲鸿、张曙、千家驹、薛暮桥、梁漱溟等。他们之中包括文学家、戏剧家、音乐家、画家、新闻工作者、科学家、学者、教授等，著名的文人、学者之多，有一个时期超过了全国任何一个城市。

结 语

　　广西地处我国南部边疆,是中国与东南亚交往的重要通道,是我国西南便捷的出海大通道,地理位置独特,区位优势明显,自然条件优越,自然资源丰富。自古以来,这里一直是壮族及其先民聚居之地,是广西最早的开发者。秦始皇统一全国后,广西开始纳入中央封建王朝的统一治辖之下,成为我国统一的多民族国家的重要组成部分。根据历史上广西的开发形势与特点,可以分为原始开发期、自主开发期、统一开发期、推进开发期、创新开发期、加快开发期和全面开发期七个时期。每一个时期都有其特点和成就,如原始开发期是石器时代广西地区的原始人类使用制作简陋的石器,在采集、渔猎生产的基础上,开创了人工栽培稻的种植和原始农业,开启了广西的早期历史,创造了具有鲜明地方特色的原始文化,拉开了广西开发的序幕。春秋战国时期的自主开发期,是在尚未有外来民族迁入、未受中原政权影响的历史条件下,由当时居住在广西地区的西瓯、骆越民族进行自主开发,创造了特色鲜明和富有成就的稻作文化、青铜文化、崖壁画文化、干栏文化等。秦朝至南越国时期的统一开发期,是在国家力量主导下的开发,广西边疆地区开始纳入国家统一开发的战略格局之中,包括灵渠的开凿、新道的修筑、留军戍守、徙民南居、输入先进生产工具和生产技术等。所有这些开发工程与措施,只有在国家力量的调动下才能实现,有力地推动了广西地区的开发。汉代至隋代的推进开发期,即在秦朝统一开发的基础上,实行"以其故俗治"的统治政策，维护广西少数民族地区社会的安定，同时加大了开发的力度，强化了开发措施，拓展了开发领域，丰富了开发效果。唐宋时期的创新开发期，一是统治政策的创新，即推行羁縻制度；二是开发措施的创新，即实行军队屯田制和移民垦种制。同时组织力量整治原有的水利设施，开凿运河，发展水道运输；推行新式耕作工具和耕种技术，进一步促进了社会经济的发展。元明时期的加快开发期，即在唐宋时期开发和羁縻统治政策的基础上，推行土司制度，实行重农政策，鼓励垦荒，发展生产，完善或强化军队屯田制，加快了广西的开发和经济的发展。清至民国时期的全面开发期，主要特点是实行改土归流政策，继续实行重农政策，特别是大批汉族人的迁入，为广西边疆的开发注入了新生力量，进一步拓展了广西的开发领域，加快水路、陆路及航空运输等基础设施建设。在发展农业的同时，扩大经济作物的种植，发展林业、商品生产以及手工业生产、矿产资源开发等，推进了广西社会经济的全面发展。

广西的开发历史，既有自身的特点，也有其发展规律和经验，并给我们以启示。广西地理位置重要，区位优势明显，开发潜力巨大，开发意义重大而深远；由国家主导下的统一开发，才有可能整合资源，调集力量，全面推进，有序开发，完成大型基础设施建设，形成开发规模，确保开发取得预期成果；优先发展交通和水利等基础设施建设；因地制宜，大力发展农业生产，不断引进和推广先进生产技术，引进和培育优良作物品种，不断扩大农业耕种面积、提高粮食产量；重视发展文化教育事业，传播汉文化，重视民智的开启和开发，增强广西各族人民对中华民族及其文化的认同，增强广西各族人民的国家认同意识，以保证在国家主导下的开发得以顺利进行；团结和谐、互助协作的民族关系和安定的社会环境，为广西的开发和社会经济、文化的发展提供了社会保障；利用地方优势，发展特色产业；顺应自然，重视自然生态环境保护，保持人与自然的和谐与共生和经济的可持续发展；壮侗语诸原住民族是广西开发的主体，汉族及其他民族的迁入，壮大了开发的力量，推进了广西的开发进程，丰富了广西开发的内涵，拓展了广西开发的领域和产业。

主要参考文献

1. 千家驹等：《广西经济概况》，商务印书馆，1934。
2. 徐松石：《粤江流域人民史》，中华书局，1938。
3. 〔日〕钟田正雄：《广西省综览》，东京海外社，1939。
4. 黄现璠：《广西僮族简史》，广西人民出版社，1957。
5. 黄藏苏：《广西壮族历史与现状》，民族出版社，1958。
6. 《壮族简史》编写组：《壮族简史》，广西人民出版社，1980。
7. 广西通志馆编《中法战争调查资料实录》，广西人民出版社，1982。
8. 《瑶族简史》编写组：《瑶族简史》，广西民族出版社，1983。
9. 余天炽、覃圣敏等：《古南越国史》，广西人民出版社，1986。
10. 广西通志馆：《广西圩镇手册》，广西人民出版社，1987。
11. 周荣源：《广西农业经济史》，新时代出版社，1988。
12. 黄现璠等：《壮族通史》，广西民族出版社，1988。
13. 吴永章：《中国土司制度渊源与发展史》，四川民族出版社，1988。
14. 傅荣寿：《广西粮食生产史》，广西民族出版社，1992。
15. 《壮族百科辞典》编纂委员会：《壮族百科辞典》，广西人民出版社，1993。
16. 苏建灵：《明清时期壮族史研究》，广西民族出版社，1993。
17. 张声震主编《壮族通史》，民族出版社，1997。
18. 覃乃昌：《壮族稻作农业史》，广西民族出版社，1997。

19. 方铁、方慧：《中国西南边疆开发史》，云南人民出版社，1997。
20. 杨新益等：《广西教育史》，广西师范大学出版社，1998。
21. 锺文典主编《广西通史》，广西人民出版社，1999。
22. 覃彩銮：《壮族史》，广东人民出版社，2002。
23. 吴小凤：《广西经济史论丛》，广西人民出版社，2003。
24. 吴小凤：《明清广西商品经济史研究》，民族出版社，2005。
25. 郑超雄：《壮族文明起源研究》，广西人民出版社，2005。
26. 广西壮族自治区地方志编纂委员会编《广西通志·民族志》，广西人民出版社，2006。
27. 俸恒高主编《瑶族通史》，民族出版社，2007。
28. 肖永孜：《壮族人口》，广西人民出版社，2008。
29. 《广西大百科全书》编纂委员会：《广西大百科全书》（历史、民族卷），中国大百科全书出版社，2008。
30. 覃乃昌：《壮族经济史》，广西人民出版社，2011。

后 记

　　关于广西边疆地区的开发问题，学术界以往的研究多有论及，只是缺乏全面性和系统性。笔者在多年的华南考古、广西民族史和壮族历史文化的研究中，基本都涉及这一论题的内容，如笔者撰写或合作撰写并出版的《古南越国史》（广西人民出版社，1986）、《壮族史》（广东人民出版社，2002）、《壮族通史》（民族出版社，1997）、《广西通志·民族志》（广西人民出版社，2006）、《广西大百科全书·民族卷》（中国大百科全书出版社，2008）等著作中，都有这方面的史料和内容，这就为开展本课题的研究奠定了很好的基础。因此，该课题获得立项，使笔者有机会对广西开发史进行一次全面、系统的梳理，形成了一项整体性的成果。本书在撰写过程中，吸收和引用了上述研究成果，同时也吸收了相关学者的研究成果，文中都做了注明。

　　广西边疆开发史涉及广西社会历史发展的各个方面，内容十分丰富，涉及面非常广，其中的每一个论题，都可以作为一个专题来研究。由于时间、篇幅和经费的关系，本成果难以一一论及，只能择其大端论述之，难免挂一漏万，加上笔者学识有限，缺遗或欠妥之处在所难免，敬请方家指正。

作　者

2012 年 6 月 30 日

图书在版编目(CIP)数据

广西边疆开发史/覃丽丹，覃彩銮著.—北京：社会科学文献出版社，2015.3
（西南边疆历史与现状综合研究项目.研究系列）
ISBN 978 - 7 - 5097 - 6280 - 6

Ⅰ.①广… Ⅱ.①覃…②覃… Ⅲ.①边疆地区 - 区域开发 - 史料 - 广西 Ⅳ.①F127.67

中国版本图书馆 CIP 数据核字（2014）第 164068 号

西南边疆历史与现状综合研究项目·研究系列
广西边疆开发史

著　　者／覃丽丹　覃彩銮

出 版 人／谢寿光
项目统筹／宋月华　范　迎
责任编辑／周志宽

出　　版／社会科学文献出版社·人文分社（010）59367215
　　　　　地址：北京市北三环中路甲29号院华龙大厦　邮编：100029
　　　　　网址：www.ssap.com.cn
发　　行／市场营销中心（010）59367081　59367090
　　　　　读者服务中心（010）59367028
印　　装／三河市尚艺印装有限公司
规　　格／开　本：787mm×1092mm　1/16
　　　　　印　张：17.75　字　数：270千字
版　　次／2015年3月第1版　2015年3月第1次印刷
书　　号／ISBN 978 - 7 - 5097 - 6280 - 6
定　　价／79.00元

本书如有破损、缺页、装订错误，请与本社读者服务中心联系更换

▲ 版权所有 翻印必究